Hetmann · Irische Zauberharfe

Frederik Hetmann

Irische Zauberharfe

Märchen, Sagen und Geschichten

Diederichs

Die Deutsche Bibliothek – CIP-Einheitsaufnahme
Irische Zauberharfe: Märchen, Sagen und Geschichten /
Frederik Hetmann. – Sonderausg. – München: Diederichs, 1994
ISBN 3-424-01212-2
NE: Hetmann, Frederik [Hrsg.]
Vw: Kirsch, Hans-Christian [Wirkl. Name]
→ Hetmann, Frederik

Lektorat: Matthias Wolf
Umschlaggestaltung: Zembsch' Werkstatt, München
Produktion: Tillmann Roeder, München
Satz: Uhl+Massopust, Aalen
Druck und Bindung: Spiegel Buch, Ulm-Jungingen
Printed in Germany

ISBN 3-424-01212-2

INHALT

ZWEITES KAPITEL

in welchem von den verschiedenen Feenwesen die Rede ist, welche die weitläufigen Provinzen der Anderswelt bevölkern

DRITTES KAPITEL

das vom Kalender der Anderswelt handelt, in dem erzählt wird, was einem dort an bestimmten Tagen zustoßen kann und wie es sich mit der Anderswelt verhält

Märchenerzähler und Märchensammler

GESCHICHTEN
AUS DER
ANDERSWELT

MIDHIRS LIED VON DER ANDERSWELT

Ach, schöne Frau, willst du mir folgen in ein wunderbares Land, wo immer Musik erklingt? Das Haar derer, die dort wohnen, gleicht den Blütenblättern von Pfingstrosen und ihre Leiber haben die Farbe von Schnee.
Es gibt dort weder »mein« noch »dein«, weiß sind die Zähne dort und schwarz die Augenbrauen, ein Fest für das Auge ist die Zahl unserer Gäste, ihre Wangen haben die Farbe der Fuchsien.
Und der Kamm jedes Moors ist purpurn; eine Freude fürs Auge sind auch die zahlreichen Drosseleier. Mögen die Ebenen Irlands schön dich dünken, so kommen sie dir vor wie eine Wüste, kennst du die Ebene der Anderswelt.
Gut mundet das Bier in Irland, aber das Bier des Großen Landes schmeckt viel köstlicher, ein Wunderland ist das Land, von dem ich rede. Es sterben dort nicht wie hier die Jungen vor den Alten. Niemand stirbt dort.
Bäche mit weichem, wohlriechendem Wasser fließen durch dieses Land und du hast Met oder Wein, ganz nach Belieben, zahllos sind die Leute, deren Schönheit ohne Makel. Empfangen sind sie ohne Sünde und leben ohne Schuld.
Wir sehen nach allen Seiten hin, aber niemand sieht uns. Es ist die Dunkelheit, der sich Adam entzog, die uns davor verbirgt, gezählt zu werden.
Weib, wenn du mir folgst zu meinem mächtigen Volk, will ich dich mit einer Krone aus Gold schmücken; Honig, Wein, Bier, frische schäumende Milch – alles ist dort in Hülle und Fülle, du meine Schöne!

Unbekannter irischer Autor des 9. Jahrhunderts

»Die Grenzen unseres Bewußtseins sind fließend. Viele Vorstellungen können sich in ihm miteinander verweben und eine einzelne Vorstellung kann sich so herstellen, eine bestimmt Energie.«

William Butler Yeats

EINLADUNG

ZU EINER REISE
IN DIE ANDERSWELT

Es gibt in der Folklore Irlands* eine erstaunliche Vielzahl von Mythen, Märchen und Sagen, die alle auf ein Reich verweisen, das man vergeblich auf einer Landkarte sucht.
Es heißt englisch »Otherworld«, übersetzt: »Anderswelt«*. In den verschiedenen Texten taucht es unter der Bezeichnung »Land der Ewigen Jugend«, »Land hinter den Wellen«, »Insel der Seligen«, »Land der Frauen«, »Welt der Hoffnung«, »Reich des Versprechens« auf.
Bewohnt wird die Anderswelt von den Feen: dem Lepracaun, dem Pooka, dem Cluricaun, der Banshee, den Merrows, Brownies, Hobgoblins, dem Nicht Nocht Naethin, der Nenam, dem Nuckelavee und wie die verschiedenen Geschöpfe unter dem »kleinen Volk« noch alle heißen. Es gibt Bäume in dieser anderen Welt, die Zauberbäume sind und an deren Namen geheimes Wissen geknüpft ist: Eiche und Esche, Apfelbaum und Haselnußstrauch, Stechpalme und Weide, Erle und Buche. Tiere trifft man dort, die es nirgendwo anders gibt: den Cu Sith, ein fürchterliches Geschöpf, der gern als Wachhund gehalten wird, Wasserpferde, Elfenkälber; den Afanc, der einem riesigen Biber gleicht, den Boobrie, einen übergroßen Wasservogel, schneeweiße Hunde mit roten Ohren, Forellen mit silbernen Schuppen, Lachse, mit deren Genuß man die Weisheit der Anderswelt in sich aufnimmt.
Es ist keine Welt des Müßiggangs und der Tagträume. Sterbliche, die einen Feenhügel betraten und nach Jahr und Tag den Weg zurück in unsere Welt finden, wußten zu berichten, daß sich die Feen mit ganz ähnlichen Beschäftigungen abgeben wie die Menschen. Die Frauen spinnen und weben, backen und kochen, die Männer schlafen, tanzen, reißen Witze, fiedeln und spielen den Dudelsack. Feen gelten als geschickte Bootsbauer, manche wissen um verborgene Schätze, von anderen ist nicht mehr und nicht weniger zu erwarten, als daß sie die Küche putzen und den Herd scheuern.
Zwischen den Sterblichen und den Feen, zwischen der realen und der Anderswelt bestanden und bestehen enge Beziehungen.

Nicht nur der des Büffelns und Lernens überdrüssige Mönchsschüler Elidor gelangte hinüber in die Anderswelt und, mit einem goldenen Ball, auch wieder zurück.
Da ist Thomas Rymour von Erceldoune, der an einem Maitag sich im Wald im Gras ausstreckte und in die Wipfel der Bäume und auf die darüber hinziehenden Wolken blickte.
Einer schönen Frau begegnet er. Sie reitet auf einer milchweißen Stute. Am Zaumzeug hängen kleine Glöckchen. Erst hält er die Dame für die Himmelskönigin. Aber sie weist ihn zurecht. Dieser Name komme ihr nicht zu. Die Königin des »flair elfland«, des Feenlandes, sei sie. Bewundernd starrt Thomas sie an. Sie läßt sich von ihm küssen. Sie verführt ihn dazu, mit ihr zu schlafen. Er wird in grünes Tuch gekleidet. Er bekommt ein Paar Schuhe aus grünem Samt. Er steigt hinter ihr aufs Pferd. Fort geht's in die Anderswelt. »And till seven years were past and gone« (und bis auf Erden nicht sieben Jahre vergangen), heißt es in einer Ballade aus dem 14. Jahrhundert, »true Thomas on earth was never seen« (ward der wahre Thomas auf Erden nicht mehr gesehen).
Ein irischer Spielmann, ein Dudelsackpfeifer, folgt den Feen in einen ihrer Hügel und spielt ihnen auf. Als Dank befreien sie ihn von seinem scheußlichen Buckel. Aber ein anderer Buckliger, der ebenfalls sein Glück in der Anderswelt und bei den Feen versuchen will, kommt mit gleich zwei Höckern auf dem Rücken wieder zurück.
Der Wanderarbeiter Rhys, der sich mit seinem Freund Llewellyn auf dem Heimweg befindet und am Rand eines Feenringes vorbeikommt, hört Musik und Tanzschritte. Es zuckt und juckt ihn unter den Fußsohlen. Er ist sich der Gefahr durchaus bewußt. Er kann nicht widerstehen. Er muß hin, mittanzen. Für seinen Freund und Kameraden löst er sich in Dunst auf. Llewellyn gerät in der Welt der Menschen in den Verdacht, Rhys ermordet zu haben. Nach einem Jahr und einem Tag schleicht er sich in den Feenring. Mit allerlei Bannzauber und Gewalt holt er den Freund zurück ... und der vermeint, nicht länger als fünf Minuten bei den Feen getanzt zu haben.

Doch für die meisten Sterblichen, sie mögen kurz oder lang im Feenreich gewesen sein, enden solche Aufenthalte in der Anderswelt tödlich. Wenn sie zurückkommen, legt sich das Gewicht all der Zeit, die im Diesseits verstrichen ist, auf ihre Schultern, und sie zerfallen zu Staub oder Asche.

Feen sind klein, winzig. Deswegen heißen sie in manchen Gegenden auch »das kleine Volk«.

Feen sind riesig, übermächtig, größer als Menschen.

So gehen die Meinungen auseinander.

Feen sind gefallene Engel. Feen sind Tote. Feen sind Hausgeister. Feen sind Quellgeister. All diese Erklärungen kann man hören. Aber sind damit die Feen und ihr Land, die Anderswelt, wirklich erklärt?

Feen jagen, reiten, festen, halten hof, treiben Sport. Glanz ist um sie, aber auch Schrecken und Chaos. Unter den Feen gibt es Individualisten, wie unter den Menschen, weibliche und männliche Feenwesen, die stets allein auftauchen. Einzelgänger.

Feen fürchten sich vor Eisen, sind andererseits aber manchmal auch recht geschickte Schmiede. Feen umgibt die Aura des Todes, der Modergeruch eines Totenreiches. Aber Feen sind es auch, die Fischer vor der Westküste Irlands vor Sturmfluten warnen und so diesen Männern das Leben retten.

Die Aussagen zum Wesen und zur Eigenart der Feen sind voller Widersprüche.

Gegen Feen kann man sich schützen. Mit Eberesche und Weißdorn. Aber warum gerade damit?

Feen kann man sehen. O gewiß doch. Aber wann und wo, das sind Fragen, zu denen es viele Antworten und noch mehr Geschichten gibt.

Als relativ sicheres Mittel gilt der Besitz eines vierblättrigen Kleeblattes. Oder man muß sich Feenbalsam auf die Auglider träufeln.

Wer sich mit Feen befaßt, steht am Ende immer wieder vor einem neuen Geheimnis.

Immer stehen die Feen gerade im Begriff, sich zu entziehen.

Schon zu Chaucers Zeiten klagt die gute Frau aus Bath darüber, die Feen hätten sich bereits zu König Arthurs Tagen entschlossen, der Welt für immer den Rücken zu kehren.
Im 17. Jahrhundert dichtet ein englischer Bischof:

But since of late Elizabeth
And later James came in,
They never danced on any heath
As when the time have been.

Aber im 20. Jahrhundert, noch vor zehn Jahren, kommen aus einer bestimmten Gegend des Nordwesten der irischen Republik, nämlich aus Donegal, Nachrichten, die einen an das Verschwinden, das nun schon fast so lange währt wie unsere Zeitrechnung, doch nicht recht glauben lassen will.
Und einmal so gefragt: Was ist verloren, wenn die Feen endgültig verschwunden sind?
Seit dem 18. und 19. Jahrhundert bevölkern die Feen vor allem die Literatur.
Bei William Blake, bei Scott und freilich bei Robert Burns wimmelt es nur so von Feen! Ist dies alles noch Echo auf die berühmteste Feengeschichte der englischen Literatur, auf William Shakespeares »Ein Sommernachtstraum«?
Folkloristen sammelten Feengeschichten und Feengestalten wie die Spezies von Schmetterlingen. Manche kamen dazu wie Jeremiah Curtin aus der Neuen Welt nach Irland, das wohl immer schon der Feenort par excellence war, Mittelpunkt aller Reiche der Anderswelt.
Mit Rudyard Kipling nähern wir uns schon der Moderne. Dieser Autor, dem europäischen Realismus verbunden, aber doch auch von indischer Mystik beeindruckt, der Verfasser des »Kim« und der von Brecht teilweise adaptierten »Balladen aus dem Biwak«, schrieb eine Feengeschichte »Puck von Buchsberg«.
»›Außerdem, was du ›sie‹ nennst, ist lauter ausgedachtes Zeug, von dem das Volk in den Hügeln nichts weiß ... kleine artige Summfliegen mit Schmetterlingsflügeln, Unterröcken aus Tüll, blitzende Sterne im Haar und einen Zauberstab, der große Ähn-

lichkeit mit jenem Rohrstock hat, mit dem ein Schulmeister die unartigen Jungen versohlt und die Guten belohnt. Das kenne ich!‹

›Wir meinen nicht diese Sorte‹, sagte Dan, ›die hassen wir auch!‹

›Genau‹, sagte Puck, ›wen wundert es, daß das kleine Volk aus dem Hügel nicht mit diesen kitschigen Nachahmungen verwechselt werden will! Ich habe Sir Huon und einen Trupp seiner Leute gesehen, wie sie von Tintagel Castle nach Hy. Brasil aufbrachen, den Südwestwind zwischen den Zähnen. Schaum flog über das ganze Schloß und die Pferde vom Hügel scheuten. Heraus kamen sie bei einer Flaute, kreischend wie Seemöven und mußten zurück, fünf Meilen landeinwärts, ehe sie ankonnten gegen den Wind. Schmetterlingsflügel! Daß ich nicht lache. Das war Magie. Magie so schwarz wie nur Merlin sie machen konnte, und die ganze See war ein grünes Feuer und weiß von Schaum, mit singenden Nixen darin. Die Pferde vom Hügel suchten in Sprüngen von Welle zu Welle ihren Weg. Das war wie Blitzzukken. So ging's zu in den alten Tagen.‹«

Aber mit Kipling ist nun schon eine Zeit angebrochen, in der es gilt, zwischen dem wahren Feenvolk und jenen Verniedlichungen zu unterscheiden, die zu dem von den viktorianischen Moralisten zu einer Idylle stilisierten Bild von Kindheit gehören.

Endgültig vollstreckt hat die Rache an den Viktorianern T. H. White in seinem herrlichen Kinder-Nichtkinder-Buch »Schloß Malplaquet«, das nun wiederum ohne Jonathan Swifts »Andersland« nicht denkbar wäre.

Plötzlich kommt bei der Anderswelt die Relevanz gesellschaftlich-politischer Probleme ins Blickfeld. Also nicht Eskapismus? Wäre es möglich, daß die Anderswelt uns auch wegen dererlei beschäftigt? Oder: Feengeschichten als Spiegelung unsrer Neurosen? Moderner Neurosen. Auch davon wird noch zu reden sein.

Im letzten Viertel des 20. Jahrhunderts scheinen mehr Menschen denn je dazu bereit, sich mit imaginären Welten, ja mit ganzen »Anders-Kosmologien« die Zeit vertreiben zu lassen.

Oder geht es vielleicht in Büchern wie denen von Tolkien, Lem, T. H. White, H. P. Lovecraft, Alan Garner, Evangelin Walton und George MacDonald, die ja alle, wenn auch auf verschiedene Weise, eine Art Anderswelt voraussetzen, noch um mehr und anderes als nur um phantasievollen Zeitvertreib? Fragen über Fragen. Fragen an die Anderswelt!

Der erste Teil dieser Sammlung handelt ausschließlich von Feen. Er versucht, die Entstehung, die Bedingungen und die Entwicklung des Feenglaubens zu beschreiben und lädt ein zu einer Reise durch die Anderswelt.

Der Autor setzt sich dabei über die Grenzen von Raum und Zeit hinweg, wofür er nur die Erklärung anzubieten vermag, daß solche Grenzen in der Anderswelt zwar bestehen, aber auch jederzeit aufgehoben werden können, ja, daß die Möglichkeit solcher Überwindung und Aufhebung der Dimensionen von Zeit und Raum eine der speziellen Attraktionen der Anderswelt darstellt.

Der Autor will die Geschichten von der Anderswelt nicht nur zur Unterhaltung und zum Vergnügen des Lesers erzählen.

Er ist – und hoffentlich teilt der Leser dieses Interesse – auch auf Erkenntnis aus.

Bei allen Wundern, die einem bei einer solchen Reise in und durch die Anderswelt begegnen, will er sich nicht von der Frage abbringen lassen, die ihn selbst seit langem beschäftigt:

Was ist das – die Anderswelt?

Ist sie nur Hirngespinst, Phantasmagorie, ein Nichts?

Ist sie Chiffre, Metapher und wenn ja, wofür?

Ist die Anderswelt ein Totenreich oder ein Zaubergarten?

Schlaraffenland gegenüber der Monotonie grauen Alltags? Raum der Utopie? Welt, in der das Wünschen noch hilft?

Ist sie verschüttete Erinnerung an eine versunkene Welt, an ein frühgeschichtliches Bewußtsein der Menschheit? Oder was sonst?

Die Antwort treibt in den Bildern der Geschichten wie Goldstaub im Sand der Flüsse.

Nomborn/Westerwald St. Brigit's Night 1981

ERSTES KAPITEL

WORIN DIE FRÜHESTEN ZEUGNISSE ÜBER DIE ANDERSWELT VERSAMMELT SIND, AN HAND DERER DER WEG IN DIE ANDERSWELT GEWIESEN WIRD

»... and the short cut of the rosses
is the road to fairie-land.«
Irisches Volkslied

Die ältesten irischen Manuskripte sind in Latein abgefaßt. Es handelt sich um Kopien von Psalmen und Evangelien. Das früheste dieser lateinischen Manuskripte, das noch existiert, ist der Katechismus von St. Columba. Er stammt aus dem Ende des 6. Jahrhunderts.
Die epischen Berichte der Frühzeit, vier Saga-Zyklen, unter ihnen auch das »Buch der Invasionen«, sind enthalten in den großen Pergament-Foliobänden aus dem 12. Jahrhundert. Drei dieser Handschriften sind im Zusammenhang mit unserem Thema besonders wichtig: das »Buch von Noughaval«, besser bekannt unter der Bezeichnung »Book of Leinster«, das im Trinity College in Dublin aufbewahrt wird; das »Book of the Dun Cow« in der Königlichen Akademie in Dublin und ein Manuskript, bei dem die Titelseite verlorengegangen ist; es befindet sich in der Bodlean Library in Oxford und wird dort unter der Bezeichnung Rawlinson B 502 geführt.
Von Bedeutung ist weiterhin das »Yellow Book of Lecan« aus dem 14. Jahrhundert.*
All diese Bücher sind mit Sicherheit Abschriften früherer Manuskripte, denn die Sprache der Texte läßt sich durch Vergleich mit Gedichten und Rechtsurkunden, die erhalten geblieben sind, auf das 9. Jahrhundert datieren.
Die Ereignisse, von denen diese Texte berichten, liegen aber noch viel weiter zurück. Sie dürften sich in den Jahrhunderten kurz vor oder kurz nach der Zeitenwende abgespielt haben. Man hat sich also vorzustellen, daß all diese Geschichten sehr lange in mündlicher Form überliefert wurden. Dabei haben sich die Erzähler, jene teils an den Höfen der Kleinkönige ansässigen, teils im Land umherwandernden Barden, mit der Zeit von der historischen Wirklichkeit mehr und mehr entfernt.
Es ging ihnen bei ihrem Erzählen um Verherrlichung ihrer adligen Gönner bzw. deren Geschlechter und um Unterhaltung durch die Beschwörung von Wundern.

Die Handlung solcher Geschichten in bezug auf die Historie darf nicht wörtlich genommen werden, sie enthalten aber gleichwohl Erinnerungen an historische Ereignisse. So auch an jenes, das für die Entstehung der Vorstellung einer Anderswelt von besonderer Bedeutung ist: die Landung der keltischen Stämme in Irland und die Unterwerfung jener Völkerschaften, die sie auf den britischen Inseln vorfanden.

DIE LANDUNG* DER TUATHA DE DANAAN

Es ist nicht bekannt, wie lange die Tuatha de Danaan unbestritten über Irland herrschten. Muß wohl eine lange Zeit gewesen sein. Aber einmal ist jede Zeit herum.

Es geschah bei Inver Slan im Norden von Leinster, daß die Söhne des Gaedhal mit der Leuchtenden Rüstung, die später die Söhne des Gael genannt wurden, einen ersten Versuch unternahmen, in Irland zu landen. Sie wollten Ith rächen, einen aus ihrem Volk, der zuvor dorthin gekommen war und den Tod erlitten hatte.

Ihre Anführer waren die Söhne des Miled. Sie kamen von Süden, und ihre Druiden hatten ihnen erklärt, es werde sich kein Land finden, um auszuruhen und sich niederzulassen, bis sie zu jener Insel im Westen kämen. »Und wenn ihr sie noch nicht besitzen werdet«, hatten sie gesagt, »so werden sie doch eure Kinder in Besitz nehmen.«

Als nun die Tuatha de Danaan die Schiffe kommen sahen, liefen sie am Strand zusammen und mit Zauber brachten sie es zustande, daß eine Wolke die ganze Insel einhüllte. Die Söhne des Miled waren verwirrt. Alles, was sie erkennen konnten, war etwas, das aussah wie ein Schwein.

Da sie nun an der Landung durch Zauber gehindert worden waren, fuhren sie weiter an der Küste entlang, bis nach Inver Sceine, im Westen von Munster. Dort endlich gingen sie an Land. Sie marschierten in guter Ordnung bis nach Slieve Mis. Dort kam ihnen eine Königin der Tuatha de Danaan entgegen und bei ihr waren viele schöne Frauen und ihre Druiden und Berater. Amer-

gin, einer der Söhne des Miled, redete die Königin an, fragte sie nach ihrem Namen und sie antwortete, sie sei Bamba, Frau des Mac Cuil, Sohn des Hasels.
Sie zogen dann weiter und kamen nach Slieve Eibhline und dort trafen sie eine andere Königin der Tuatha de Danaan mit ihren Frauen und ihren Beratern, und als sie auch diese nach ihrem Namen fragten, sagte sie ihnen, sie heiße Fodhla, Frau des Mac Cecht, Sohn des Pfluges.
Sie marschierten weiter, bis sie zu dem Hügel von Uisnech gelangten, wo sie zum dritten Mal einer Königin begegneten. Und ein Wunder geschah während sie sie anschauten, nämlich einen Augenblick war sie eine schöne Frau mit strahlenden Augen und im nächsten Augenblick eine grauweiße Krähe mit einem scharfen Schnabel. Sie trat zu Remon, einem der Söhne des Miled heran, und als er sie fragte, wer sie sei, erwiderte sie: »Ich bin Eriu, Frau des Mac Greine, Sohn der Sonne.«
Die Söhne des Gael zogen weiter nach Teamhair*, wo sich die drei Söhne von Cermait Honigmund, Sohn des Dagda, zu dieser Zeit aufhielten, und zu dritt hielten sie die Königschaft. Aber sie stritten sich um die Schätze, die ihr Vater ihnen hinterlassen hatte, und so heftig war ihr Streit, daß es so aussah, als werde es unter ihnen zu einer Schlacht kommen.
Die Söhne des Gael wunderten sich über diesen Streit. Hatten sie nicht fruchtbares Land auf dieser Insel? Die Sonne war nicht zu heiß, die Kälte nicht zu groß. Die Luft sauber und wohlriechend. Und gab es nicht Honig in Hülle und Fülle, Bucheckern, Milch und Fisch, und war nicht genug Land da, um alle Menschen zu ernähren?
Zusammen mit ihren Druiden lebten die drei Söhne des Cermait Honigmund in Saus und Braus in ihrem Palast zu Teamhair.
Amergin ging zu ihnen und forderte sie auf, das Königsamt freiwillig abzugeben, oder man werde in einer Schlacht darum kämpfen. Und er sagte auch, dies sei die Rache für den Tod des Ith aus dem Stamm der Gael, der vor geraumer Zeit an diesem Hof auf heimtückische Art und Weise ermordet worden sei.

Als die Söhne des Cermait Honigmund Amergins wilde Worte hörten, wunderten sie sich und antworteten, sie seien jetzt nicht willens zu kämpfen, denn ihre Armeen seien nicht gerüstet.

»Mach uns ein Angebot«, sprachen sie, »denn wir haben wohl gemerkt, du hast Verstand und gutes Urteilsvermögen. Aber wenn dein Vorschlag nicht gerecht ist, werden wir dich mit unserem Zauber vernichten.«

Darauf schickte Amergin einige seiner Männer nach Inver Sceine zurück und hieß sie, dort eilig die Schiffe besteigen und mit dem Rest der Söhne des Gael neun Längen einer Welle vom Land fort auf das Meer hinausrudern.

Darauf machte er den Tuatha de Danaan das Angebot. Wenn es ihnen gelänge, seine Männer an der Landung auf der Insel zu hindern, versprach er, mit allen Schiffen fortzufahren in das Land, aus dem sie gekommen waren und nie mehr zurückzukehren. Gelänge es aber den Söhnen des Gael, ihren Fuß an die Küste Irlands zu setzen, dann sollten die Tuatha de Danaan die Königschaft abgeben und sich unterwerfen.

Den Tuatha de Danaan gefiel dieser Vorschlag, denn sie sagten sich, dank ihrer Zauberkraft, die ihnen Herrschaft verlieh über Wind und Wogen, werde es ihnen nicht schwerfallen, die Landung abermals zu verhindern.

Darauf kehrte auch Amergin an die Küste zurück, ließ den Anker lichten und segelte hin zu den anderen Schiffen, die in einer Entfernung von neun Wellenlängen vor der Küste lagen.

Als die Männer von Dea sahen, daß die Fremden auf See waren, zauberten sie. Da erhob sich ein großer Wind und verstreute die Schiffe der Fremden.

Amergin erkannte, daß dies kein natürlicher Sturm war, und Arranan, Sohn des Miled, wußte es auch. Er trat an den Mast seines Schiffes und sah sich um. Da kam eine Windböe und warf ihn zu Boden, und er starb im Augenblick. Unter den Söhnen des Gael herrschte große Verwirrung. Ihre Schiffe wurden hilflos hin und her geworfen. Das Schiff des Don, Sohn des Miled, der das Kommando hatte, wurde von den anderen getrennt und zerbrach. Er ertrank und mit ihm die gesamte Besatzung, vierundzwanzig Frauen und Männer. Und Ir, Sohn des Miled, kam auf dieselbe Weise zu Tode, und sein Körper wurde an Land gespült und begraben auf einer kleinen Insel, die heißt heute Sceilig Michill*. Ir war ein tapferer Mann, der den Söhnen des Gael bei jeder Schlacht vorangezogen, der ihnen Mut zu machen gewußt hatte und dessen Name allein die Feinde erzittern ließ.

Und Heremon, ein anderer unter den Söhnen des Miled, wurde mit seinem Schiff gegen die Insel hin getrieben. Und nach großen Schwierigkeiten landete er an einem Ort, der heißt Inver Colpa, weil Colpa vom Schwert, ein weiterer Mann aus der Schar der Söhne des Miled, dort ertrunken war bei dem Versuch, sich an Land zu retten. Fünf der Söhne des Miled kamen um in dem Sturm, den die Männer von Dea entfesselt hatten mit Zauberei, aber drei überlebten doch, nämlich Heber, Heremon und Amergin. Und einer von ihnen, nämlich Donn, rief aus, ehe ihn die See verschlang:

»Verdammt, warum können unsere Männer, die zu zaubern verstehen, diesen Sturm nicht besänftigen?«

»Zuschanden werden soll der Verrat!« rief Amergin, sein Bruder; er richtete sich stolz auf, und was für Zauber er auch immer tat gegen Wind und See, dies waren die Worte, die er dabei sprach:

»Jene, die umhertreiben in der stürmischen See, sollen jetzt sicher und gesund das Land erreichen. Sie sollen einen Platz finden auf jenen Ebenen, in jenen Gebirgen und seinen Tälern, in den Wäldern, die voller Nüsse und voller anderer Früchte sind, an den Flüssen, Strömen und großen Gewässern.

Und ein König aus unserem Volk soll herrschen in Teamhair.

Diese Land liegt jetzt unter einer großen Dunkelheit. Es soll unser Land werden, und unsere Häuptlinge und unsere weisen Frauen sollen der edlen Frau, der großen Eriu, kundtun, daß wir kommen.« Und als er so gesprochen hatte, legte sich der Wind und die See war auf der Stelle glatt wie das Tuch über einem Schläfer, der angenehme Träume hat, und jene von den Söhnen

des Miled und den Söhnen des Gael, die überlebt hatten, landeten bei Inver Sceine.
Und Amergin setzte als erster seinen Fuß auf festen Boden, und als er an der Küste Irlands stand, sprach er dies:

Ich bin der Wind auf der See*;
Ich bin eine Welle auf der See;
Ich bin der Stier der sieben Schlachten;
Ich bin der Adler auf dem Fels;
Ich bin ein Strahl aus der Sonne;
Ich bin die Schönste der Pflanzen;
Ich bin ein starker, wilder Eber;
Ich bin der Lachs im Wasser;
Ich bin ein See in der Ebene;
Ich bin ein Wort Weisheit;
Ich bin eine Sperrzeit in der Schlacht;
Ich bin ein Gott, der Feuer wirft ins Gehirn;
Wer verbreitet Licht über dem Hügel?
Wer kennt die Phasen des Mondes?
Wer kennt den Platz, an dem die Sonne ausruht?

DIE SCHLACHT VON TAILLTIN

Und drei Tage nach der Landung der Gaelen wurden diese von Eriu, dem Weib des Mac Greine, Sohn der Sonne, angegriffen, und sie hatten ein gut Teil Männer mit sich. Sie kämpften eine wilde Schlacht und viele Menschen starben auf beiden Seiten.
Dies war die erste Schlacht, die ausgetragen wurde zwischen den Söhnen des Gael und den Männern von Dea um die Königschaft in Irland.
Und Eriu wurde zurückgeschlagen nach Tailltin und nahm mit sich soviel Männer, wie mit ihr Schritt halten konnten, und als sie dort ankam, erzählte sie den Leuten, daß sie besiegt worden sei und die besten ihrer Männer gefallen waren. Aber die Gaelen blieben auf dem Schlachtfeld und begruben ihre Toten, und es

gab ein würdevolles Begräbnis für zwei ihrer Druiden, Aer und Eithis, die in der Schlacht gefallen waren.
Nachdem die Gaelen eine Weile gerastet hatten, zogen sie nach Inver Colpa in Leinster, und Heremon mit seinen Männern stieß dort zu ihnen. Und sie sandten Unterhändler an die drei Söhne des Cermait Honigmund und forderten sie zu einer Schlacht heraus und dabei sollte entschieden werden, wem das Land gehören werde für immer.
Und diese kamen nach Tailltin, und die besten Kämpfer der Tuatha de Danaan mit ihnen. Die Söhne des Gael gedachten des Todes von Ith. Da wurde ihr Zorn angestachelt, und sie fielen über die Männer von Dea her, um sich an ihnen zu rächen. Eine wilde Schlacht begann. Lange gewann keines der Heere die Oberhand, aber schließlich durchbrachen die Gaelen die Reihen der Männer von Dea, da wandten sich diese zur Flucht. Auf dem Rückzug fanden nicht nur die drei Könige den Tod, sondern auch die drei Königinnen über Irland, die da heißen Eriu, Fodhla und Bamba*.
Als die Tuatha de Danaan gewahr wurden, daß all ihre edlen Männer und Frauen gefallen waren, leisteten sie kaum noch Widerstand, und die Söhne des Gael setzten ihnen nach.
Bei der Verfolgung verloren sie zwar auch zwei ihrer besten Heerführer, aber dadurch ließen sie sich nicht beeindrucken, sondern bedrängten die Männer von Dea weiter so heftig, daß sich deren Armee nicht mehr sammeln konnte, sondern sich endgültig geschlagen geben mußte. So fiel das Land an die Gaelen.
Die Söhne des Miled teilten die Provinzen Irlands zwischen sich auf. Heber nahm die zwei Provinzen von Munster und gab einen Teil dieses Gebietes an Amergin; Heremon bekam Leinster und Connacht als seinen Besitz, und Ulster wurde aufgeteilt zwischen Eimhir, Sohn des Ir, Sohn des Miled und einige andere Häuptlinge. Und es sind die Söhne des Eimhir, die man die Kinder von Rudraighe nannte, von denen einige der besten Männer Irlands abstammen: Fergus, Sohn von Rogh, war einer von

ihnen, und Conall Cearnach von dem Roten Zweig in Ulster. Und von den Söhnen des Ith kam der erste aus dem Stamm der Gaelen in Irland zu Tode, ihm folgte nach Fathadh Canaan, der über die ganze Welt herrschte, von Sonnenaufgang bis Sonnenuntergang, und er nahm Geiseln von allen Flüssen und den Vögeln und Völkern aller Sprachen.

Und dies ist, was die Dichter Irlands behaupten, daß nämlich ein tapferer Mann, ein guter Kämpfer und ein jeder, der kühn handelt und nicht viel Aufhebens davon macht, ein Nachkomme der Gaelen ist, und daß jeder musisch begabte Mensch, der Musik macht und sich mit heimlichem Zauber auskennt, von den Tuatha de Danaan abstammt.

BODB DEARG

Aber die Tuatha de Danaan, als sie nun geschlagen waren, wollten sich nicht der Herrschaft der Söhne des Miled unterwerfen. Also zogen sie fort. Und da Manannan, Sohn des Lir, allen Zauber verstand, überließen sie es ihm, Orte zu finden, an denen sie vor ihren Feinden sicher zu sein hofften. Also wählte er die schönsten unter den Hügeln und Tälern von Irland aus, und er zog Mauern um sie, über die konnte keiner hinwegsetzen und durch die konnte keiner hindurchschauen. Sie aber sahen hindurch und gingen dort aus und ein. Und Manannan setzte das Fest des Lebens für sie ein, an dem sie ein Getränk ausschenkten, das Goibniu, der Schmied, gebraut hatte, und wer es trank, der alterte nicht, wurde nicht krank und es bewahrte ihn vor dem Tode. Und als Nahrung für dieses Fest gab er ihnen eines seiner eigenen Schweine. Wenn man es schlachtete und das Fleisch aufaß, war es doch am nächsten Tag wieder lebendig und konnte am Tag danach abermals geschlachtet und verspeist werden und so immer weiter fort, ohne Ende.

Nach einiger Zeit sprachen sie untereinander: »Es wäre besser für uns, es regierte uns ein Herrscher, statt daß wir über das

ganze Land ohne voneinander zu wissen in der Verstreuung wohnen.«
Im höchsten Ansehen stand zu dieser Zeit Bodb Dearg, Sohn des Dagda* und Ilbrech von Ess Ruadh und Lir von Sidhe Fionnachaidh, dem Hügel des Weißen Feldes auf Slieve Fuad und Midhir der Stolze von Bri Leith und Angus Og, Sohn des Dagda. Aber keiner mochte König werden. Und also versammelten sich alle Häuptlinge außer diesen fünf Männern zu einer Beratung. Sie einigten sich auf Bodb Dearg, wegen seines Vaters, denn er war der Älteste unter den Söhnen des Dagda und selbst auch ein tüchtiger Mann.
Er lebte in Sidhe Femen und legte Zauber um seinen Wohnsitz. Cliach, der Harfner des Königs von den drei Rossen in Connacht, kam und freite um Bodb Deargs Tochter. Ein Jahr stand er vor dem verzauberten Haus, spielte auf seinem Instrument, ohne daß es ihm gelang, sich Bodb und dessen Tochter zu nähern. Er spielte, bis ein See unter seinem Fuß hervortrat, und dieser See liegt auf der Höhe eines Gebirges und heißt Loch Bel Sead.
Und Bodbs Schweinehirte ging zu der Schenke Da Derga und sein quietschendes Schwein trug er bei sich. In dieser Nacht nun starb Conair, der Hochkönig vor Irland, und seither geht das Wort, wann immer ein Schweinehirt ein Fest besucht, gibt es einen Toten. Bodb hatte drei Söhne: Angus, Artrach und Aedh. In jener Zeit lebten sie häufig unter den Sterblichen. Artrach besaß ein Haus mit sieben Türen, und jeder war dort als Gast gern gesehen.
Zu Angus pflegte des Königs Sohn zu kommen, um bei ihm zu lernen, wie man den Speer wirft und das Wurfpfeilspiel spielt. Zu Aedh aber, dem Umgänglichsten, kamen ganze Scharen von Barden und Sängern, und deshalb wurde der Platz, an dem er lebte, der Rath von Aedh mit den Dichtern genannt. *(Rath, irisch dún oder ráith = ein Ring aus Erdwällen, in dem sich meist Holzgebäude befanden; daneben lag eine Weidefläche für das Vieh.)*
Und wahrlich, es war ein schöner Rath, mit goldgelben Äpfeln und scharlachroten Nüssen in dem Wald nahebei. Alle drei Brü-

der schlossen sich der Fianna an, und als sie nicht mehr bestand, kehrten sie zurück zu den Tuatha de Danaan.

Und Bodb Dearg lebte aber nicht immer dort, sondern manchmal auch bei Angus in Brugh na Boinne.

Drei Söhne des Lugaidh Menn, des Königs von Irland, mit Namen Eochaid, Fiacha und Ruide gingen einmal dorthin, denn ihr Vater weigerte sich, ihnen Land zu geben. Er sagte zu ihnen: »Gewinnt euch doch selbst einen Besitz!« Und als er so zu ihnen gesprochen, gingen sie in den Wald um Brugh na Boinne und warteten dort, bis sich die Tuatha de Danaan wieder einmal unter den Sterblichen zeigten, in der Hoffnung, von ihnen einen guten Rat zu bekommen.

Sie waren noch nicht lange dort, da sahen sie einen jungen Mann, ruhig und von angenehmem Äußeren auf sich zukommen. Er wünschte ihnen gute Gesundheit, und sie fragten ihn:

»Wo kommst du her?«

»Aus dem Hügel dort drüben«, erwiderte er, »aus dem Hügel, in dem die vielen Lichter schwimmen. Ich heiße Bodb Dearg und bin der Sohn des Dagda. Warum kommt ihr nicht mit mir in meinen unterirdischen Palast?«

Sie nahmen die Einladung an. Drinnen wurde ihnen eine Mahlzeit aufgetragen, aber sie rührten nichts an.

»Unser Vater weigert sich, uns Land zu geben«, erzählten sie, »nun leben ja in Irland Menschen aus zwei Völkern: die Söhne des Gael und die Männer von Dea, und da uns die einen Land verweigern, haben wir gedacht, versuchen wir es doch bei den anderen!«

Die Männer von Dea berieten miteinander. Der Häuptling unter ihnen war Midhir mit dem Gelben Haar, und dies war es, was er sprach:

»Laßt uns jedem dieser drei Männer eine Frau geben, denn je nachdem, ob man eine Frau besitzt oder nicht, ist man vermögend oder arm.«

Man kam überein, daß Midhirs drei Töchter, Doirenn, Aife und Aillbhe sie heiraten sollten.

Da fragte Midhir Bodb, welche Mitgift man den Mädchen geben solle. Und Bodb erwiderte:

»Das will ich dir sagen. Wir sind dreimal fünfzig Söhne von Königen in diesem Hügel. Jeder Sohn eines Königs soll dreimal fünfzig Unzen von rotem Gold geben. Und ich will außerdem dreimal fünfzig Kleider aus Stoff in allen Farben dazulegen.«

»Ich gebe ihnen auch ein Geschenk«, rief ein junger Mann unter den Tuatha de Danaan aus Rachlain im Meer, »ein Horn sollen sie bekommen und ein Faß. Das Faß braucht man lediglich mit sauberem Wasser zu füllen, und sofort verwandelt sich das Wasser in Met, der ausgezeichnet schmeckt und stark genug ist, um betrunken zu machen. Und in das Horn«, fuhr er fort, »braucht man nur Salzwasser aus dem Meer zu schütten und sofort hat man Wein.«

»Auch von mir bekommen sie ein Geschenk«, rief Angus, Sohn des Dagda, »einen unterirdischen Palast und eine gute Stadt mit festen Mauern und großen sonnigen Häusern, gelegen zwischen dem Rath Chobtaine und Teamhair, wo immer es ihnen gefällt.«

»Mein Geschenk an sie soll sein«, sprach da Aine, die Tochter des Modharn, »eine Königin, auf der ruht eine Verpflichtung, daß sie niemandem Essen verweigern darf, und während sie austeilt, füllt sich ihr Kessel wieder.«

»Von mir müssen sie schließlich auch etwas bekommen«, sagte Bodb Dearg, »ich schenke euch einen guten Musikanten. Er heißt Fertuinne, Sohn des Trogain, und mag auch eine Frau bei der Geburt eines Kindes die ärgsten Schmerzen leiden, mag ein Verwundeter, der sich durch den Wald rettet, durch die Dornen und Zweige, die an seinen Wunden scheuern, von Fieber geplagt werden: sobald sie die Musik dieses Mannes hören, wird deren Süße sie ihre Schmerzen vergessen machen und sie werden in einen heilenden Schlaf verfallen. Und noch eine wunderbare Eigenschaft besitzt dieser Musikant. Wo immer er unter einem Dach spielt, hören es nicht nur die Leute im Haus, sondern auch alle, die im Land ringsum wohnen.«

Also blieben die Sterblichen in Brugh na Boinne drei Tage und drei Nächte, und als sie fortzogen, hieß sie Angus aus dem Wald drei Apfelbäume* mitnehmen, einen in voller Blüte, einen, der gerade seine Blüten verlor und einen, der reife Früchte trug.
Sie zogen darauf zu ihren Behausungen, und es waren gute Plätze, die sie nun besaßen, und ein Trupp junger Männer war bei ihnen. Sie besaßen auch eine Koppel Pferde und Windhunde; und drei Arten von Musik, die jeder König mag, konnte man dort vernehmen: Harfenmusik, Flötenmusik und den Gesang von Trogains Sohn. Und drei Geräusche hörte man aus den Auen um die Behausungen: das Wiehern der Rennpferde, das Stampfen und Wiederkäuen der Rinder und das Grunzen guter Schweine mit viel Speck auf den Knochen, dazu die Stimmen der Leute, die auf dem Rasen spazierten und die jener anderen, die unter dem Dach zechten. Und von Eochaid hieß es, er sei niemals vor jemandem zurückgewichen, nie sei in seinem Haus die Musik verstummt und immer habe es unter seinem Dach etwas zu trinken gegeben. Von Fiacha wurde gesagt, nie sei ein Mann zu dieser Zeit so tapfer gewesen wie er, und er habe nie auch nur ein Wort zuviel gesagt. Und von Ruide sagte man, daß er keinem etwas verweigere und von niemand etwas fordere.
Als die Spanne eines Lebens bei den Sterblichen vorbei war, kehrten sie zu den Tuatha de Danaan zurück, denn nun gehörten sie ja zu ihnen durch ihre Frauen, und dort blieben sie dann für alle Zeit. Nun hatte Bodb Dearg eine Tochter, die hieß »Blume der Helligkeit«. Sie schenkte ihre Liebe Caoilte in der Zeit der Fianna. Sie wurden getrennt und sahen einander erst wieder, als Caoilte alt und grau geworden war. Sie trat zu ihm aus der Höhle von Cruachan und bat ihn um den Brautpreis, den er früher einmal versprochen hatte. Er erklärte ihr, er habe einfach nicht eher kommen können. Jetzt aber ging Caoilte zu einem cairn (Grabkammer) in der Nähe, und diese war voller Gold, das Conal Maol verdient und dort versteckt hatte, und Caoilte gab das Gold Bodb Deargs Tochter. Die Leute, die dort waren, wunderten sich, daß die Braut so jung und der Bräutigam so grau,

gebeugt und alt war. »Das ist kein Wunder«, erklärte ihnen Caoilte, »denn ich bin einer der Söhne von Miled. Ich bin ein Sterblicher, aber sie ist eine von den Tuatha de Danaan, die nie altern und nie sterben müssen.«

DER DAGDA

Und es war in Brugh na Boinne, wo der Dagda, der Rote Mann alles Wissens, sein Haus hatte. Und die bewunderungswürdigen Dinge dort waren die Halle der Morrigu, das Bett des Dagda, der Geburtsort des Cermait Honigmund und der Stall des Grauen von Mache, der später Cuchulains Pferd wurde.

Nun gab es einen kleinen Hügel nahe dem Haus, der hieß Kamm und Kästchen von Dagdas Weib. Eine andere Erhebung hieß Hügel des Dabilla, das war ein kleiner Hund. Und das Tal der Mata befand sich dort, jener Seeschildkröte, die einen Mann in voller Rüstung verschlucken konnte.

Einmal fertigte der Dagda für Aintge, seine Tochter, ein großes Faß, aber sie war nicht damit zufrieden, denn es tropfte, wenn an der Meeresküste Flut war und verlor nicht einen Tropfen bei Ebbe. Also sammelte sie sich Zweige und machte daraus ein neues Faß, aber Gaible, Sohn von Nuada mit der Silberhand, stahl es ihr und schleuderte es fort. Und an der Stelle, an der es niederfiel, wuchs ein prächtiger Wald auf, der heißt Gaibles Gehölz. Und es war ein guter Harfenspieler in diesem Haushalt, nämlich Corann. Und eines Tages lockte er mit seinem Harfenspiel Cailcheir, eines der Schweine des Debrann an. Es rannte nach Norden, so rasch wie seine Beine es trugen, und die Recken von Connacht folgten ihm und rannten so schnell wie sie konnten und ihre Hunde waren bei ihnen. Sie kamen bis nach Ceis Corain, und dort gaben alle auf, außer Niall, der die Spur des Schweines weiter verfolgte, bis er in den Eichenwald von Tarba gelangte. Dann floh das Tier über die Ebene von Ai und durch einen See. Immer noch setzte Niall mit seinen Hunden ihm nach, aber im See ertranken sie. Der Dagda aber gab Corann ein Stück Land, weil er durch sein Spiel so viel bewirkt und so vielen Leuten zu einer Unterhaltung verholfen hatte.

Wie prächtig das Haus des Dagda auch war, Angus nahm es ihm am Ende fort. Es half ihm dabei Manannan, Sohn des Lir. Dieser riet nämlich Angus, seinen Vater um die Zeit eines Tages und die einer Nacht in diesem Haus zu bitten. Durch Zauber lähmte er des Vaters Willenkraft. So brachte dieser es nicht fertig, etwas zu verweigern. Als nun der Dagda das Haus zurückhaben wollte, erklärte Angus, es sei ihm für immer geschenkt, denn aus was anderem bestehe wohl Zeit als aus Tag und Nacht, die aufeinander folgen.

Darauf zog der Dagda fort mit seinen Leuten und seinem ganzen Haushalt, denn Manannan hatte sie alle verzaubert.

Nur Dichu, der Hofmeister, war zu dieser Zeit fort, und sein Weib und sein Sohn mit ihm, denn sie hatten Proviant für ein Fest holen sollen. Als sie nun zurückkehrten und sahen, daß ihr Herr nicht mehr da war, traten sie in Angus' Dienste. Und dieser blieb in Brugh na Boinne, und manche sagen, er lebt auch noch heute dort hinter den dicken Mauern. Da sitzt er und trinkt Goibnius' Bier und ißt von den Schweinen, die immer wiedergeboren werden, wenn ihr Fleisch gegessen worden ist.

Was nun den Dagda angeht, so nahm er keine Rache, auch wenn er als sehr rachsüchtig galt und als jähzornig dazu.

Wenn man auch nicht weiß, wo er wohnte, das große Unglück, welches nun über ihn kam, wußte ihn doch zu finden.

Der Zufall wollte es, daß einmal Corrgenn, ein mächtiger Mann aus Connacht, ihn besuchen kam, und dessen Frau war auch dabei. Während sie sich nun dort aufhielten, entdeckte Corrgenn, daß seine Frau ihn mit Aedh, einem der Söhne des Dagda, betrog. So groß waren seine Wut und seine Eifersucht, daß er den jungen Mann vor den Augen seines Vaters tötete.

Jeder erwartete nun, daß der Dagda Corrgenn das Leben nehmen werde. Aber das tat er nicht. Er sagte, sein Sohn sei schuldig. Corrgenn kam also davon, aber damit gewann er nicht viel. Der

Dagda verhängte nämlich über ihn den Strafspruch, die Leiche des jungen Mannes auf den Rücken zu nehmen und sie so lange zu tragen, bis er an einen Stein komme, der genausolang und so breit wie die Leiche sei, und erst wenn er einen solchen Stein gefunden habe, dürfe er den Toten auf dem nächsten Hügel begraben.

Was blieb Corrgenn anderes übrig, als zu gehorchen. Er lud sich den Toten also auf den Rücken und brach mit dieser Last auf, aber es dauerte sehr lange, bis er den passenden Stein entdeckte. Bis an das Ufer des Loch Feabhail mußte er laufen. Und dort schleppte er den Toten auf einen Hügel, richtete den Stein auf, grub das Grab, beerdigte den Sohn des Dagda und brach darauf selbst tot zusammen.

Der Dagda aber brachte zwei Baumeister, Grabhan und Imheall, an diesen Ort und hieß sie, eine Mauer rund um das Grab zu ziehen. Es war Grabhan, der die Steine zuhaute und Imheall, der sie setzte, und als die Mauer fertig war, verschloß er den Grabbau, indem er einen großen Deckstein darauflegen ließ. Der Ort aber hieß von da an Hügel des Aileac oder Hügel der Seufzer, denn dort weinte der Dagda blutige Tränen ob des Todes seines Sohnes.

ANGUS OG

Was nun Angus Og, den Sohn des Dagda betrifft, kam er manchmal aus dem Inneren des Brugh na Boinne hervor und ließ sich unter den Sterblichen auf der Erde sehen.

Es war lange nach dem Eintreffen der Gaelen, daß Cormac, König von Teamhair, ihm begegnete, und so lautet der Bericht, den er davon gab:

Einmal saß er in der Halle der Rechtssprechung, wo er in den Gesetzessammlungen zu lesen pflegte und darüber nachdachte, wie sich die Gesetze am besten anwenden ließen. Da sah er plötzlich einen Fremden, einen artigen jungen Mann, am Ende der Halle. Im Augenblick wußte er, daß dies Angus Og war, denn er hatte die Leute oft von ihm reden hören, aber immer nicht glauben wollen, daß solch ein Wesen aus der Anderswelt sich tatsächlich Sterblichen zeige. Als seine Leute danach zu ihm in die Halle traten, erzählte er ihnen, wie er nun Angus mit eigenen Augen gesehen, ja, sogar mit ihm gesprochen habe. Angus hatte ihn mit Namen angeredet und ihm vorhergesagt, was in Zukunft geschehen werde. »Und es war ein stattlicher junger Mann«, erzählte er weiter, »freundlich sein Blick und eindrucksvoll seine ganze Erscheinung. Auf seinen Kleidern waren goldene Zeichen gestickt. In der Hand hielt er eine silberne Harfe mit Saiten aus rotem Gold, und die Musik war süßer als jedes andere Geräusch unter dem Himmel. Über der Harfe schwebten zwei Vögel, die auf dem Instrument zu spielen schienen. Er setzte sich neben mich, und die Musik war so schön und beruhigend, und Dinge sagte er mir, die mich ganz betrunken werden ließen.«

Die Vögel aber, die um die Harfe schwebten, waren vier Küsse, die Angus in Vögel verwandelt hatte. Sie kamen zu den jungen Männern in Irland und riefen nach ihnen. »Kommt, kommt«, riefen zwei. »Ich geh, ich geh«, riefen die beiden anderen. Es war schwer, ihnen zu widerstehen.

Was Angus angeht, so wurde er schon, als er noch jung war, Störenfried genannt. Alle Pfluggespanne der Welt brachen aus, alles Vieh, welches sich die Menschen gezähmt hatten, rannte voller Angst und Schrecken davon, sobald er sich sehen ließ.

Einmal erschien er in der Gestalt eines Großgrundbesitzers zwei Männern, die sich nach einem Platz umsahen, um sich niederzulassen. Der erste Flecken, den sie sich ausgesucht hatten, lag nahe Bregia, auf einer Ebene, die Angus gehörte. Er trat zu ihnen, führte ein Pferd bei sich und sagte, hier dürften sie sich nicht niederlassen. Sie erwiderten, ohne Pferde könnten sie unmöglich ihre Habe noch weiter schleppen. Da gab er ihnen sein Pferd und hieß sie alles aufladen. Aber der nächste Fleck, den sie sich ausgesucht hatten, war Magh Find, die »Schöne Ebene«, und dort befand sich der Spielplatz von Angus und Midhir. Diesmal erschien Midhir, gab ihnen ein Pferd, damit sie all ihre Habe nicht selbst schleppen brauchten, und er ging mit ihnen bis Magh Dairbthenn.

Es gab viele Frauen, denen Angus den Kopf verdrehte, und eine war da, Enghi, die Tochter des Elcmair, die liebte ihn, obwohl sie ihn nie gesehen hatte. Und sie ging eines Tages aus, um ihn zu suchen an jenem Ort, da sich das Wild sammelt zwischen Cletech und Sidhe in Broga.

Die Scharen der Hügelbewohner pflegten an jedem Samainabend* dorthin zu kommen, und ein bescheidenes Mahl brachten sie mit, nämlich eine Nuß. Und die Söhne des Derc kamen aus dem Norden, aus dem Hügel Findbrach. Sie gingen unter den jungen Männern und Frauen umher, ohne deren Wissen, und entführten Elcmairs Tochter. Da gab es viel Klagen, und der Platz heißt seither das Nußgehölz der Klagen.

Derbrenn, Eochaid Fedlechs Tochter, war eine andere Frau, die Angus liebte, und sie besaß sechs Ziehkinder, drei Jungen und drei Mädchen. Die Mutter der Knaben, Dalb Garb, die Rauhe, sprach einen Zauber über sie, nachdem sie Nüsse in Caill Ochuid gepflückt hatten und verwandelte sie in Schweine.

Angus aber gab sie Buichet, dem Krankenpfleger von Leinster, zur Fürsorge, und sie blieben ein Jahr bei ihm. Am Ende dieser Zeit überkam das Weib des Buichet ein Verlangen auf Fleisch. Also rief sie hundert bewaffnete Männer, mit denen kamen hundert Hunde, damit man die Schweine einfinge, denn leicht war das nicht. Die Tiere aber entkamen dem großen Aufgebot und liefen nach Brugh na Boinne zu Angus. Der hieß sie willkommen, und sie baten ihn um Hilfe. Er aber erwiderte, er könne nichts für sie tun, bis sie den Baum von Tarbga geschüttelt und den Lachs von Inver Umaill gegessen hätten.

Also rannten sie nach Glascarn und verbargen sich ein Jahr bei Derbrenn. Dann schüttelten sie den Baum von Tarbga und rannten weiter nach Inver Umaill. Aber Maeve rief die Männer von Connacht zusammen und hieß sie, auf die Schweine Jagd zu

machen. Alle, außer einem, kamen um, und ihre Schädel bestattete man unter einem Steinhaufen, der heißt Duma Selga, der Steinhaufen der Jagd.
Und es war um diese Zeit, da Maeve* regierte in Connacht, daß sich Angus in Caer Ormaith in der Provinz Connacht verliebte und sie entführte nach Brugh na Boinne.

MORRIGU

Was Morrigu, die Große Königin, die Krähe der Schlacht, angeht, so weiß man nicht, wo sie lebte, nachdem die Gaelen gekommen waren, zuvor aber lebte sie in Teamhair. Sie besaß einen großen Kochspieß, mit dem konnte man drei Sorten von Speisen gleichzeitig zubereiten: ein Stück Fleisch, das roh war, ein Stück paniertes Fleisch und ein Stück, das mit Butter bestrichen war. Das rohe Fleisch wurde gar, das panierte Fleisch verbrannte nicht und die Butter ließ das Fleisch saftig bleiben.
Neun Männer, Gesetzlose, gingen einmal zu ihr und baten sie, einen Bratspieß für sie zu fertigen. Sie nahmen ihn mit sich fort, und jeder der Gesetzlosen trug ein Stück davon mit sich herum und am Abend trafen sie sich, setzten die Stücke zusammen und benutzten den Bratspieß gemeinsam. Das war ein Zauberspieß. Manchmal hing er ganz hoch, ein andermal wieder ganz tief über dem Feuer. So, wie es gerade gut war für die Speisen, die man bereitete. Er brach auch nie und nutzte sich nie ab.
Mechi, Sohn der Morrigu, wurde getötet von Mac Cecht bei Magh Mechi, das bis zu dieser Zeit Magh Fertaige geheißen hatte. Drei Herzen besaß er, und sie hätten, weil sie Schlangen glichen, ganz Irland verdorben, wäre Mechi nicht getötet worden.
Mac Cecht verbrannte die drei Herzen auf der Ebene der Asche, und er warf die Asche der Herzen in den Fluß. Dieser hörte auf zu fließen, und jedes Geschöpf, das im Wasser lebte, starb.
Die Morrigu mischte sich oft ein in die Angelegenheiten Irlands in der Zeit des Chuchulain. Sie stachelte die Leute zu Krieg und

Streit auf. Als Cuchulain noch ein Knabe war, kam sie zu ihm, und er wäre fast ihrem Zauber verfallen.
»Du hast nicht das Zeug zu einem Helden«, redete sie ihm ein, »du wirst bald zu Füßen der Schatten liegen.«
Da sprang Cuchulain auf und hieb den Kopf des Schattens, der über ihm hing, mit seinem Hurlingschläger ab.
Als nun Conchubar Finched aussandte, um die Männer von Ulster gegen den Stier von Cualgne aufzubieten, bat er sie auch, zu dieser Furie zu gehen, damit sie ihnen gegen Cuchulain helfe.
Dieser hatte sie einmal dabei erwischt, als sie versuchte, eine Kuh von dem Hügel von Cruachan zu stehlen. Ein andermal hatte sie Talchinem, einem Druiden im Haushalt des Conaire Mor geholfen, einen Stier zu entführen, auf den seine Frau ein Auge geworfen hatte. Sie stahl häufig Kühe. So half sie auch Adras, die zum Haushalt des Rinderhirten von Cormac Hua Cined gehörte und zu ihrem Mann mit gestohlenem Vieh unterwegs war. Morrigu nahm ihr aber dann das Vieh fort und brachte es in die Höhle von Cruachan und in den Hügel der Feen. Odras folgte ihr, bis sie der Schlaf überkam in einem Eichenwald, und Morrigu weckte sie, sprach einen Zauber über sie und verwandelte sie in einen Teich.
In der Schlacht von Magh Rath flatterte sie um Congal Claen in der Gestalt eines Vogels und verwirrte ihn, bis er zwischen Freund und Feind nicht mehr zu unterscheiden vermochte. Später, in der Schlacht von Cluantarbh flog sie über den Kopf von Murchadh, Sohn des Brian; sie hatte verschiedene Gestalten. Als Krähe kämpfte sie mit in den Schlachten. Aber nicht Morrigu, sondern Badb war es, die sich in der Schlacht von Dunbolg zeigte, wo die Männer Irlands unter Aedh, Sohn des Niall, kämpften, und Brigit zeigte sich in derselben Schlacht auf der Seite der Männer von Leinster.

AINE

Aine*, so hört man sagen, sei die Tochter des Manannan gewesen. Andere aber erzählten, Morrigu habe einen Stuhl aus Stein besessen, genannt Cathair Aine. Und jeder, der sich auf den Stein setzte, lief Gefahr, den Verstand zu verlieren. Hatte man aber dreimal darauf gesessen, so wurde man für immer wahnsinnig. Menschen, deren Sinn verwirrt war, kamen zu diesem Stein, und verrückte, tollwütige Hunde aus dem ganzen Land liefen dorthin und dann stürzten sie sich ins Meer, wo Aine auch eine Wohnung haben soll. Aber jene, die sagen, daß man mit Kräutern heilen kann, behaupten, sie habe Macht über den ganzen Körper, und sie verleihe die Gabe des Dichtens und der Musik.

Immer muß man auf der Hut sein, Aine nicht zu vergrämen, denn sie ist sehr rachsüchtig. Oilioll Oluim, ein König in Irland, tötete einmal ihren Bruder. Sie bereitete daraufhin einen Zauber aus Eibenblättern am Fluß Maigh in Luimnech und zauberte einen kleinen Mann, der auf einer Harfe spielte, am Fluß. Als nun der Sohn des Oilioll mit seinem Stiefbruder an diesem Fluß vorbeikam, vernahm er süße Musik. Sie sahen einen Baum, von dem drang die süße Musik zu ihnen herab.

Zuerst stritten sie sich, wer von ihnen den kleinen Wicht bekommen sollte, der da saß und Harfe spielte. Der König sprach den Harfenspieler seinem Sohn zu. Dieser Spruch aber erregte den Unwillen vieler Leute, und es kam zu der Schlacht von Magh Mucruimhe, in der Oilioll und sieben seiner Söhne fielen. So war Aine grausam in ihrer Rache.

AOIBHELL

Aoibhell, eine andere Feenfrau, nahm ihre Wohnung in Craig Liath, und zu der Zeit der Schlacht von Cluantarbh verliebte sie sich in einen jungen Mann aus Munster, der hieß Dubhlain ua Artigan und war vom König von Irland in Schande vom Hof

verwiesen worden. Aber vor der Schlacht kam er zurück und schloß sich Murchadh, dem Sohn des Königs an, um für die Gaelen zu kämpfen.
Und Aoibhell erschien ihm und hieß ihn, nicht in die Schlacht zu ziehen, aber als er ihr nicht gehorchte, warf sie einen Druidenmantel über ihn, so daß keiner ihn sehen konnte.
Er kam dahin, wo Marchadh kämpfte und schlug mächtig auf die Feinde Irlands ein und warf viele von ihnen nieder.
Und Murchadh sah sich verwundert um und sprach: »Es kommt mir so vor, als hörte ich Dubhlain ua Artigan mit seinem Schwert kräftige Schläge austeilen, aber ich sehe ihn gar nicht.«
Da warf Dubhlain den Druidenmantel von sich und sprach: »Ich mag diesen Zaubermantel nicht tragen, wenn du mich nicht sehen kannst. Aber folge mir jetzt über die Ebene dorthin, wo Aoibhell wartet, denn sie kann uns Kunde über den Ausgang der Schlacht geben.«
Also gingen sie zu ihr, und sie bat sie beide, nicht weiter zu kämpfen, wenn ihnen ihr Leben lieb sei.
Aber Murchadh sagte zu ihr: »Ich will dir eine wahre Geschichte erzählen. Die Angst um mein Leben wird nie so groß sein, daß ich deswegen mein Gesicht verliere. Und fallen wir, so fallen viele Fremde mit uns.«
»Bleib doch bei mir, Dubhlain«, bat sie, »hier bei mir kannst du mindestens zweihundert Jahre glücklich und in Freude leben.«
»Du glaubst doch nicht etwa, ich würde Murchadh im Stich lassen«, antwortete er, »noch ist mir mein guter Name weder für Gold und Silber, noch für Lebensfrist feil.«
Aoibhell wurde zornig, als er das gesagt hatte, und sie antwortete: »O weh dann ... Murchadh wird fallen, und du wirst fallen, und dein stolzes Blut wird morgen die Erde trinken.«
Also kümmerten sie sich nicht um die Weissagung der Feenfrau, kehrten in die Schlacht zurück und fanden den Tod.
Es war auch Aoibhell, die dem Sohn des Meardha eine goldene Harfe schenkte, als er in der Schule der Feen von Connacht in die Lehre ging und vernahm, daß sein Vater vom König von Loch-

lann getötet worden war. Wer immer diese Harfe hörte, der hat danach nicht mehr lange zu leben. Und Meardhas Sohn zog an den Ort, an dem die drei Söhne des Königs von Lochlann wohnten. Er spielte auf der Harfe für sie, wie eben fahrende Sänger vor dem Fürsten und den Hochgestellten zu spielen pflegten. Der König ahnte nichts Schlimmes. Er erfreute sich an der Musik. Plötzlich holte ihn der Tod ein.
Es war auch diese Harfe, die Cuchulain hörte, als sich seine Feinde in Muithemme sammelten. Da wußte er, daß sein Leben sich dem Ende entgegenneigte.

MIDHIR UND ETAIN*

Midhir besaß eine unterirdische Wohnung in einem Hügel für sich allein, und sein Weib Fuamach und seine Tochter Bri waren bei ihm. Leith, Sohn des Celtach von Cuala, war der schönste unter den jungen Feenmännern in Irland zu dieser Zeit, und er liebte Bri, Midhirs Tochter.
Bri ging mit ihren Begleiterinnen, um ihn am Grab der Töchter nahe Teamhair zu treffen. Leith kam mit seinem Gefolge daher.
Aber die Liebenden konnten nicht zueinander kommen, weil die Wächter auf Midhirs Hügel so viel Speere nach Leith warfen wie Bienen in der Luft sind an einem schönen Sommertag. Cochlan, Leiths Knecht, wurde verletzt und starb.
Da wandte sich das Mädchen zu Midhirs Hügel zurück. Das Herz brach ihr vor Verlangen nach ihrem Geliebten, und sie starb auch. Leith aber sprach: »Wenn ich schon nicht bis zu diesem Mädchen vorgedrungen bin, so will ich doch wenigstens ihr meinen Namen hinterlassen.«
Und seither heißt der Hügel Bri Leith.
Geraume Zeit später verliebte sich Midhir in Etain Echraide und groß war die Eifersucht von Fuamach. Und als sie nun sah, daß Midhir all seine Liebe Etain gab, rief sie den Druiden Bresal Etarlaim und bat ihn, ihr zu helfen, Etain zu verzaubern. Als nun

Etain durch Zauber von Bri Leith vertrieben wurde, nahm Angus Og, Sohn des Dagda, sie in seine Behausung auf, und als Midhir sie zurückverlangte, wollte Angus sie nicht herausgeben, vielmehr nahm er sie überall mit hin, wo er sich zeigte.
Wann immer er rastete, zauberte er ihr ein Haus aus Sonnenstrahlen und stellte süßduftende Blumen hinein, und das Haus hatte unsichtbare Wände. Niemand konnte durch sie hindurchschauen. Die sich darin aufhielten, waren unsichtbar. Sie aber sahen sehr wohl, was draußen vor sich ging.
Nun hörte Fuamach davon, daß es Etain so wohl war und daß Angus sie verwöhnte. Da überkam sie abermals Zorn und Eifersucht, und sie sann lange darüber nach, wie sie Etain verderben könne.
Und so ging sie dabei vor: Sie wußte es so einzurichten, daß Midhir und Angus ihre Behausungen verließen, um sich zu treffen und auszusöhnen. Denn seit Etain bei Angus lebte, hatte Streit zwischen ihnen geherrscht.
Kaum war Angus ausgegangen, da rannte Fuamach nach Brugh na Boinne und traf Etain dort in ihrem Sonnenhaus an. Mit Druidenzauber verwandelte sie Etain in eine Fliege. Sie schickte einen Windstoß, der fuhr durch das Haus und wirbelte die Fliege zum Fenster hinaus. Midhir und Angus nahmen an, Fuamach werde zu ihrem Treffen nachkommen. Als sie aber nicht erschien, ahnte Angus Schlimmes. Er wurde unruhig und eilte endlich nach Brugh na Boinne zurück. Er fand das Sonnenhaus leer. Er suchte nach Fuamach und fand sie im Gespräch mit Etarlaim dem Druiden, bei dem sie sich eben für die Unterweisung in Zauberei bedankte.
Angus schlug ihr auf der Stelle den Kopf ab. Über viele Jahre hin wurde Etain als Fliege durch Irland geweht.
Schließlich flog sie in das Haus des Etar von Inver Cechmaine, wo gerade ein großes Fest gefeiert wurde. Sie fiel von einem Balken herab in einen goldenen Becher, der vor Etars Frau stand. Etars Frau trank sie mit dem Wein, und nach neun Monaten wurde Etain wiedergeboren als Etars Tochter. Sie erhielt densel-

ben Namen wie zuvor: Etain, und wuchs auf als des Königs Tochter und man erzog mit ihr zusammen fünfzig andere junge Mädchen, alles Töchter von Prinzen.
Nun geschah es eines Tages, daß Etain und all die anderen jungen Mädchen in der Bucht von Inver Cechmaine badeten. Da sahen sie vom Wasser aus einen Mann von angenehmen Äußeren, der über die Ebene hin auf sie zugeritten kam. Er trug einen langen grünen Mantel und ein Hemd, gewoben aus Fäden von rotem Gold, und eine Brosche aus Gold verschloß den Mantel vor der Schulter. Auf dem Rücken hing ein Schild aus Silber, am Rand mit Gold gefaßt, und in der Hand hielt er einen scharfen Speer mit Ringen aus Gold verziert. Blondes Haar hatte er, und seine Locken wurden zusammengehalten von einem goldenen Band.
Als er näherkam, stieg er vom Pferd, setzte sich auf den Abbruch des Ufers, und dies war es, was er sagte:
»Ach, hier also ist Etain. Unter den kleinen Kindern verbringt sie ihr Leben am Strand von Inver Cechmaine.
Sie war es, die die Frau des Etar im Wein verschluckt hat.
Viele große Schlachten wird Eochaid von den Feen wegen dir schlagen müssen. Vernichtung wird über die Feen kommen und ein Krieg mit tausend Männern.«
Und als er das gesagt hatte, verschwand er, und keiner wußte, wohin er gegangen war. Und sie wußten auch nicht, daß dieser Mann Midhir von Bri Leith gewesen war.
Als Etain zu einer schönen jungen Frau heranwuchs, sah sie Eochaid Feidlech, der Hochkönig* von Irland, und dies geschah so: Er ging eines Tages über den Rasen auf dem Hügel Leith. Da sah er neben einer Quelle eine Frau mit einem goldenen Kamm, und sie wusch sich in einem silbernen Becken, in dem vier goldene Vögel saßen. Einen wunderbaren purpurnen Mantel hatte sie an und trug eine goldene Brosche auf einem Kleid aus grüner Seide mit einer langen Kapuze, bestickt mit rotem Gold und schöne Spangen aus Gold und Silber an ihren Brüsten und an den Schultern. Das Sonnenlicht fiel auf sie, und das Gold funkelte und die grüne Seide glänzte.

So stand sie dort. Sie ließ ihr Haar fallen, um es zu waschen. Sie fuhr mit den Händen gerade aus den Ärmellöchern ihres Kleides. Ihre weichen Hände waren so weiß wie der Schnee einer einzigen Nacht. Ihre Augen waren so blau wie jede blaue Blume, und ihre Lippen waren so rot wie die Beeren der Eberesche. Und ihr Körper war weiß wie der Schaum einer Welle. Helles Mondlicht lag auf ihrem Gesicht, stolz sahen ihre Augenbrauen aus. Ein Grübchen hatte sie auf jeder Wange. Ein Ausdruck von Verlangen lag in ihrem Blick, und wenn sie ging, hielt sie sich so gerade, wie es Königinnen tun.

Eochaid befahl seinen Leuten, sie zu ihm zu bringen. Er fragte sie nach ihrem Namen, und sie sagte ihm, sie sei Etain, Tochter des Etar, des Königs der Feenreiter. Eochaid liebte sie und zahlte für sie den Brautpreis und brachte sie heim nach Teamhair als sein Weib und dort wurde sie mit großer Freude willkommen geheißen.

Nach geraumer Zeit nun gab es ein großes Fest in Teamhair, und alle Häuptlinge aus ganz Irland kamen, und das Fest währte zwei Wochen vor Samain bis zwei Wochen danach. Auch Ailell, des Königs Bruder kam zu dem Fest. Als er das Weib seines Bruders sah, verliebte er sich schon im ersten Augenblick in sie und war nur zufrieden, wenn er sie anschauen konnte.

Das bemerkte eine Frau, die Tochter von Luchta Lamdearg von der Roten Hand und sie sprach: »Nach was in der Ferne hältst du Ausschau? Täusche ich mich, wenn ich meine, daß du dich verliebt hast?«

Ailell nahm sich zusammen und sah darauf nicht mehr zu Etain hin.

Aber als das Fest zu Ende war und die Gäste aufbrachen, überkam Ailell solch ein Verlangen und solcher Neid, daß er krank wurde, und sie brachten ihn in ein Haus in Teffia. Und dort blieb er ein ganzes Jahr, und die Krankheit verzehrte ihn, aber er sprach zu keinem über die Ursache.

Am Ende des Jahres kam Eochaid den Bruder besuchen, und er fuhr mit seiner Hand über dessen Brust und Ailell stöhnte auf.

»Was ist dir?« fragte Eochaid. »Verschafft dir das nicht etwas Erleichterung?«

»Auf mein Wort«, sagte Ailell, »es geht mir, wenn ich ehrlich sein soll, Tag für Tag und Nacht für Nacht immer schlechter.«

»Aber was hast du?« fragte Eochaid.

»Das kann ich gerade dir nicht sagen«, antwortete Ailell.

»Ich werde jemanden kommen lassen, um die Ursache deiner Krankheit herauszufinden«, sagte der König. Und er schickte nach Fachtna, seinem Arzt, und als dieser mit der Hand über Ailells Herz fuhr und Ailell wieder aufstöhnte, sagte Fachtna: »An dieser Krankheit wirst du nicht sterben, ich weiß sehr wohl, wovon sie herrührt. Die Ursache ist entweder die Eifersucht oder die Liebe, und daß du keinen Ausweg weißt.« Ailell schämte sich, und er wollte gegenüber dem Arzt nicht zugeben, daß dieser recht hatte. So ging Fachtna wieder fort. Als nun König Eochaid auf eine Rundreise durch die Provinzen Irlands ging, über die er König war, ließ er Etain zurück und sprach zu ihr: »Gute Etain, nimm dich bitte meines Bruders Ailell an, solange er noch lebt. Und sollte er in meiner Abwesenheit sterben, so laß ihn beisetzen und laß einen Säulenstein auf seinem Grab errichten, auf dem sein Name in Oghamschrift* geschrieben steht.«

Darauf reiste er ab.

Eines Tages nun ging Etain in jenes Haus, in dem Ailell krank danieder lag, und sie redeten miteinander, und dann machte sie ein kleines Lied für ihn, und dies war es, was sie sagte:

»Was hast du nur, junger Mann, daß du schon so lange an dieser Krankheit leidest? Es ist nicht das rauhe Wetter, das den Bewegungen deines Körpers die Leichtigkeit stahl.«

Und Ailell antwortete ihr:

»Es gibt guten Grund für meine Krankheit. Die Musik meiner eigenen Harfe gefällt mir nicht. Keine Speise schmeckt mir. Ich sieche dahin.«

Und wieder Etain: »Sag mir, was dir fehlt? Ich bin eine kluge Frau. Gibt es denn nichts, was dich heilen könnte?«

Und Ailell antwortete:

»Oh, schöne freundliche Frau, es tut nicht gut, einer Frau ein Geheimnis anzuvertrauen, aber manchmal läßt es sich von den Augen ablesen.«

Und Etain sprach:

»Gewiß ist es besser, Geheimnisse für sich zu behalten, aber über dieses solltest du sprechen, denn wie sonst soll dir geholfen werden?«

Und Ailell:

»Oh, mögest du gesegnet sein, Etain mit den schönen Haaren. Mir ist nicht zu helfen. Mein Verstand ist mir keine Hilfe mehr. Mein Körper lehnt sich auf. Ganz Irland weiß, Königin, daß meine Sinne und mein Körper krank sind.«

Und Etain sprach:

»Wenn es eine Frau unter den schöngesichtigen Weibern Irlands gibt, nach der du dich so verzehrst, dann muß sie hierherkommen, und müßte ich selbst gehen und sie bitten.«

Da sprach Ailell zu ihr:

»Weib, für dich wäre es ein Leichtes, diese Krankheit von mir zu nehmen. Und mein Verlangen ist ein Verlangen so lang wie ein Jahr, aber es ist, als verliebte man sich in das Echo oder verschwende die Empfindung von Trauer auf eine Welle. Ein einsamer Kampf mit einem Schatten: damit läßt sich meine Liebe und mein Verlangen vergleichen.«

Und nun wußte Etain, was die Ursache seiner Krankheit war, und es bekümmerte sie sehr.

Jeden Tag kam sie zu ihm. Sie bereitete ihm Speisen und goß Wasser über seine Hände, kurz sie tat alles, was man für einen Kranken nur tun kann, aber zu ihrem Kummer wurde er immer elender, bis sie schließlich eines Tages sagte:

»Steh auf, Ailell, Königssohn, Mann großer Taten, ich will dich heilen!«

Und er legte die Arme um sie, und sie küßte ihn und sprach dann:

»Komm morgen in der Frühe bei Tagesanbruch in das Haus vor der Hügelfeste. Dort will ich mich dir hingeben.«

In dieser Nacht fand Ailell keinen Schlaf. Als aber die Zeit kam, da er zu ihr hätte gehen sollen, wurde er müde, schlief endlich ein und wachte erst auf, als es schon heller Tag war.
Aber Etain war zu dem Haus außerhalb der Hügelfeste gegangen, und es dauerte nicht lange, da sah sie einen Mann auf sie zukommen, der hatte das Aussehen des kranken und erschöpften Ailell. Doch als er näher kam, sah sie, daß es nicht Ailell war. Er ging fort, und nachdem sie noch eine Weile gewartet hatte, ging sie wieder in die Hügelfeste zurück.
Als Ailell erwachte und feststellte, daß es längst nicht mehr früher Morgen war, wünschte er sich, lieber tot zu sein als zu leben. Und Etain besuchte ihn, und er erzählte ihr, was geschehen war. Da sprach sie. »So komm morgen an denselben Ort.«
Aber am nächsten Tag geschah wieder dasselbe. Und als es sich auch am dritten Morgen wiederholte und wieder sich dieser andere Mann zeigte, sprach Etain zu ihm:
»Ich bin nicht hier, um dich zu treffen. Aber warum kommst du immer hierher? Und was den angeht, mit dem ich hier ein Rendezvous habe, so geschieht es nicht aus Leichtsinn oder Eitelkeit, sondern ich bin nur willens, ihn von dem zu erlösen, was er um meinetwillen gelitten hat.«
Da erwiderte der Mann:
»Es wäre weit passender, wenn du dich mit mir hier treffen würdest als mit dem anderen, denn ich war dein erster Mann überhaupt.«
»Was redest du da«, sagte sie, »wer bist du denn eigentlich?«
»Ich bin Midhir von Bri Leith.«
»Und wer oder was hat uns getrennt, wenn ich einmal deine Frau war?« fragte Etain.
»Es geschah durch Fuamachs böse Eifersucht und durch den Zauber von Bresal Etarlaim, dem Druiden, daß wir getrennt wurden. Kommst du jetzt mit mir?«
Aber Etain sprach: »Ich werde nicht für einen Mann, den ich nicht näher kenne, den Hochkönig von Irland verlassen.«
Und Midhir sprach: »Ich will zugeben: Ich war es, der Ailell

dieses große Verlangen nach dir eingab. Ich war es aber auch, der verhinderte, daß ihr euch hier treffen konntet, weil ich wollte, daß du deinen guten Namen behältst.«

Als sie nun Ailell besuchen ging, fand sie, daß seine Krankheit von ihm gewichen war und sein Verlangen auch. Sie erzählte ihm alles, was geschehen war, und er sagte:

»Es ist gut ausgegangen für uns beide. Ich bin von meiner Krankheit geheilt, und kein Makel ist auf deinen guten Namen gefallen.«

»Laß uns den Göttern dafür danken«, sagte Etain, »wir wollen damit zufrieden sein.«

Und gerade um diese Zeit kam Eochaid zurück von seiner Reise, und sie erzählten ihm die ganze Geschichte, und er war seinem Weib dankbar für die Freundlichkeit, die sie Ailell erwiesen.

Einige Zeit darauf wurde wiederum ein großes Fest zu Teamhair veranstaltet, und Etain ging aus, um den Spielen und den Rennen zuzuschauen. Sie sah einen Reiter auf sich zukommen. Nur sie sah ihn. Für die anderen war er unsichtbar, und als er näher kam, erkannte sie, daß es eben der Mann war, der mit ihr gesprochen hatte, als sie mit den jungen Mädchen an der See bei Inver Cechmain gebadet hatte. Er trat heran, sang Worte aus, und nur sie konnte sie hören. Und dies war es, was er sagte:

»Schöne Frau, komm mit mir in mein schönes Land. Die Menschen, die dort wohnen, betrachtet man mit Wohlgefallen, denn sie sind ohne Makel, ihr Haar hat die Farbe der Fahnenblume, ihre Leiber sind weiß wie der Schnee, ihre Wangen haben die Farbe von Fuchsien.

Die Jungen werden nie alt. Die Felder und Blumen sind so angenehm anzuschauen wie Drosseleier; warme, süße Bäche voller Met und Wein fließen durch dieses Land. Dort kennt man keinen Kummer, keine Sorge. Wir sehen einander, aber die anderen sehen uns nicht.

Wenn auch die Ebenen Irlands schön sind, so ist dies nur ein Geringes gemessen an der Schönheit unserer großen Ebene; wenn das Ale Irlands trunken macht, so macht das Ale dieses

Landes viel rascher trunken und am anderen Morgen hat niemand über Kopfschmerzen zu klagen. Schöne Frau, wenn du mitkommst zu meinem stolzen Volk, sollst du das Fleisch von eben geschlachteten Schweinen* vorgesetzt bekommen. Und Ale und frische Milch kannst du dort trinken. Dort wollen wir miteinander feiern. Wir wollen uns lieben sieben lange Tage und sieben Nächte ohne Scham, daß unser Verlangen für einander so lange nicht endet. Eine Krone aus purem Gold will ich dir dort aufs Haupt setzen. Kommst du mit mir, Etain?«

Aber Etain erwiderte, sie werde Eochaid, den Hochkönig nicht verlassen.

»Wirst du mitkommen, wenn Eochaid dir Urlaub gibt?« fragte da Midhir.

»Das will ich tun«, antwortete sie.

Eines Tages kurz darauf schaut Eochaid, der Großkönig aus dem Fenster seines Palastes in Teamhair. Da sah er einen fremden Mann über die Ebene heranreiten. Gelbes Haar hatte er, und seine blauen Auge glänzten wie die Flamme einer Kerze. Er trug ein purpurnes Gewand und in der Hand einen mit fünf Ringen geschmückten Speer.

Er kam zum König und der entbot ihm den Willkommensgruß.

»Wer bist du?« fragte er, »und was willst du von mir, da du ein Fremder bist?«

»Ich bin dir fremd, aber du bist mir nicht fremd. Ich kenne dich seit langem«, erwiderte der fremde Mann.

»Wie ist dein Name?« fragte der König.

»Er besagt weiter nichts«, antwortete der Fremde, »ich heiße Midhir von Bri Leith.«

»Und was bringt dich her?«

»Ich bin gekommen, um mit dir eine Partie Schach zu spielen«, sagte der Fremde.

»Bist du ein guter Spieler?« fragte der König.

»Versuch es. Du wirst ja sehen.«

»Das Schachbrett steht im Haus der Königin, und sie schläft gerade«, sagte Eochaid.

»Das macht nichts«, antwortete Medhir, »denn ich habe ein Schachbrett mitgebracht, das dem deinen um nichts nachsteht.« Und er brachte ein Schachbrett hervor, das war aus Silber gefertigt und an den vier Ecken mit kostbaren Steinen geschmückt. Und er stellte Schachfiguren aus Gold auf, die entnahm er einem Beutel, dessen Gewebe aus Goldfäden bestand.

»Nun wollen wir spielen«, sagte Midhir, »aber nicht ohne einen Einsatz.«

»Also, was soll der Einsatz sein?« fragte der König. »Ach was, darüber können wir uns immer noch einigen, wenn das Spiel vorbei ist«, sagte Midhir.

Sie spielten also miteinander, und Midhir wurde geschlagen, und der König ließ sich von ihm fünfzig braune Pferde geben.

Dann spielten sie ein zweites Mal, und wieder verlor Midhir, und der König hieß ihn, vier schwierige Aufgaben ausführen: er mußte eine Straße bauen über Moin Lamraide und Midhe von Steinen säubern. Er mußte im Bezirk von Tethra Gebüsche pflanzen und im Bezirk Darbrech Bäume.

Also holte Midhir seine Leute von Bri Leith herbei, und es war die härteste Arbeit, die sie je ausgeführt hatten. Eochaid sah ihnen zu, und es fiel ihm auf, daß das Feenvolk die Ochsen an Hals und Schultern anspannte und ihnen das Geschirr nicht an der Stirn und am Schädel anlegte. Und er hieß seine Leute, es auch so zu tun, und deswegen wurde er später Eochaid Airem, der mit den Pflugscharen, genannt.

Als nun alles ausgeführt war, kam Midhir wieder zu Eochaid. Er sah mager und abgezehrt aus von der harten Arbeit und forderte Eochaid zu einem dritten Schachspiel auf. Der war einverstanden, und sie kamen überein, daß der Gewinner den Einsatz bestimmen solle.

Diesmal war es Midhir, der gewann, und als der König fragte, was er sich nun wünsche, sprach er: »Es ist Etain, deine Frau, die ich mir wünsche!« »Die werde ich dir nicht geben«, sagte der König. »Alles, was ich dann verlange«, sagte Midhir, »ist, sie zu umarmen und sie einmal zu küssen.«

»Dagegen habe ich nichts einzuwenden«, sagte der König, »vorausgesetzt, daß du damit bis zum Ende des Monats wartest.«
Damit war Midhir einverstanden, und er ging fort. Am Ende des Monats war er zur Stelle und stand in der großen Halle zu Teamhair und keiner sah so stattlich aus wie er an diesem Abend. Eochaid aber hatte all seine besten Kämpfer in der Halle versammelt und er schloß alle Türen seines Palasts und dennoch war Midhir hineingelangt. Eochaid aber hatte diesen Befehl gegeben, um zu verhindern, daß Midhir sein Weib doch noch entführe.
»Ich komme, um mir zu holen, was mir versprochen worden ist«, sagte Midhir.
»Ach, daran habe ich gar nicht mehr gedacht«, sagte Eochaid.
»Du hast mir Etain, deine Frau, versprochen«, erinnerte ihn Midhir. Und die Röte der Scham kam über Etain, als sie das hörte, und als Midhir dies sah, sagte er:
»Du mußt dich nicht schämen, Etain, denn ein ganzes Jahr lang habe ich um deine Liebe geworben. Ich habe dir alle Schätze und Reichtümer zu Füßen legen wollen. Du hast all das abgelehnt und gesagt, du wolltest nur dann mir folgen, wenn dein Mann dir Urlaub gibt.«
»Es ist wahr, daß ich das gesagt habe«, erwiderte Etain. »Ich werde dir folgen, wenn Eochaid mich dir gibt.«
»Ich gebe dich nicht auf«, sagte Eochaid, »ich habe ihm lediglich versprochen, daß er dich hier umarmen darf.«
»Das werde ich tun«, sagte Midhir.
Und bei diesem Wort nahm er sein Schwert in die linke Hand und legte seinen rechten Arm um Etains Hüfte und küßte sie. Alle bewaffneten Männer in der Halle warfen sich im Augenblick auf ihn, aber er erhob sich in die Luft, Etain im Arm und fuhr durch das Rauchloch hinaus und draußen wurden sie zu zwei goldenen Schwänen, verbunden miteinander durch eine goldene Kette.
Da überkam Eochaid großer Zorn, und er zog aus und suchte nach seinem Weib in ganz Irland, aber er hörte nirgend etwas von ihr, denn sie lebte in einem Feenhügel in Connacht.

Und es war eine Dienerin bei Etain zu dieser Zeit, die hieß Cruachan Croderg, und sie sagte zu Midhir: »Ist dies hier unser Haus?« »Das ist es nicht«, sagte Midhir, »meine Wohnstatt liegt näher zur aufgehenden Sonne.« Das gefiel ihr nun gar nicht, und Midhir sagte, um sie zu beruhigen:
»Dein Name wird von nun an mit diesem Hügel verbunden sein.«
Und also hieß der Hügel nun Hügel der Cruachan. Darauf zogen sie nach Bri Leith, und Etains Tochter Esa kam zu ihnen und brachte hundert von jeder Art von Vieh* mit sich, und Midhir behielt sie sieben Jahre als Ziehkind.
Während der ganzen Zeit aber wurde Eochaid, der Hochkönig, nicht müde, nach seiner Frau zu suchen. Schließlich nahm Codal vier Stecken aus Eibenholz* und schrieb Oghamzeichen darauf und durch diesen Zauber fand er heraus, daß Etain sich bei Midhir in Bri Leith befand.
Also zog Eochaid dorthin und belagerte den Platz neun Jahre lang, ehe Midhir ihn vertrieb. Und endlich begannen seine Leute damit, den Hügel aufzugraben, und als sie nahe an die Stelle kamen, an der Etain sich befand, schickte Midhir dreimal zwanzig herrliche Weiber aus, die alle das Aussehen von Etain hatten, und forderte den König auf, er solle sie unter ihnen herausfinden. Die erste, die er wählte, war aber seine eigene Tochter Esa. Da rief Etain ihn an, und er erkannte sie und brachte sie heim nach Teamhair.
Und Eochaid ließ seine Tochter einen Wohnsitz wählen, und dieser erhielt den Namen Rath Esa. Von ihm aus sah man bis zu drei wichtigen Orten, zum Hügel der Feen in Broga, zum Hügel der Geiseln in Teamhair und bis Din Crimthain auf Bein Edair. Midhir und sein Volk aber erzürnten sich sehr, weil ihr Hügelpalast aufgegraben worden war. Und aus Rache für diese Beleidigung führte er Conaires Tod herbei. Dieser aber war auch Großkönig über Irland und ein Enkel von Eochaid und Etain und starb bei DaDergas Herberge, aber das ist eine andere Geschichte.

KÖNIG CORMAC*

Und man erzählt, daß so manch einer verlockt wurde von Manannan in die Anderswelt. Und einer, von dem man es ganz genau weiß, war Cormac, der Enkel des Conn, König von Teamhair, und hier wird erzählt, wie es geschah:
Er hielt sich einst in Teamhair auf. Da sah er einen bewaffneten Mann auf sich zukommen. Er hatte graues Haar, ein golddurchwirktes Hemd auf der Haut, breite Schuhe aus weißer Bronze an den Füßen und über der Schulter trug er einen strahlenden Zweig mit neun Äpfeln, die waren aus rotem Gold. Und so wunderbar war das Geräusch, das von dem Zweig ausging, daß keiner auf Erden unter den Sterblichen in seinem Bewußtsein irgendein Bedürfnis oder einen Wunsch hatte, außer dem, diesen Laut zu hören, und wenn einer traurig war und er hörte das Geräusch der Zweige, so wurde er auf der Stelle froh.
Cormac und der Bewaffnete grüßten einander, und Cormac fragte den Fremden, woher er komme.
»Ich komme aus einem Land, wo es nichts gibt als Wahrheit, wo keiner altert, wo die Schwermut unbekannt ist, wo niemand zu sagen wüßte, was Traurigkeit ist oder Eifersucht*.«
»Bei uns ist das nicht so«, sprach Cormac, »und darum würde es mir gefallen, wenn wir Freunde würden.«
»Warum nicht«, sagte der Fremde.
»Gib mir diesen Zweig als Zeichen der Freundschaft«, bat Cormac.
»Ich will ihn dir geben«, antwortete der Fremde, »wenn auch du mir dafür drei Geschenke versprichst. Wie steht es damit?«
»Einverstanden«, erwiderte Cormac.
Da ließ der fremde Mann den Zweig zurück und ging fort, und Cormac hätte nicht zu sagen gewußt, wohin er gegangen war. Er selbst lief zurück zu dem königlichen Haus, und alle Menschen, die den Zweig sahen, überkam Staunen. Cormac bewegte den Zweig, und sie verfielen alle in Schlaf von diesem Tag an bis zur selben Stunde eines anderen Tages.

Am Ende des Jahres kam der fremde Mann wieder und forderte das erste jener drei Geschenke ein, die ihm versprochen worden waren.

»Du sollst es haben«, sagte Cormac.

»Also nehme ich heute deine Tochter Aille mit«, sagte der Fremde.

Er führte das Mädchen mit sich fort, und die Weiber von Irland stießen drei laute Schreie der Wehklage aus.

Aber Cormac schüttelte den Zweig, eine wundertätige Melodie erklang und sofort war ihr Kummer vergessen und sie verfielen in tiefen Schlaf.

Auf den Tag genau nach einem Jahr kehrte der Fremde zurück, und diesmal nahm er Cormacs Sohn mit sich.

Da war ein Weinen und Klagen ohne Ende in Teamhair über den Verlust des Jungen, und in dieser Nacht aß keiner und niemand schlief und alle waren sehr bedrückt. Aber Cormac bewegte den Zweig und ihre Sorgen waren verflogen.

Schließlich kam der Fremde ein drittes Mal. Cormac fragte ihn, was er wolle.

»Als wenn du es nicht schon wüßtest«, antwortete der Fremde, »diesmal hole ich deine Frau Ethne.« Und er nahm die Königin mit sich fort.

Aber das konnte Cormac nicht ertragen, und also ging er endlich dem Fremden nach und sein ganzes Volk kam mit ihm. Aber mitten auf der Ebene von Wall kam ein dichter Nebel sehr plötzlich über sie, und als sich der Nebel verzog, befand sich Cormac ganz allein auf der großen Ebene. Er sah eine große Hügelfestung inmitten der Ebene mit einer bronzenen* Mauer um sie herum, und in der Hügelfeste stand ein Haus aus Silber* und zur Hälfte war das Dach gedeckt mit den weißen Schwingen der Vögel.

Ein großer Trupp Reiter der Feen war um das Haus, und alle trugen sie weiße Vogelschwingen auf den Armen, um das Dach damit ganz und gar zu decken. Aber kaum waren sie mit dieser Arbeit zu Ende, da kam ein Windstoß und alles ward wieder

zerstört. Dann sah Cormac, wie ein Mann ein Feuer entzündete und einen dicken Eichenstamm hineinlegte. Und als er mit einem zweiten Baum herankam, war der erste schon verbrannt.
»Dir mag ich nicht länger zuschauen«, sagte Cormac, »denn hier ist keiner, der mir deine Geschichte erzählen würde.«
Dann ging er weiter an einen Ort, da stand eine andere Hügelfeste, groß und königlich und wiederum mit einer bronzenen Mauer, die vier Häuser umgab. Er ging hinein und sah das Haus eines Großkönigs mit Balken aus Bronze und Mauern aus Silber, und das Dach war gedeckt mit den Schwingen weißer Vögel. Dann entdeckte er auf dem Rasen eine Quelle, aus der fünf Ströme entsprangen. Die Heere tranken dort, und dort wuchsen auch die neun immerwährenden purpurnen Haselsträucher von Buan. Ihre Nüsse fielen ins Wasser und fünf Lachse fingen sie, knackten sie auf, fraßen die Kerne und ließen ihre Schalen die Ströme hinabtreiben. Das Geräusch des fließenden Wassers war süßer als Musik, die Menschen zu erfinden oder zu singen vermögen.
Darauf ging er in den Palast, und er fand dort einen Mann und eine Frau, die auf ihn warteten. Sie waren sehr groß von Wuchs und trugen Kleider in vielen Farben. Der Mann war schön und sein Gesicht war angenehm zu betrachten, und was die Frau anging, die bei ihm saß, so war sie die schönste unter allen Frauen der Welt. Sie hatte gelbes Haar und trug einen goldenen Helm. Es gab ein Bad dort mit geheizten Steinen* und Cormac badete.
»Erheb dich, Hausherr«, sprach die Frau, »denn wir haben einen Gast, und wenn du etwas zu essen hast, so befiehl, daß es herbeigeschafft wird.« Der Mann stand auf und sprach:
»Ich besitze sieben Schweine, aber ich könnte die ganze Welt davon sattmachen, denn wenn ich heute ein Schwein schlachten lasse und es gegessen wird, ist es doch morgen wieder am Leben.«
Ein anderer Mann kam ins Haus, und er hielt in der rechten Hand eine Axt und einen Kloben Holz in der Linken und ein Schwein trug er auf dem Rücken.

»Es wird Zeit«, sprach der Hausherr, »denn wir haben heute einen hohen Gast.«
Da tötete der Mann das Schwein, spaltete den Kloben, entfachte ein Feuer und warf das Schwein in einen Kessel.
»Es ist an der Zeit, daß du es wendest«, sagte der Hausherr nach einer Weile.
»Das würde nichts nützen«, antwortete der Mann, »denn niemals würde das Fleisch des Schweines gar werden, bis nicht über jedem Viertel eine Wahrheit gesagt worden ist.«
»Dann erzähle die deine«, sagte der Herr des Hauses.
»Eines Tages«, begann der Mann, »traf ich die Rinder eines anderen auf meinem Land an und trieb sie in meinen Rinderpferch. Der Besitzer des Viehs kam zu mir und versprach mir eine Belohnung, wenn ich sie ihm zurückgäbe. Also gab ich sie ihm zurück, und er gab mir eine Axt, und wenn ein Schwein geschlachtet wird, dann wird es mit dieser Axt getötet und das Holz wird damit gespalten und es gibt immer genug Holz, um das Schweinefleisch gar werden zu lassen. Aber das ist nicht alles, denn am Morgen ist alles Holz wieder vorhanden, das man verbrannt hat. Und von der Gegenwart bis in alle Zukunft wird es immer so sein.«
»Das ist die Wahrheit«, sagte der Hausherr.
Sie wendeten also das Schwein im Kessel und siehe, ein Viertel war gar.
»Laßt uns eine andere wahre Geschichte erzählen«, sprachen sie darauf.
»Jetzt erzähle ich«, sagte der Hausherr. »Die Zeit um zu pflügen war gekommen, und als ich mich aufmachte, um diese Arbeit zu verrichten, war das Feld schon gepflügt, geeggt und Weizen war darauf ausgesät. Als wir dann meinten, jetzt sei es Zeit, den Weizen zu ernten, war er schon in der Scheuer. Wir haben davon genommen, aber es wird nicht mehr und nicht weniger.«
Dann wendeten sie das Schwein und ein weiteres Viertel war unterdessen gar geworden.
»Nun bin ich an der Reihe«, sagte die Frau.

»Ich habe sieben Kühe«, sprach sie, »und sieben Schafe. Und die Milch von den sieben Kühen wäre genug für alle Männer der Welt, und die Wolle der sieben Schafe reicht hin, um Kleider für alle Menschen im Land der Hoffnung zu weben.« Und nach dieser Rede war das dritte Viertel des Schweines gar.

»Wenn diese Geschichten wahr sind«, sagte Cormac zu dem Hausherrn, »dann bist du Manannan und du bist Manannans Weib, denn keiner besitzt auf der ganzen Welt solche Schätze wie ihr. Und es ist das Land der Hoffnung, in das ich zog, um nach meiner Frau zu suchen.«

Sie forderten Cormac auf, auch etwas zu erzählen. Und also erzählte er, wie er seine Frau, seinen Sohn und seine Tochter verloren hatte, wie er ihnen gefolgt war, bis er an diesen Ort gekommen war. Jetzt war das Schwein vollends gar, und sie zerteilten es, und man setzte Cormac seine Portion vor.

»Ich bin es nicht gewohnt zu essen«, sprach er, »mit nur zwei Leuten bei mir zur Gesellschaft.« Da begann der Hausherr zu singen, und er sang Cormac in den Schlaf. Und als er wieder aufwachte, siehe, da waren fünfzig bewaffnete Männer, sein Sohn, seine Frau und seine Tochter. Sie schienen alle vergnügt und guten Mutes, und Bier und Speisen wurden ihnen vorgesetzt. Der Herr des Hauses aber hielt einen goldenen Becher* in der Hand, und Cormac wunderte sich, wie kunstvoll der Becher geschmiedet war.

»Es hat eine seltsame Bewandnis damit«, sagte der Mann, »spricht man drei lügnerische Worte, dann zerbricht der Becher in drei Teile, werden aber drei wahre Worte gesprochen, so fügen sich die Teile wieder zusammen.«

Also sprach er drei Lügen, und der Becher zerbrach in drei Teile.

»Jetzt wollen wir ihn mit der Wahrheit wieder zusammenfügen«, fuhr er fort. »Ich gebe dir mein Wort, Cormac, seit der Stunde, da man sie aus Teamhair herbrachte, haben weder deine Frau noch deine Tochter einen Mann zu Gesicht bekommen, noch hat dein Sohn ein Auge auf eine Frau werfen können.« Und kaum hatte er das gesagt, da fügten sich die drei Teile des Bechers wieder zusammen. »Bring deine Frau und deine Kinder jetzt heim«, sagte der Hausherr, »und nimm diesen Becher mit, damit du einen Anhaltspunkt hast, um zwischen Wahrheit und Lüge zu unterscheiden. Ich lasse dir den Zweig, der die Musik macht und solche Wunder bewirkt. Erst am Tag deines Todes wird er wieder von dir genommen werden. Denn wahrlich, ich bin Manannan, Sohn des Lir, König im Land des Versprechens und mit Zauberei habe ich dich hierher gebracht, damit wir einen Abend lang freundschaftlich miteinander plaudern können. Und die Reiter, die du das Haus decken sahst«, fuhr er fort, »sind die Künstler und Poeten, die durch Irland wandern, um ihr Glück zu machen und ein Vermögen zu gewinnen. Wenn sie fortziehen, zerrinnt alles, was sie daheim zurückgelassen haben zu nichts und so müssen sie wieder und wieder ausziehen.

Und der Mann, den du Holz spalten sahst«, sagte er weiter, »ist ein junger Herr, der mehr ausgibt, als er sich leisten kann und alle werden bedient, während er immer wieder damit beschäftigt ist, das Fest zu richten.

Und die Quelle, die du gesehen hast, ist die Quelle der Weisheit, und die Flüsse sind die fünf Flüsse, aus denen alle Weisheit stammt. Und keiner wird weise, wenn er nicht aus dieser Quelle trinkt. Leute, die sich in vielen Künsten auskennen, haben daraus getrunken.«

Am anderen Morgen stand Cormac auf, und er fand sich auf einer Wiese in Teamhair. Seine Frau, seine Tochter und sein Sohn waren bei ihm, und er hielt den Zweig und den Becher in den Händen. Man nannte ihn Cormacs Becher, und er diente dazu, Wahrheit von Lüge zu unterscheiden. Aber er blieb nicht in Irland nach der Nacht von Cormacs Tod, so wie Manannan vorhergesagt hatte.

TADG AUF MANANNANS INSEL*

Und ein anderer ging in das Land der Ewig-Lebenden, aber er kehrte auch wieder zurück, und es war Tadg, Sohn des Cian, Sohn des Oilioll, und so hat es sich zugetragen: Einmal befand sich Tadg auf seiner Erbenrunde durch den Westen von Munster, und seine beiden Brüder Airnelach und Eoghan begleiteten ihn. Und Cathmann, Sohn des Tabarn, König des Landes von Fresen, das im Südosten der Großen Ebene liegt, befuhr mit neun Schiffen das Meer. Heimlich landete er mit seinen Kriegern bei Beire do Bhunadas im Westen von Munster. Keiner bemerkte den Feind, bis er alle Menschen, die in dieser Gegend wohnten, samt ihrem Vieh zusammengetrieben hatte. Tadgs Weib Liban, die Tochter des Conchubar Abratrudh mit den Roten Brauen, seine zwei Brüder und viel Volk aus Munster wurde von dem Fremden an die Küsten von Fresen verschleppt.

Und Cathmann selbst nahm Liban zur Frau und ließ Tadgs Brüder für sich fronen. Eoghan mußte als Fährmann arbeiten, und Airnelach mußte Feuerholz hacken, und als Nahrung bekamen sie nur Gerstensaat und schmutziges Wasser.

Und was Tadg betrifft, so entkam auch er nur durch seinen ungewöhnlichen Mut, und weil er mit dem Schwert so wild um sich hieb; aber er war sehr traurig, daß man sein Weib und seine Brüder entführt hatte. Aber es waren ihm vierzig Mann von seinen Kämpfern geblieben, und sie brachten einen der Fremden gefangen vor ihn. Dieser Mann wurde gezwungen zu erzählen, woher die Räuber gekommen waren. Und als Tadg es nun wußte, dachte er sich einen Plan aus und hieß ein curragh bauen, seetüchtig und geeignet für eine weite Reise. Sehr stark war das Boot. Man verwandte dazu vierzig Ochsenhäute aus hartem roten Leder. Und gut waren Mast und Ruder, und mit Proviant, Wasser und Kleidung war es beladen – genug, um ein Jahr unterwegs bleiben zu können.

Als alles bereit war und das curragh in der Flut schwamm, sprach Tadg zu seinen Leuten:

»Steuern wir nun auf hohe See hinaus, und schauen wir uns nach unseren Leuten um, die man entführt hat.«

Und sie fuhren dahin über die schweren vom Sturm erregten Wellen, bis sie endlich hinter sich kein Land mehr sahen und vor sich nur die Hügel der großen See. Und wieder weiter hörten sie das Singen eines großen Schwarms unbekannter Vögel und schöne Lachse mit weißen Bäuchen tummelten sich um das curragh und Robben, groß und dunkel, folgten ihnen und zeigten dort ihre Köpfe, wo die Ruder das Wasser teilten, und große Wale sahen sie auch und die jungen Männer staunten, denn dergleichen hatten sie noch nie gesehen.

Sie ruderten zwanzig Tage und zwanzig Nächte, dann kam Land in Sicht, und es gab dort eine flache Küste. Sie landeten, zogen ihr curragh auf den Strand und zündeten ein Feuer an. Sie machten sich bequeme Lager aus dem schönen grünen Gras, das dort wuchs und genossen den Schlaf bis zum anderen Morgen, da die Sonne schon hoch am Himmel stand. Tadg erhob sich, legte seine Rüstung an, nahm seine Waffen auf und mit dreißig Mann brach er auf, um die ganze Insel zu durchmessen.

Kein menschliches Wesen trafen sie an, nur eine Schafherde. Die Schafe waren so groß wie Pferde und die ganze Insel war bedeckt mit ihrer Wolle. Es gab aber dann noch eine weitere Herde, die bestand nur aus Widdern, und einer von ihnen, der größte von allen, der neun Hörner hatte, griff die Anführer von Tadgs Leuten an.

Große Verwirrung herrschte unter ihnen. Sie setzten sich tapfer zur Wehr und der Kampf dauerte lange fort. Zu Anfang brach der Widder durch fünf ihrer Schilde, doch dann griff Tadg nach seinem Speer, vor dem es kein Entrinnen gab, schleuderte ihn und tötete den Widder. Und sie brachten das Tier zum curragh zurück und bereiteten das Fleisch zu für die jungen Leute. Sie blieben drei Nächte auf dieser Insel, und jeden Abend hatten sie ein Schaf zum Mahl. Und sie sammelten einen guten Vorrat an Wolle und stopften sie in das curragh, weil sie ihnen so wunderbar vorkam. Auch fanden sie die Knochen eines riesigen Mannes

auf der Insel, aber ob er und seinesgleichen an einer Krankheit gestorben war oder ob die Widder ihn getötet hatten, vermochten sie nicht herauszufinden.
Sie verließen die Insel, fuhren weiter und gelangten dann an zwei seltsame Inseln, auf der große Scharen wunderbarer Vögel lebten; die einen sahen aus wie Amseln, die anderen hatten die Größe von Adlern oder Kranichen. Sie hatten rotes Gefieder und grüne Köpfe und die Eier waren blau oder scharlachfarben. Einige der Männer konnten es nicht lassen, von den Eiern zu essen und sogleich wuchsen ihnen Federn. Aber als sie sich badeten, fielen die Federn sogleich wieder ab.
Es war der Gefangene, den sie mitgenommen hatten, der ihnen den Kurs angab, denn er war ja schon einmal auf dieser Route gefahren. Aber jetzt fuhren sie sechs Wochen dahin und erblickten niemanls mehr Land, und der Fremde sprach: »Wir haben uns auf dem großen Ozean verirrt, der keine Grenzen hat.«
Da begann der Wind scharf seine Stimme zu erheben, und im Wasser war ein Geräusch wie von trampelnden Füßen, und die Wellen türmten sich auf zu einem riesigen Gebirge, das niemand zu ersteigen vermag. Große Furcht überkam Tadgs Leute, denn nie war ihnen dergleichen begegnet.
Aber er sprach ihnen Mut zu und sagte:
»Was hilft's, ihr Männer von Munster. Wir müssen um unser Leben kämpfen.«
Und Tadg ruderte allein auf der einen Seite, während all seine Männer auf der anderen Seite ruderten, und es gelang ihm, gegen die Ruderkraft der neunundzwanzig das Boot herumzulenken. Nach einer Weile, als das Wetter besser wurde, setzten sie Segel, und bald flachten die Wellen ab und endlich lag die Wasseroberfläche unbewegt und ruhig da und merkwürdige Vögel sangen um sie. Sie sahen vor sich Land mit einer guten Küste, und Mut und Freude erfüllten sie wieder.
Als sie nun näher kamen, fanden sie eine Flußmündung mit grünen Hügeln an den Ufern und sandigem Grund, über dem silberne und rotgefleckte Lachse standen.

»Hier läßt sich's aushalten«, sagte Tadg, »wer hier lebt, der muß wohl glücklich sein. Kommt, laßt uns das Schiff an Land ziehen.«
Eine Gruppe von ihnen ging landeinwärts, die anderen blieben zur Bewachung des curragh zurück. Und trotz der Kälte, der Anstrengung und dem schlechten Wetter, das ihnen auf See das Leben schwergemacht hatte, hatten sie kein Bedürfnis nach Nahrung oder nach einem Feuer, sondern der süße Geruch von den scharlachroten Zweigen der Bäume war ihnen genug. Sie gingen durch einen Wald, und nach einer Weile kamen sie zu einem Obstgarten mit roten Äpfeln, und sie sahen auch Eichbäume und Haselbüsche.
»Mich dünkt's wie ein Wunder«, sagte Tadg, »hier ist Sommer und in unserem Land daheim muß jetzt Winter sein.«
Sie kamen in einen anderen Wald. Es roch dort sehr angenehm. Es gab purpurne Beeren, größer als der Kopf eines Mannes, Vögel mit leuchtendem Gefieder und goldenen Schnäbeln. Und während sie von den Beeren aßen, sangen die Vögel eine süße Musik, die kranke und verwundete Männer in den Schlaf versenkt hätte.
Tadg und seine Männer gingen weiter, bis sie zu einer großen blumenübersäten Ebene kamen, auf der es nach Honig roch, und mitten in der Ebene erhoben sich drei Hügel und auf jedem befand sich eine starke Feste.
Als sie sich nun dem ersten Hügel näherten, stand dort eine weißhäutige Frau, die schönste Frau der Welt, und sie sagte:
»Herzlich willkommen, Tadg, Sohn des Cian, Essen und Proviant stehen für dich bereit.«
»Danke für das Willkommen«, sagte Tadg, »aber sag mir, Frau der freundlichen Rede, was ist das für eine königliche Hügelfeste dort mit den Mauern aus weißem Marmor?«
»Das ist die Hügelfeste der Königlichen Linie von Heremon, Sohn des Miled bis zu Conn von den Hundert Schlachten, der als Letzter dort eingezogen ist.«
»Und wie heißt dieses Land?« fragte Tadg weiter.

»Es heißt Inislocha, See-Eiland«, antwortete sie, »und zwei Könige herrschen hier, Rudrach und Dergcroche, Sohn des Bodb.« Und dann erzählte sie Tadg die ganze Geschichte Irlands vom Eintreffen der Söhne des Gael an.

»Gut und schön«, sagte Tadg, »du scheinst Bescheid zu wissen. Aber wer lebt in der mittleren Hügelfeste, die die Farbe von Gold hat?«

»Das kann ich dir nicht sagen«, erwiderte sie, »du mußt schon selbst hingehen und es herausfinden.« Und mit diesen Worten verschwand sie in die Hügelfeste mit den Mauern aus weißem Marmor.

Tadg und seine Männer gingen also weiter, bis sie zu der mittleren Burg kamen, und dort trafen sie eine schöne Königin.

»Gesundheit dir, Tadg«, sprach sie.

»Danke«, sagte Tadg.

»Dein Kommen ist mir schon lange angekündigt. Ich bin Cesair, die erste Frau, die Irland erreichte. Aber seither lebe ich und die Männer, die damals bei mir waren, für immer in diesem Land.«

»Sag mir«, fragte Tadg, »wer wohnt in der Hügelfeste mit der Mauer aus Gold?«

»Das ist leicht zu beantworten«, sagte sie, »jeder König, jeder Häuptling, alle Adligen, die einst Macht besaßen in Irland, wohnen dort, ob sie nun Parthalon, Nemed, Firbolgs oder Tuatha de Danaan waren.«

»Du kennst dich gut aus«, sagte Tadg.

»Ich habe in der Tat gutes Wissen um den Lauf der Geschichte in der Welt«, sagte sie, »diese Insel hier ist das vierte Paradies, und die drei anderen sind Inis Daleb im Süden der Welt, Inis Ercandra im Norden und Adams Paradies im Osten.«

»Und wer lebt in der Festung mit den silbernen Mauern?«

»Das sage ich dir nicht, obwohl ich es weiß«, sagte die Frau, »geh nur hin und finde es selbst heraus.«

Sie zogen also zu dem dritten Hügel und auf seiner Spitze befand sich ein schöner Rastplatz, dort saßen zwei Liebende, ein Junge und ein Mädchen. Weiches Haar hatten sie, es leuchtete wie

Gold, schöne grüne Kleider trugen sie, und man hätte meinen können, sie hätten denselben Vater und dieselbe Mutter. Goldene Ketten hingen ihnen um den Hals und darüber wieder Bänder aus Gold.

»Ihr Kinder«, sagte Tadg, »da habt ihr ein hübsches Plätzchen.«

Sie antworteten ihm. Sie lobten seinen Mut und seine Stärke, seine Weisheit und segneten ihn. Der junge Mann hielt einen süßduftenden Apfel aus Gold in der Hand, und wieviel er davon auch immer abbiß, der Apfel wurde nicht weniger. Und von dieser Speise ernährten sich die beiden, und wer von diesem Apfel gegessen hatte, der kannte keine Sorgen mehr und wurde niemals alt.

»Und wer seid ihr?« fragte Tadg.

»Ich bin Conns Sohn... der Sohn des Conn von den Hundert Schlachten.«

»Dann bist du also Connla?«

»Ja. So ist es«, sagte der junge Mann, »und dies ist das Mädchen der Verwandlungen, das mich hierher gebracht hat.«

Und das Mädchen sagte:

»Ja, ich habe ihm Liebe und Zuneigung geschenkt, und ich habe ihn hierher gebracht, damit wir uns immer aneinander erfreuen können.«

»Das alles ist schön und merkwürdig zugleich«, sagte Tadg, »aber wer wohnt nun in der mächtigen Hügelfeste mit den silbernen Mauern?«

»Dort wohnt keiner«, sagte das Mädchen. »Sie ist für die Könige bestimmt, die Irland noch regieren werden. Und es gibt auch einen Ort darin, der für dich bestimmt ist. Komm nur und sieh ihn dir an.«

Die Liebenden gingen zu der Feste, und das grüne Gras unter ihren Füßen ward kaum geknickt. Tadg und seine Männer folgten ihnen. Nun kamen sie also zu einem wunderbaren Haus, das bereitstand für die Könige. Jeder hätte darin gern wohnen wollen. Die Mauern waren aus weißer Bronze und verziert mit Kristallen, die selbst in der Nacht Licht ausstrahlten.

Tadg sah sich weiter um, und er fand an der Seite des Hauses einen großen schützenden Apfelbaum mit Blüten und reifen Früchten.
»Was hat es mit dem Apfelbaum auf sich?« fragte er.
»Die Frucht dieses Baumes ist die Nahrung für die Gastgeberin des Hauses«, sprach das Mädchen. »Er wuchs aus einem Apfel des Apfelzweiges, den Connla hierher mitgebracht hat. Es ist ein guter Baum mit weißen Blüten und seine goldenen Äpfel ernähren das ganze Haus.«
Und Connla und das junge Mädchen verließen sie, und sie sahen eine Gruppe schöner Frauen auf sich zukommen. Eine war unter ihnen, die war noch viel schöner als all die anderen, und sie sprach: »Willkommen, Tadg.«
»Danke für dein Willkommen. Sag mir, wer bist du?«
»Ich bin Cliodna, die mit dem Schönen Haar, die Tochter des Gebann, Sohn des Treon, der Schatz von Ciabhan mit dem Kräuselhaar, und von Cliodnas Welle an der Küste von Munster habe ich meinen Namen. Ich bin schon lange auf dieser Insel, und es sind die Äpfel von jenem Baum da, von denen wir uns ernähren.«
Und Tadg gefiel es, ihr zuzuhören, aber nach einer Weile sagte er: »Es ist wohl besser, wenn ich mich nach meinen Leuten umsehe.«
»Wir würden uns freuen, wenn du länger bei uns bliebest«, sagte die Frau.
Und als sie diese Worte sprach, kamen drei wunderschöne Vögel, die ließen sich auf dem großen Apfelbaum nieder, und jeder fraß einen Apfel und danach sangen sie so schön, daß auch ein Kranker dabei in den Schlaf gefunden hätte.
»Diese Vögel werden mit dir gehen«, sagte Cliodna dann, »sie werden dich führen und du wirst weder Sorge noch Trauer empfinden zu Land und zu See, bis du wieder in Irland bist. Und nimm diese grüne Schale mit. Wenn du Wasser hineinschüttest, verwandelt es sich auf der Stelle in Wein. Laß sie nicht aus der Hand, denn wenn du sie verlierst, dann ist dein Tod nicht mehr

fern. Und du wirst den Tod finden in einem grünen Tal am Ufer der Boinne. Ein wildes Reh wird dir eine Wunde beibringen, und danach wird ein Fremder deinen Tod herbeiführen. Ich selbst aber will deinen Leichnam bestatten unter einem Hügel, den wird man Croidhe Essu nennen.« Sie gingen dann fort und Cliodna mit dem Schönen Haar begleitete sie bis zu der Stelle, an der sie ihr Schiff zurückgelassen hatten. Dort verabschiedete sie sich von ihnen und fragte sie, wie lange sie nun in diesem Land gewesen seien.

»Uns schien es wie ein einziger Tag«, antworteten sie.

»Ihr wart ein ganzes Jahr hier«, sagte sie, »und dabei habt ihr doch nie essen oder trinken müssen. Wie lange ihr auch hier wäret, ihr würdet nie Hunger bekommen.«

»Es wäre so übel nicht, hier zu leben«, sagten Tadgs Leute, als sie dies hörten.

Aber er sprach:

»Jetzt sollten wir zu unserem Stamm heimgehen. Wir müssen fort, auch wenn wir nur ungern scheiden.«

Dann verabschiedeten sich Cliodna und Tadg endgültig voneinander, und sie segnete ihn und seine Leute. Aufbrachen sie über die Kämme der Wellen und niedergeschlagen waren sie, bis die Vögel anfingen zu singen. Da bekamen sie wieder Mut und wurden froh und leicht.

Als sie aber zurückschauten, konnten sie die Insel nicht mehr sehen, denn ein Druidennebel war über sie gefallen.

Geführt von den Vögeln, gelangten sie in das Land von Fresen, und die ganze Fahrt über verharrten sie in einem tiefen Schlaf. Sie griffen die Fremden an und besiegten sie, und Tadg tötete Cathmann, den König, nach einem schweren Gefecht, und Liban, seine Frau, zögerte nicht. Sie kam zu ihrem rechtmäßigen Gatten zurück und freute sich, ihn wiederzusehen.

Nachdem sie eine Weile gerastet hatten, wagten sie sich wieder aufs Meer, und Tadg und seine Frau Liban und seine zwei Brüder und all ihre Krieger kehrten mit reichen Schätzen beladen sicher nach Irland zurück.

LAEGAIRE IN DER EBENE DES GLÜCKS*

Und noch einer zog aus, um Magh Mell, die Ebene des Glückes, zu besuchen. Es war dies Laegaire, der Sohn des Königs von Connacht, Crimthan Cass.

Einst war er zusammen mit seinem Vater, dem König und Männern aus Connacht nahe dem Loch-na-n-Ean, dem See der Vögel. Da sahen sie einen Mann auf sich zukommen durch den Nebel. Langes gelbes Haar hatte er, am Gürtel trug er ein mit Gold verziertes Schwert, in der Hand zwei Pfeile, ein mit Gold eingefaßter Schild saß auf seinem Rücken und um die Schultern hatte er einen roten Mantel mit fünf Falten.

»Heißt den Mann willkommen, der da auf uns zukommt«, sagte Laegaire, der einen guten Ruf hatte unter den Männern von Connacht. Und selbst sagte er:

»Ein Willkommen dem Krieger, den wir nicht kennen.«

»Ich danke euch allen«, erwiderte der Fremde.

»Wo kommt ihr her und wo wollt ihr hin?« fragte Laegaire.

»Ich komme um Hilfe zu bitten«, antwortete der Fremde. »Mein Name ist Fiachna, Sohn des Betach von den Feen, und was mich bekümmert ist, daß Eochaid, Sohn des Al, mir meine Frau entführt hat. Wir kämpften miteinander, und ich tötete ihn, aber sie ist nun fort zu seinem Brudersohn Goll. Sieben Schlachten habe ich ihm geliefert, aber immer bin ich unterlegen. Heute muß ich wieder gegen ihn kämpfen. Deswegen komme ich, und bitte euch um Hilfe. Und wer immer es auf dem Schlachtfeld verdient, dem will ich nur zu gern eine gute Belohnung zahlen in Gold und Silber.« Und weiter sprach er:

»Die schönste aller Ebenen ist die Ebene der Zwei Nebel. Sie ist nicht weit von hier entfernt. Dort aber wartet ein Feenheer voller Mut. Sie zerstreuen die Truppen ihrer Feinde, sie zerstören jedes Land, das sie angreifen, sie sind gewaltig in der Schlacht. Kein Wunder ist es, daß sie solche Kräfte haben, denn ein jeder ist der Sohn eines Königs und einer Königin, viele ihrer Haarschöpfe haben die Farbe von Gold.«

»Es wäre schändlich, diesem Mann nicht zu helfen«, sagte Laegaire.
Fiachna, Sohn des Betach, stieg in den See hinab, denn von dort war er gekommen, und Laegaire ging mit ihm und fünfzig Kämpfer folgten ihm.
Sie sahen einen befestigten Platz vor sich und eine Mannschaft Bewaffneter, an deren Spitze Goll, Sohn des Dalbh, stand.
»Nun gut«, sagte Laegaire, »ich und meine fünfzig Mann werden ihn angreifen.«
»Kommt nur, ich bin bereit«, rief ihnen Goll zu.
Und die beiden Abteilungen der fünfzig Krieger gingen aufeinander los. Goll fiel. Laegaire und seine fünfzig aber kamen mit dem Leben davon, und sie wüteten unter den Feinden, von denen nicht einer entkam.
»Wo ist die Frau?« fragte Laegaire.
»Sie ist im Hügelfort von Magh Mell und eine Truppe bewaffneter Männer bewacht sie dort«, erklärte ihm Fiachna.
»Bleib du hier. Ich mit meinen fünfzig Kriegern will hinziehen und sehen, was sich da machen läßt«, sagte Laegaire.
Also brach er auf, und am Fort rief er den Männern zu:
»Euer König ist gefallen. Laßt die Frau frei, und es soll keinem von euch ein Haar gekrümmt werden.«
Darauf ließen die Wächter sich ein, und sie brachten die Frau. Als sie aber vor ihm stand, erhob sie mit diesen Worten Klage: »Ach, was für ein schwarzer Tag, da die Schwerter rot wurden vom Blut meines Geliebten. Denn Goll war es, den ich wahrlich liebte und nicht Fiachna.« Und die Rede erhielt den Namen »Die Klage der Tochter Eochaids des Stummen«.
Laegaire ging mit ihr zurück und legte ihre Hand in Fiachnas Hand. Und an diesem Abend wurde Fiachnas Tochter, Deorgreine, die Träne der Sorge, Laegaire zum Weib gegeben und seine fünfzig Männer erhielten Beilager mit fünfzig Feenfrauen und sie blieben bei ihren Weibern bis zum Ende des Jahres. Als diese Zeit vorbei war, sprach Laegaire: »Laßt uns gehen und schauen, wie es in unserem Lande steht.«

»Wenn ihr unbedingt gehen müßt, so bringt von dort Pferde mit, und achtet darauf, daß ihr nicht absteigt, was immer auch geschieht«, gab ihnen Fiachna als guten Rat mit auf den Weg.
Also brachen sie auf, und als sie nach Irland zurückkamen, war dort gerade eine große Versammlung der Männer von Connacht im Gange.
Als die Männer von Connacht sie sahen, sprangen sie auf und hießen sie willkommen. Aber Laegaire rief: »Bleibt wo ihr seid, denn wir sind nur gekommen, um uns zu verabschieden.«
»Zieh nicht fort!« bat da Crimthan, sein Vater, »du sollst herrschen über die drei Bezirke von Connacht, über ihr Silber und ihr Gold, ihre Pferde und deren Zaumzeug, über all die schönen Frauen, nur bleib hier bei uns!«
Darauf antwortete Laegaire:
»In jenem Land, in das wir ziehen, spielen die Feen eine süße Musik, man trinkt dort aus leuchtenden Bechern, wir reden mit denen, die wir lieben und statt Regen fällt Bier vom Himmel. Wir haben aus dem Hügelfort auf der Schönen Ebene dreißig Kessel, dreißig Trinkhörner mitgebracht, und mitgebracht haben wir auch die Klage der Tochter des Eochaid, die sie dem See vorgesungen hat. Jeder der fünfzig Kämpfer hat dort eine Frau, und meine Frau ist die Träne der Sonne. Ich besitze das blaue Schwert. Ich würde nicht für dein ganzes Königreich eine Nacht bei den Feen hergeben.«
Und damit wandte sich Laegaire von ihnen ab und ritt zurück in die Anderswelt unter dem See. Und zusammen mit Fiachna, Sohn des Betach, herrschte er dort als König. Zurückgekommen aber ist er nie mehr.

Dies sind die wichtigsten Geschichten des mythologischen Zyklus bzw. des »Buches der Invasionen« soweit sie die Anderswelt betreffen. Der Ansatz für die Entstehung des Feenglaubens in ihnen ist unübersehbar.
Er läßt sich mit aller – wie wir noch sehen werden höchst nötigen – Vorsicht zunächst einmal so zusammenfassen:

Das Volk der Danu oder Danaan geht »in den Untergrund«, taucht unter in den über die ganze Insel verstreuten Hügel- oder Ganggräbern, von denen die bei New Grange, Knowth und Dowth im Bogen des Boyneflusses die bedeutendsten und heute bekanntesten sind.
Aus diesem untergetauchten Volk, dessen Angehörigen in keltischer Zeit Unsterblichkeit nachgesagt wird, werden in der späteren legendären Überlieferung die »aes side« (singular: sid), die Wesen der Unterwelt, die im Inneren der Hügel oder Höhlen wohnen, also die Feen.
Freilich zieht die Beschreibung dieser Entwicklung sogleich eine ganze Reihe neuer Fragen nach sich; die beispielsweise, um welche historischen Völker oder Stämme es sich bei den Tuatha de Danaan handelt, welches Volk, welcher Stamm sich hinter dem mythologischen Namen »Söhne des Miled« verbirgt. Einen gewissen Hinweis liefert hier nun eine andere Bezeichnung: ein Teil dieser, die Tatha de Danaan unterwerfenden Stämme werden in den Geschichten auch »Söhne des Gael« genannt. Dieser Name verweist auf Gallier, also auf eine keltische Einwanderungswelle.
Läßt sich aber allein von daher schon mit Sicherheit sagen, daß die Auseinandersetzung zwischen den Söhnen des Miled und den Tuatha de Danaan den Kampf zwischen vorkeltischen und keltischen Bevölkerungsgruppen um die Vorherrschaft in Irland abbildet?
Dieser Schluß erweist sich als voreilig. Vor allem, wenn man eine Tatsache berücksichtigt, die bisher noch nicht zur Sprache gekommen ist.
Im »Buch der Invasionen« ist zeitlich vor diesen Ereignissen schon von anderen Einwanderern und Einwanderungsschüben die Rede.
Zunächst soll Cesair, Tochter des Bith, Sohn des Noah, mit fünfzig Mädchen und drei Männern nach Irland gekommen sein.
Ihr folgte, immer noch nach der mythologischen Darstellung des »Buches der Invasionen«, Partholon, ein Nachkomme Japhets mit vier Häuptlingen. In seiner Zeit wurde das Land gerodet, Vieh eingeführt, Häuser gebaut und auch schon Ale gebraut. Außerdem fand zu dieser Zeit angeblich die erste Schlacht in Irland statt.
In ihr besiegte Partholon einen gewissen Cichol Gricenchoss von den Fomóraig, den Fomoriern, einen einarmigen und einbeinigen Mann.

Dreißig Jahre nach Partholon kam Nemed, Sohn des Agnoman, von den Griechen in Skythia.
Wieder ist von Kämpfen mit den Fomoriern die Rede, denen die Leute des Nemed Tribut zahlen mußten, bis sie in einer Verzweiflungstat die Feste der Fomorier angriffen. Bei diesem Kampf wurden die meisten Männer des Nemed getötet. Die Überlebenden verließen angeblich Irland und lebten hinfort in Britannien, andere wieder zogen weiter bis zu den »nördlichen Inseln der Welt«. Wieder andere kehrten angeblich nach Griechenland zurück, wo ihre Nachkommen viele Jahre in der Sklaverei verbrachten.
Schließlich – und dies ist die letzte Einwanderungswelle, die das »Buch der Invasionen« vor dem Eintreffen der Tuatha de Danaan erwähnt – kamen die Fir Bolgs. Ihr Name leitet sich von dem Umstand her, daß sie in Griechenland gezwungen worden sein sollen, dadurch die Fläche für den Ackerbau vergrößern zu helfen, daß sie die Erde in Ledersäkken (builg) auf steinigen Boden schleppten.
Nun hat es natürlich nicht an Versuchen gefehlt, diese fünf oder sechs mythologischen Stämme oder Völker, nämlich Cesair, Partholon, Nemed, Fir Bolg, Tuatha de Danaan und die Söhne des Miled oder Mil mit jenen Stammes- und Völkergruppen in Verbindung zu bringen, die durch archäologische Funde bekannt sind.
Einen der letzten Versuche dieser Art unternahm T.F. O'Rahilly in seinem 1946 erschienen Buch »History and Mythology«.
Der Autor geht von jenen drei Einwanderungswellen aus, die schon Nennius, ein Mönch aus Bangor, in seiner im 9. Jahrhundert verfaßten »History of the Britons« erwähnt, die des Partholon, des Nemed und der Söhne des Miled.
O'Rahilly bringt die drei Einwanderungsschübe in Zusammenhang mit dem Vorhandensein von mindestens drei verschiedenen ethnischen Gruppen auf der irischen Insel, nämlich den Cruthin oder Cruithni im Nordosten, verwandt mit den Pikten in Schottland, den Erainn, die vorwiegend den Südwesten und den Südosten (Déisi) besetzten und den Goídil (Cland Miled), die über Tara, Cashel und Croghan herrschten und das dominierende Volk der früheren Periode vor Einführung des Christentums gewesen sein sollen.

Die Einwanderung der Cruthin setzt er vor 500 v. Chr.; die der Erainn (Fir Bolgs) für das fünfte vorchristliche Jahrhundert und die der Goídil um 100 v. Chr. an.

Er versucht weiter nachzuweisen, daß die ersten beiden Gruppen einen brythonischen Dialekt sprachen, also sprachlich den P-Kelten angehörten, während die Goídils als Q-Kelten identifiziert werden. Während das heutige Gälisch sich vom Q-Keltischen herleitet, war das in Gallien und Britannien gesprochene P-Keltische der Dialekt, aus dem sich jene heute noch in Wales und in der Bretagne gesprochene Sprache entwikkelt hat.

Im P-Keltischen lautet das Wort für Pferd beispielsweise epos, Im Q-Keltischen hingegen equos, woraus im Altirischen dann »ech«, im modernen Irischen schließlich »each« wurde.

O'Rahillys Datierungsversuch haben 1967 Myles Dillon und Nora K. Chadwick widersprochen. Sie argumentieren:

»Die Vorstellung, daß die archaischere Sprache später mitgebracht worden sein soll, nämlich durch die Einwanderung der Quariates aus dem südöstlichen Gallien, ist höchst unwahrscheinlich. Wir sehen es als überzeugender an, daß die Sprache der Goídil sich zuerst in Irland etablierte und daß brythonisch sprechende Stämme dort (vereinzelte) Niederlassungen hatten, wie es ja auch irische Niederlassungen im Norden und Süden von Wales gab. In jenen frühen Jahrhunderten bestand ein ständiger Austausch über die Irische See und damit auch Gelegenheit zu sprachlichen Anleihen. Außerdem kann ein nicht näher bekannter Anteil des irischen Wortschatzes unter Umständen auch nichtindoeuropäisch sein, ein Erbe aus vorkeltischer Zeit.«

Zusammenfassend läßt sich feststellen, daß der Versuch, die mythologischen Stammes- und Völkerbezeichnungen eindeutig in Daten der objektiven Geschichte zu übersetzen, bisher nicht geglückt ist.

Von den Ergebnissen der archäologischen Forschung her hat sich in den letzten Jahren die Meinung durchgesetzt, daß es zwischen 2000 v. Chr. und 600 v. Chr. zu keinen größeren Einwanderungen auf die Britischen Inseln (England und Irland) gekommen ist.

Andererseits beweisen archäologische Funde auch, daß am Ende des 5. vorchristlichen Jahrhunderts Irland völlig von Kelten besiedelt war.

Das würde also bedeuten, daß sich der erste Zusammenstoß zwischen vorkeltischen und keltischen Völkern etwa um 600 v. Chr. abgespielt haben dürfte.

Man muß aber auch Auseinandersetzungen zwischen den nach und nach auf die Insel gelangten keltischen Stämme in Betracht ziehen.

Den Ausschlag für den Sieg mag gegeben haben, daß die Kelten schon mit der Herstellung von Eisen vertraut waren, während die bei ihrer Ankunft in Irland ansässigen Stämme noch in der Bronzezeit lebten. Deswegen ist auch, wie wir aus verschiedenen Texten wissen, für die Feen Eisen mit einem Tabu belegt.

Daß es sich bei den Söhnen des Miled und des Gael nicht unbedingt um die erste Einwanderungswelle der Kelten handeln muß, dafür liefert die folgende Episode aus dem »Buch der Invasionen« zumindest ein Indiz.

Bei den Tuatha de Danaan verliert, so wird dort berichtet, der Anführer Nuada einen Arm, der ihm von Dian Cécht, einer Art irischen Äskulap, durch einen silbernen Arm ersetzt wird. Nun gibt es aber einen keltischen Gott Nodons oder Nodens, der unzweifelhaft mit diesem Nuada in Beziehung steht.

Er war für die Kelten ein wichtiger Gott und besaß in Britannien bei Lydney, am Westufer des Flusses Severn in Gloucestershire im Forest of Dean ein Waldheiligtum.

Nach 364 stand dort der Gebäudekomplex eines Klosters, in dem Heilungen vorgenommen wurden. Es muß ein sehr wohlhabender Tempel gewesen sein, der in der Lage war, dem heiligen Gott reiche Opfergaben zu spenden, was der mythopoetische Ursprung der silbernen Hand oder des silbernen Armes gewesen sein könnte.

In der walisischen Tradition gibt es einen Llud mit der Silbernen Hand. Er hat zwei Kinder: Creid dylad, aus der bei Shakespeare Cordilia wird, und den Sohn Gwynn ap Nudd, den König der Unterwelt, der in den Romanzen um Artus und in »Kilwch und Olwen« im »Mabinogion« auftaucht. Einerseits gehört er zum Hofstaat des Artus, andererseits auch zur Unterwelt, wo er die eingesperrten Teufel bewachen und so die Zerstörung der Menschheit verhindern muß. Im Laufe der Zeit mindert sich sein Ansehen. Er wird zu einem Feenwesen, zum

König der Plant Annw, der unterirdisch lebenden Feen. Womit sogleich auch die Veränderung einer solchen Gestalt vom Gott zur Fee vorgeführt worden ist.
Nuada Aircetlám (»mit dem silbernen Arm«) ist nicht das einzige Götterwesen eindeutig keltischen Ursprungs unter den Tuatha de Danaan; auch der An Dagda, der gute Gott (gut nicht im moralischen Sinn, sondern in dem Sinn, daß er alles gut kann!) tritt in den Episoden, die die Zeit nach der Landung der Tuatha de Danaan in Irland beschreiben, als Erbauer von Erdwällen auf.
Angesichts solcher Indizien dafür, daß wir es vielleicht schon bei den Tuatha de Danaan mit keltischen Einwanderern zu tun haben, scheint es etwas leichtsinnig, wenn Robert Graves in »The White Goddess« die Tuatha de Danaan als direkte Nachfahren der bronzezeitlichen Pelasgier bezeichnet, die um die Mitte des 2. Jahrhunderts v. Chr. samt ihrer Göttin Danae aus Argos vertrieben wurden, als Kauffahrer, die in Ägypten als das »Volk des Meeres« bekannt waren, auf schon bestehenden Schiffahrtswegen nach Irland und Britannien gekommen sein sollen und dorthin die Vorstellung von einer dreigesichtigen weißen Göttin mitgebracht haben oder, wie Graves es an anderer Stelle darstellt, über den Landweg zunächst nach Dänemark zogen und dann von Nordosten auf die Britischen Inseln einwanderten.
Es ist schade, daß ein Mann mit einem so großen Wissen und einer so bewunderungswürdigen mythopoetischen Einfühlungsgabe wie Graves bei dem Versuch, zu einer geschlossenen, alles umfassenden und aufkärenden Theorie zu gelangen, manchmal denn doch allzu willkürlich verfährt.
Jene Hügel- oder Ganggräber, die als Zufluchtsorte der Tuatha de Danaan nach der Niederlage im Kampf mit den Söhnen des Miled und des Gael erwähnt werden, stehen aber sehr wohl mit einem aus dem Mittelmeerraum stammenden Kult und auch mit einer Muttergottheit in Zusammenhang, wenn auch etwas anders, als dies von Graves konstruiert worden ist.
Die größten dieser Ganggräber finden sich, wie schon erwähnt, in Irland bei New Grange, Knowth und Dowth im Boynetal.
Mit Hilfe der seit einigen Jahrzehnten bekannten Radiokarbonme-

thode läßt sich ihre Entstehung einigermaßen genau auf die Zeit zwischen 3000 und 2500 v. Chr. festlegen.
Als Megalithgräber (megalithisch = aus großen Steinen) sind sie mit einem Totenkult verbunden, der sich seit dem 3. Jahrtausend vom östlichen Mittelmeer aus über Kreta, Malta, Korsika, Frankreich und Spanien bis nach Nordwesteuropa hin ausbreitete.
Der psychologische Prozeß, der Menschen zur Errichtung solcher gewaltigen Steinbauten für die Toten veranlaßte, wird von Sibylle von Reden außerordentlich anschaulich so beschrieben: »Auf der Suche nach Unvergänglichkeit bot sich dem Menschen der Stein als eines der großen Sinnbilder der Dauer an und wurde für ihn zum Ausdruck des Ewigen, zum Sitz des Göttlichen und Träger übernatürlicher Kräfte. Bedenkt man, daß die durchschnittliche Lebensdauer damals bei 25 bis 30 Jahren lag, begreift man, warum das Haus, das man nach seinem Tod für immer bewohnen würde, vielen wichtiger war als ihre Behausung zu Lebzeiten.«
Aber noch ein anderer Aspekt ist zu berücksichtigen:
»Für die Hinterbliebenen lebten die Toten dann in ihren festen Wohnungen gleichsam im Schoß der Erdmutter und Herrin über alles Werden und Vergehen geheimnisvoll wiedergeboren weiter und wurden mächtig wie nie zuvor. Ihre Kraft versprach Fruchtbarkeit, Gesundheit und Glück, wenn man durch Opfergaben, Fürsorge und Verehrung mit ihnen in Verbindung blieb.«
Hier wird der zunächst paradoxe Zusammenhang zwischen Tod, Fruchtbarkeit, zwischen Sterben und Wiedergeburt, aber auch zwischen Leben und Sterben des Menschen als Teil eines umfassenderen Ablaufs von Werden und Vergehen verständlich.
Wenn der mit den Megalithgräbern verbundene Totenkult, der gleichzeitig auch ein Vegetations- und Fruchtbarkeitskult war, aus dem Mittelmeerraum bis nach Nordeuropa sich ausbreitete, so hatte das einmal damit zu tun, daß er elementar einleuchtend war und die wichtigten Probleme der damaligen Menschheit in einem Glauben zur Lösung brachte; zum anderen spielten dabei aber auch die reichen Vorkommen an Edelmetallen in Nordwesteuropa eine Rolle.
»Die Schiffe fuhren von Kleinasien, von Kreta und Ägypten durch die

Straße von Gibraltar und legten an Stellen an, die Waren zu verkaufen hatten, das war Zinn in Galicien (Nordspanien), in der Bretagne und in Südengland (Cornwall) und das war Gold in Irland. Dieser Goldreichtum Irlands und der Zinnreichtum Englands und der Bretagne ist die Ursache, daß die Schiffe der Ägypter und der Kreter immer wieder nach Irland fuhren«, schreibt Herbert Kühn in seinem Buch »Erwachen und Aufstieg der Menschheit«.

Wie phantastisch das auch anmuten mag, es gibt dafür konkrete Beweise. Beispielsweise die 52 in England und die 9 in Irland gefundenen Perlen, die um 1500 v. Chr. in Ägypten gearbeitet worden sind. Ähnliche Perlen fanden sich außerdem in Spanien, bei Almería, in der Nähe der Megalithgräber. Auch gleichartige Tongefäße, die in Ägypten, der Bretagne, Spanien und England gefunden wurden, bezeugen das Bestehen dieser Handelsroute. Schließlich kann es kein Zufall sein, daß Bautechnik und Ornamente der Megalithbauten in Griechenland, Malta und Irland bis in Einzelheiten übereinstimmen.

Wer beispielsweise das sogenannte Schatzhaus des Atreus bei Mykene gesehen hat und die Hauptkammer von New Grange betritt, ist verblüfft von der Ähnlichkeit beider Bauwerke.

Um das Jahr 1900 v. Chr. kam es im heutigen Griechenland zu einer einschneidenden kulturellen Veränderung.

Die Achäer, ein patriarchalisches Hirtenvolk, fielen in Thessalien ein. Sie verehrten eine männliche Dreiergottheit, die später unter dem Namen Zeus, Poseidon und Hades (Pluto) bekannt wurde.

Sie eroberten nach und nach ganz Griechenland und verwandelten endgültig eine noch halb matriarchalische Zivilisation, mit der sie eine Art religiösen Kompromiß eingingen. Die Eindringlinge gaben die eigenen Götter zunächst als die Söhne der Göttin aus.

Die Verdrängung des alten Toten- und Fruchbarkeitskultes, der mit der Erdmutter und deren Tochter Kore (Persephone) zusammenhing, spielte sich zunächst so ab, daß der männliche Himmelsgott (Zeus) die Erdgöttin (Demeter) in einer heiligen Ehe heiratete.

Dem entspricht in den Mysterien von Eleusis die Vereinigung des Hierophanten mit der Oberpriesterin. Aus ihr ging ein Gotteskind hervor.

Eine andere Vorstellung – Persephones' Vermählung mit dem Gott der Unterwelt, einer anderen Gottheit aus der männlichen Triade, ihre jährliche Wiederkehr aus der Unterwelt in die Oberwelt, wobei die neuen Saaten hervorgebracht wurden – verlieh den früheren Ackerbauriten tieferen Sinn und verknüpfte sie einerseits mit dem Komplex Tod und Wiedergeburt, andererseits mit der Vegetationsmythe vom vergehenden und kommenden Jahr.

Schließlich obsiegten endgültig die männlichen Gottheiten. Die Sonne (männlich), der Himmel (männlich) triumphierten über den Mond (weiblich) und die Erde (weiblich), zugleich aber setzte sich auch Apollo gegenüber Dionysos durch; Rationalität errang den Vorrang über Gefühl und Inspiration; Ordnung und Organisation wurden verherrlicht, das Orgiastische, Chaotisch-Wild-Spontane tabuisiert.

Hatten sich noch die Pelasger vorgestellt, aus den Zähnen der kosmischen Schlange Ophion geboren worden zu sein, die die Große Göttin zum Geliebten genommen hatte, so war es nun der Himmelsvater, der die Erdgöttin befruchtete, indem er lebenspendenden Regen vom Himmel über die Erde ausgoß. Ähnlich wie in Griechenland wurde auch auf den Britischen Inseln die Große Mutter-Gottheit allmählich durch männliche Gottheiten überlagert.

Es scheint, daß auf den Britischen Inseln in dieser Epoche die Steinmäler von Avebury zu Heiligtümern umgewandelt wurden, die nun dem Himmel offen zugewandt waren (E. O. James).

Über die grundsätzliche Bedeutung der Nachwirkung mutterrechtlicher Vorstellungen und des Kultes einer triadischen Todes-, Mutter- und Vegetations-Göttin wird in einem späteren Kapitel noch ausführlich die Rede sein.

Wir kehren nach dieser zeitlich weiten Abschweifung nun an jene Nahtstelle irischer Frühgeschichte zurück, an der sich um 600 v. Chr. der Zusammenstoß zwischen keltischen und vorkeltischen Stämmen abgespielt haben muß.

Zu dieser Zeit hatten die Grabkammern aus großen Steinen in den Hügeln schon tausend bis eineinhalbtausend Jahre überdauert.

Dies ist der zeitliche Fixpunkt, an dem ich mit einer freilich auch spekulativen, mythopoetischen Rekonstruktion ansetze.

Es kann kein Zweifel bestehen, daß diese Grabanlagen für Menschengruppen oder Stämme, die halb untergetaucht lebten, sich verstecken mußten, gute Zufluchtsorte boten.
Gewiß waren sie auch noch immer von einer Aura des Uralt-Göttlichen umgeben. Auf die Menschen dieser Zeit müssen sie noch gewaltiger gewirkt haben als auf uns. Auch werden die Fremden gehört haben, daß diese Hügel als Wohnung der Toten galten; das gebot Ehrfurcht. Sie mußten sich gefürchtet haben, den untertauchenden Eingeborenen in die Kammern im Inneren der Hügel zu folgen.
Dies wiederum verlieh solchen Verstecken eine zusätzliche Sicherheit.
Die Tuatha de Danaan ihrerseits unternahmen von dort aus Überfälle, führten einen Guerillakrieg. Sie tauchten auf, verschwanden wieder. Folgte man ihnen, so hatte sie plötzlich das Ende der Welt verschlungen.
Gelangte das Eroberervolk dennoch einmal in einen dieser unterirdischen Paläste, so war es gewiß beeindruckt von deren monumentaler Bauweise, die jene der eigenen Wohnstätten bei weitem übertraf. Die Aura des Geheimnisvollen, Unbekannten, aber auch die Ängste, die mit den Hügeln und ihren Kammern in Verbindung standen, wurden mehr und mehr verinnerlicht. Das schlechte Gewissen gegenüber den Unterdrückten nahm zu.
Nun hatten die Kelten, wie wir von frühen Historikern wissen, durchaus eine eigene Transzendenzvorstellung.
Die Druiden, so berichtet Lukian, verfügten über Lehren, die es ihnen ermöglichten, die Seelen der Menschen nach dem Tod zu kontrollieren und den Zustand der Toten in einer anderen Welt (orbe alio) zu beeinflussen.
Diese »Andere Welt«, so Lukian, dürfe man sich weder als ein Land des Schweigens oder der Dunkelheit und des Schreckens vorstellen. Die Kelten gingen deswegen ohne Furcht in den Tod, weil dieser für sie nur eine Wegkreuzung in einem langen Leben sei.
So kommen denn wohl in der Vorstellung von der Anderswelt, die in Irland und Wales entsteht und mythopoetisch wirksam wird, insgesamt drei Elemente zusammen. Die beiden ersten verweisen zurück in die Zeit der Megalithgräber bzw. ihres Kults.

Anderswelt als Land ohne Zerfall, Vergehen, Tod und Traurigkeit, Anderswelt auch als »Land der Frauen«, wie es in der Geschichte »Die Reise des Bran« geschildert wird, scheint mir eine Erinnerung an den Kult der Großen Mutter, der ja auch von weit her und unter Umständen auch über das Meer herangetragen wurde.
So betrachtet ist Anderswelt die Erinnerung an die Todes- und Vegetationsgöttin der europäischen Frühzeit, in deren Schoß man einging, aus deren Schoß man wiedergeboren wurde und durch Wiedergeburt zum ewigen Leben gelangte. Speist sich diese Vorstellung, für die die dreimalige Wiedergeburt der Etain ein gutes Beispiel bietet, also aus einem frühen, in den Grabhügeln zelebrierten Totenkult, so hat vielleicht eine andere Eigenart der Anderswelt mit der Erinnerung an die Seefahrer aus warmen, hellen, freundlichen Ländern zu tun, die auf der Suche nach Zinn und Gold zur Zeit des megalithischen Grabkults nach Irland und Cornwall, aber auch in die Bretagne und nach Spanien kamen.
Manannan ist der König über das Land jenseits des Meeres, in dem sich dieser zweite Aspekt der Anderswelt realisiert. Es kann auch auf einer Insel hinter dem Ozean liegen. Es ist das Elysium der Griechen, das Jörd Lifanda Manna der nordischen Überlieferung.
Es ist erstaunlich, wie nahe der Manannan in der Mythe noch jenen Gold und Zinn transportierenden Seekapitänen kommt, die es tatsächlich einmal gegeben haben mag.
Er ist ein berühmter Matrose, ein Wetterexperte auf der Isle of Man, der beste Lotse der westlichen Welt. Jemand, der nicht zuletzt die See deshalb so gut befahren kann, weil er genau weiß, wann und unter welchen Vorzeichen die Jahreszeiten wechseln.
Wenn er fast jede Gestalt annehmen kann, wenn er ein »Wiedergeborener« ist, so überblenden sich hier Erinnerungen an den megalithischen Kult mit Vorstellungen der kontinentalen Kelten. Von ihnen wissen wir, daß die Druiden die Wege der Toten durch das Jenseits beeinflußten, daß sie dabei Gestalt und Wesensart des Verstorbenen zu verändern vermochten. Solche Vorstellungen waren auch bei den keltischen Gruppen auf der irischen und britischen Insel noch weit verbreitet.

Die keltische Mythologie hatte aber mit jener der vorkeltischen Stämme Irlands noch weitere Berührungspunkte, die sich vor allem erschließen, wenn man die Feste zu Ehren der Götter im Verlauf des Jahres und des Vegetationszyklus betrachtet. Auch hier muß vorläufig auf ein Kapitel verwiesen werden, das ausschließlich diesem Thema gewidmet ist. Was die Götter angeht, so kannten die Kelten auch schon auf dem Festland die Matres oder Matronáe, eine dreigestaltige weibliche Gottheit.

Sie wird mit Früchten, Kornähren, Babys und anderen Symbolen abgebildet, die in einem eindeutigen Zusammenhang zur Fruchtbarkeit der Ernten und der Menschen stehen.

Interessant ist schließlich, wie sich eine typisch keltische Gottheit, die Pferdegöttin Epona, zurückverfolgen läßt bis zu den Zentauren, die unter ihrem heiligen König Cheron die in Nordthessalien einfallenden Achäer als Bundesgenossen gegen ihre Feinde, die Lapithen, willkommen heißen.

Die Muttergottheit der Zentauren hieß Leucothea, eine der vielen Bezeichnungen für die »Weiße Göttin«, deren Wandelspiel zwischen Mädchen, Mutter und böser, hexender Alten ebenso einen Vegetationsverlauf personifiziert, wie in ihm die Gestaltsveränderung der Toten in der keltischen Anderswelt enthalten ist.

Der Hexenaspekt der dreigesichtigen Gottheit hießt auf Gälisch »caillecha«, und ein Teil jenes Gebirges im County Meath, in dem sich ein ganzes Feld von Ganggräbern findet, wird bezeichnenderweise »Sliabh na Cailllighe« (Gebirge der Todesgöttin oder der alten Hexe) genannt.

Blickt man aus der prähistorischen in die geschichtliche Zeit, aus der heidnisch-keltischen Epoche in die des Christentums, so erkennt man wie Morrigan (Große Königin), Macha und Bodh, drei Schlachtgöttinnen, in den drei Brigitten überlebten – wie aus der in Gallien und Britannien verehrten keltischen Brigit, einer Tochter des Dagda, die hl. Brigitte wurde.

Morrigan, eine der frühen pankeltischen Göttinnen, wird viel später im Artus-Zyklus zu Morgan der Fee. Sie kommt auch in einem Fragment, einer Elegie für einen Prinzen vor, die in den »Annalen von

Tigernacht« überliefert ist. Das Boot des Prinzen kentert, als Morrigan ihre weiße, dem Schaum des Wassers ähnliche Haarmähne darüberwirft. Der Prinz ertrinkt und Morrigan stößt ein haßerfülltes Lachen aus.

In der Gestalt dieser Göttin haben wir wohl auch das Ursprungsbild jenes »Kessels der bösen alten Frau« zu sehen, wie die personifizierte Bezeichnung für einen gefährlichen, menschenverschlingenden Strudel vor der Küste der Hebriden lautet.

Damit nähern wir uns nun aber schon dem Prozeß der Verwandlung von Göttern oder Naturphänomenen in Feenwesen, die bestimmte Regionen bewohnen; das wird im folgenden Kapitel noch ausführlicher untersucht.

Zunächst muß noch eine Eigenart der Kelten erwähnt werden, die bestimmt entscheidend zur Ausbreitung und Ausbildung der Vorstellungen von einer Anderswelt beigetragen hat: der Hang zur phantasmagorischen Schau, oder – anders ausgedrückt – der Glaube, durch ekstatische Visionen dem Wesen und der Ordnung der Dinge nahezukommen.

Ein gutes Beisiel dafür ist das im frühen Irland praktizierte Stierfest oder der Stierschlaf.

Bei diesem Zeremoniell einer Gesellschaft, in der die Viehzucht für die Ernährung eine entscheidende Rolle spielte, wurde zunächst ein Stier getötet. Ein Mann aß sein Fleisch, trank eine Brühe, in der die Knochen ausgekocht worden waren, verfiel dann in Schlaf. Während vier Druiden Gesänge intonierten und Gebete murmelten, träumte er dann das Bild dessen, der dazu bestimmt war, König zu werden. Die Eigenart, Reales ins Unwirkliche zu verfremden, andererseits aber Unwirkliches völlig real zu nehmen, der wir noch in so vielen irischen Zaubermärchen begegnen, etwas, das wir mit einem Begriff unserer Tage vielleicht als Bewußtseinserweiterung bezeichnen würden, scheint schon bei den keltischen Stämmen auf dem Kontinent ausgeprägt vorhanden gewesen zu sein.

Bleibt aber trotz allem, was wir inzwischen von dem Bewußtseinszustand der vorkeltischen und der auf der Insel einwandernden keltischen Stämme wissen, merkwürdig, daß die Eroberten und Besiegten

(Tuatha de Danaan) schließlich als Götter oder Unsterbliche auftauchten. Dafür lassen sich zumindest zwei Hypothesen anbieten.
Es könnte sein, daß die Erinnerung an den Kult der Großen Mutter auch noch auf der Schwelle zwischen vorgeschichtlicher und geschichtlicher Epoche deshalb eine wichtige kulturelle Unterströmung blieb, die später dann selbst das Christentum nie ganz auszulöschen vermochte, weil die jeweils neue, die offizielle Religion und die von ihr vorgeschlagenen Praktiken in bestimmten Situationen nicht so überzeugend halfen wie der im geheimen noch bekannte alte Glaube. Seine Macht bestätigte sich vielleicht eben gerade dadurch, daß er trotz Verbot und Unterdrückung nicht auszurotten war. Verbot und Tabuisierung bestätigen ja auch, daß das Verbotene eine Macht, eine Energie enthält.
Die zweite Hypothese knüpft an eine andere bekannte Eigenart der keltischen Stämme an: ihre Abneigung gegen die Ausbildung geschlossener Gemeinwesen. Die Kelten, die auf dem Kontinent nie so recht ein Volk gebildet hatten, könnten auf der Insel am Landende Europas, wo sie sich gegen die Eingeborenen durchsetzen mußten, eben dazu eine gewisse Notwendigkeit gesehen haben. Um das zu erreichen, wäre die Erfindung von Mythen sehr hilfreich gewesen, in denen Vorstellungen der eigenen Tradition mit denen der unterworfenen Stämme zu einer neuen Einheit verschmolzen. So kamen Zusammengehörigkeitsgefühl und nationale Identität zustande.
Man könnte nun einen raffinierten Trick darin sehen, daß die obsiegenden Kelten aus den so schwer zu unterdrückenden Feinden von gestern die Götter für heute und morgen machten.
Götter sind immer gefürchtet. Indem man die Tuatha de Danaan, vermengt mit eigenen Göttervorstellungen, zu Unsterblichen und Herrschern der Anderswelt machte, brauchte man sich jedenfalls seine Furcht vor den im Untergrund fortlebenden Eingeborenen und ihren magischen Kräften nicht mehr zu schämen. Sie waren gebannt. Welcher der beiden Hypothesen man auch mehr Überzeugungskraft zubilligen will – so oder so wird der tiefwurzelnde und noch lang fortwirkende Glaube an die Anderswelt erklärbar und seine besondere Bedeutung in Irland verständlich.

ZWEITES KAPITEL

IN WELCHEM VON DEN VERSCHIEDENEN FEENWESEN DIE REDE IST, WELCHE DIE WEITLÄUFIGEN PROVINZEN DER ANDERSWELT BEVÖLKERN

»Das Wort Feen ist erst später entstanden, das ursprüngliche Hauptwort ist Fays. Es hat einen archaischen und ziemlich affektierten Klang. Es wird abgeleitet von Fatae. Die drei klassischen Feen vervielfältigen sich später, daraus wurden übernatürliche Frauen, die das Schicksal der Menschen bestimmten und bei ihrer Geburt zugegen waren. ›Fay-erie‹ war zuerst ein Zustand von Verzauberung oder Glanz. Erst später wurde es für die Fays gebraucht, die über solch illusionäre Kräfte verfügten. Der Begriff »Feen« deckt ein weites Feld ab, die angelsächsischen und skandinavischen Elfen, die Daoine Sidhe des schottischen Hochlands, die Tuatha de Danaan in Irland, die Tylwyth Teg in Wales, den Seelie Court und den Unseelie Court, das kleine Volk und die Guten Nachbarn. Die Feenscharen, Feenvölker und Feenzüge und die einzelnen Feen gehören dazu, die Feen, die die Größe eines menschlichen Wesens haben, die größer als Menschen sind, die drei Fuß hohen und die ganz winzigen Feen; die Feen, die im Haus wohnen und jene, die wild leben und dem Menschen feindlich gesinnt sind; Feen, die unter der Erde wohnen, sind zu ihnen zu rechnen, aber auch Wasserfeen, die in Lochs (Seen), Bächen, Flüssen und im Meer hausen. Zumindest verwandt mit ihnen sind die ›hags‹, die hexenhaften alten Weiber, die Monster und die Bogies. Schließlich sollte nicht vergessen werden, daß es auch Feentiere gibt.«

Katharine Briggs, A Dictionary of Fairies

Um die Anderswelt näher kennenzulernen, suchen wir zunächst die Bekanntschaft der Einzelgänger und Individualisten unter den Feen. Im Gegensatz zu den Feen, die einem Volk oder Zug angehören, haben diese Einzelwesen individuelle Eigenschaften und Verhaltensweisen, an denen man sie sofort erkennen kann.

Sehen wir uns vorerst drei von ihnen an, die zusammen wiederum so etwas wie eine Familie bilden: den Lepracaun, den Clurican und den Far Darrig. »Der Name Lepracaun«, schreibt Douglas Hyde, »leitet sich her vom Irischen leith brog – das heißt Einschuhmacher, wohl weil man ihn gewöhnlich an einem Schuh arbeiten sieht. Aus dem 15. Jahrhundert stammt ein Manuskript mit der Geschichte von Iubdan, König der Lepracaun, ein edler und angesehener Fürst, dessen stärkster

Untertan sich dadurch auszeichnete, daß er eine Distel mit einem Hieb umhauen konnte. Alle Lepracauns sind häßlich. Sie sind meist nicht größer als ein Kind von zehn, elf Jahren, häufig sogar noch viel kleiner. Ihre Körper sind breit und gedrungen. Ihre Gesichter sehen aus wie verschrumpelte Äpfel. Lepracauns foppen und narren gern. In ihren Taten sind sie auf das spezialisiert, was man im Englischen einen »practical joke« nennt. Sie betreiben das Handwerk eines Schuhmachers oder Sattlers, kennen aber zudem den Ort, an dem ein versteckter Goldschatz liegt. Wenn ein Sterblicher einen Lepracaun fängt, kann er ihn zwingen, das Versteck des Schatzes zu verraten, aber er darf den kleinen Kerl nicht aus den Augen lassen, sonst ist er im Nu verschwunden. Immer versucht der Lepracaun, den Menschen, der ihn fängt, für einen Augenblick abzulenken, um dann zu entwischen. Er ruft: »Sieh mal, da geht ein Bienenschwarm durch!« oder »die Kühe sind ins Haferfeld gelaufen!«

Wer darauf hereinfällt, ist selber schuld. Es ist das erste und letzte Mal gewesen, daß er einen Lepracaun in seine Gewalt bekommt, und den Schatz wird er auch nie finden. Bezeichnend ist die Geschichte von jenem Mann, der sich so nicht vom Lepracaun überlisten ließ und ihn zwang, ihm jenen Busch im Feld zu zeigen, unter dem der Schatz vergraben lag. Aber der Mann hatte keinen Spaten bei sich, also nahm er ein Stück roten Stoff und band ihn an die Zweige des Strauches. Dann ließ er den Lepracaun frei und lief, um den Spaten zu holen. Er war nur drei Minuten fort, aber als er zurückkam, wehten rote Stoffetzen an allen Büschen auf dem Feld.

Obwohl der Lepracaun über große Schätze gebietet, ist seine Kleidung eher bescheiden. Gewöhnlich trägt er einen grauen oder grünen Mantel, eine schwere Lederschürze und einen rostroten Hut. Seine Insignien aber sind der eine Schuh und der Hammer.

Leichteres Spiel hat ein Sterblicher mit einem Lepracaun, wenn er diesem glaubhaft machen kann, daß er selbst von einem Feenwesen abstammt. Bei solchen höchst seltenen Gelegenheiten verschenken Lepracauns manchmal auch goldene Zügel, die jedesmal, wenn man an ihnen zieht, eine gelbe Stute herbeizaubern.

DER ARME JUNGE AUS CASTLEREA*

Es war einmal ein armer Junge in Castlerea, der brachte täglich eine Fuhre Torf auf den Markt und verdiente ein paar Pennies mit dem Verkauf des Brennmaterials. Zum Leben war es zuwenig und zum Sterben zuviel. Es war ein merkwürdiger Junge, sehr still und launisch, und die Leute sagten, er müsse wohl ein Wechselbalg aus der Anderswelt sein, weil er sich nie an Spielen beteiligte, kaum redete und die halbe Nacht über alten Büchern saß. Er hoffte immer, reich zu werden und das mühsame Gewerbe des Torfstechers und Torffahrers aufgeben zu können. Dann wollte er in Frieden leben, ohne zu arbeiten, in einem schönen Haus mit einem großen Garten, ganz für sich allein.

Nun hatte er in den Büchern gelesen, daß die Lepracauns das Versteck aller Goldschätze in Irland wüßten, und Tag um Tag hielt er nach einem der kleinen Schuhmacher Ausschau und horchte, ob sich nicht irgendwo ein Geräusch ihrer Hämmer vernehmen lasse.

Schließlich entdeckte er tatsächlich eines Abends einen kleinen Kerl unter einem großen Blatt. Er war ganz in Grün gekleidet und trug einen Hut mit einem Kniff auf dem Kopf. Der Junge sprang von seinem Karren und packte den Lepracaun am Nakken. »Rühr dich nicht«, rief er, »zeig mir, wo ich Gold finde, oder du bist des Todes.«

»Nur sachte«, antwortete der Lepracaun, »laß mich am Leben und ich will dir verraten, was du wissen möchtest. Aber eines laß dir gesagt sein: Ich könnte dir auch so weh tun, wenn ich wollte. Wenn ich nicht Gleiches mit Gleichem vergelte, so nur deswegen, weil wir entfernte Verwandte sind. Darum will ich dir auch einen Ort zeigen, an dem Gold versteckt ist, das keiner haben darf, der nicht zum Volk der Feen gehört. Komm mit zu dem alten Fort von Lipenshaw. Dort liegt der Schatz. Aber beeil dich. Wenn die letzten Strahlen der untergehenden Sonne verlöschen, wird auch das Gold verschwunden sein und du wirst es nie mehr finden.« »Nur zu denn«, sagte der Junge, und er stieg mit dem Lepracaun auf den Torfkarren und fuhr los. In zwei Sekunden waren sie an dem alten Fort und schritten durch die Tür in der Steinmauer.

»Nun sieh dich um«, sagte der Lepracaun, und staunend sah der Junge, daß der ganze Boden mit Golstücken übersät war und daß so viele Gefäße aus Silber dort lagen, daß man hätte meinen können, jemand habe alle Schätze der Welt dort gehortet. »Nimm soviel du willst«, sagte der Lepracaun, »aber beeil dich. Wenn diese Tür zuspringt, wirst du diesen Ort zu deinen Lebzeiten nicht mehr verlassen.«

Also nahm der Junge so viel an Gold und Silber wie er nur tragen konnte und warf es auf seinen Karren, aber als er noch einmal zurückkam, um noch mehr zu holen, schlug die Tür unter Donnerkrachen zu, und der Platz war dunkel wie zur Nacht. Von dem Lepracaun war nichts mehr zu sehen. Der Junge hatte nicht einmal Zeit gefunden, sich bei dem Wicht zu bedanken.

Er hielt es für das Beste, sich mit seinem Schatz aus dem Staub zu machen. Als er daheim ankam, zählte er die Reichtümer. Das Gold hätte hingereicht als Lösegald für einen König.

Der Junge war schlau genug, niemandem etwas davon zu erzählen. Er reist am nächsten Tag nach Dublin, brachte all seine Reichtümer auf die Bank und stellte fest, daß er so viel Geld besaß wie ein großer Herr. Also kaufte er sich ein schöners Haus mit einem großen Garten. Er hielt sich Diener und Kutschen, und Bücher besaß er nun soviel er wollte. Er versammelte gescheite Männer um sich, die ihm beibrachten, was man wissen sollte, wenn man sich in der Welt auskennen will. Er wurde ein angesehener Mann, und seine Nachkommen sind bis auf den heutigen Tag wohlhabend, denn auf geheimnisvolle Weise nahm das Vermögen dieser Familie nie ab, was immer sie auch an Almosen an die Armen schenkten, und das war nicht wenig.

Der Clurican ist manchmal kaum von einem Lepracaun zu unterscheiden. Jedenfalls in der Gegend von Cork werden beide Feenwesen miteinander gleichgesetzt. Yeats schreibt, ein Clurican sei vielleicht einfach nur ein Lepracaun, der mit Vorliebe auf Sauftouren ausziehe. Von einer nicht ganz harmlosen Begegnung mit einem Clurican erzählt die folgende Geschichte, die Th. Crofton Croker in seinen »Legends of the South of Ireland« aufgezeichnet hat.

BILLY MAC DANIEL UND DER CLURICAN*

Billy Mac Daniel war ein lebenslustiger junger Mann. Keiner legte auf den Tanzfesten zu Ehren des Namenspatrons eine so fesche Sohle aufs Parkett, keiner war so trinkfest wie er, keiner vermochte so geschickt mit dem shillelagh *(Stock, der auch als Schlagwaffe gebraucht wird)* dreinzuhauen und wenn er sich vor etwas fürchtete, so höchstens davor, einmal nichts zu trinken zu bekommen. Wer da zahlen würde, war ihm egal, und um dem Wirt etwas vorzumachen, fiel ihm schon immer noch eine Ausrede ein. Trunken oder nüchtern – ein Wort und ein Hieb, das war so Billy Mac Daniels Art, und es ist nicht die schlechteste Art, einen Streit anzufangen oder ihn zu beenden. Bedauerlich ist nur, daß durch seine Art, nie nachzudenken, sich nie zu fürchten und sich nie groß um etwas zu sorgen, eben dieser Billy Mac Daniel in schlechte Gesellschaft geriet, denn mag man sie auch das »gute Volk« nennen, so kann man auch unter ihnen in schlechte Gesellschaft geraten.

Nun geschah es einmal, daß Billy in einer klaren frostigen Nacht nicht lange nach Weihnachten heimging; der Mond war rund und hell, und obwohl es eine Nacht war, wie man sie sich von Herzen wünschte, was den Anblick des Himmels angeht, so half das nichts gegen die beißende Kälte.

»Auf mein Wort«, schnatterte Billy, »ein Tropfen guter Schnaps wäre jetzt nicht so übel und könnte wohl verhindern, daß einem Mann die Seele einfriert. Ich wünschte wahrlich, ich hätte ein volles Maß vom besten.«

»Das sollst du nicht zweimal wünschen, Billy«, sagte ein kleiner

Mann mit einem dreieckigen Hut, dessen Rand mit Goldborte verziert war und der große silberne Schnallen an den Schuhen trug, die so schwer schienen, daß man sich wundern mochte, wie er sich überhaupt darin bewegen konnte, und er hielt ihm ein Glas hin, größer als er selbst und gefüllt mit Schnaps so gut in Geruch und Geschmack wie nur möglich.
»Prost, Kleiner!« sagte Billy Mac Daniel unerschrocken, obwohl ihm schon klar war, daß der kleine Kerl da zum »guten Volk« gehörte, »auf Euer Wohl und vielen Dank, wer immer auch dafür zahlt.« Und damit setzte er das Glas an die Lippen und leerte es mit einem Zug.
»Prost«, sagte der kleine Mann, »es ist dir herzlich vergönnt, Billy, aber versuch nicht, mich zu betrügen, wie du das bei anderen gemacht hast. Heraus mit der Börse und gezahlt wie ein Gentleman.« – »Ich Euch was zahlen?« sagte Billy, »ich könnt Euch doch aufheben und in die Tasche stecken geradeso leicht wie eine Brombeere?«
»Billy Mac Daniel«, sagte der Mann jetzt schon recht zornig, »jetzt wirst du mir dienen, sieben Jahre und einen Tag. Das wird meine Bezahlung sein. Mach dich bereit und folge mit.«
Als Billy das hörte, tat es ihm nun doch sehr leid, so frech mit dem kleinen Mann umgesprungen zu sein, aber das half nun nichts mehr, denn ob er nun wollte oder nicht, er spürte, daß er dem kleinen Wicht folgen mußte, die liebe lange Nacht quer über Land, durch dick und dünn, Sumpf und Gebüsch, ohne zu rasten.
Als der Morgen kam, wandte sich der Clurican um und sagte zu ihm:
»Du kannst jetzt erst einmal heimgehen. Aber ich warne dich, vergiß nicht, heute abend im Fortfield zur Stelle zu sein, denn über kurz oder lang hätte das für dich böse Folgen. Wenn ich merke, daß du ein williger Diener bist, wirst du in mir auch einen nachsichtigen Herrn finden.«
Heim ging Billy Mac Daniel, und obgleich er müde und zerschlagen genug war, fand er doch nicht ein bißchen Schlaf, weil er

immer an den kleinen Mann denken mußte, aber er getraute sich nicht, dessen Befehl zu mißachten und so ging er am Abend treu und brav zum Fortfield. Er war noch nicht lange dort, da kam auch der kleine Mann schon und sagte: »Billy, ich habe vor, heute nacht eine Reise zu unternehmen, sattle mir eines meiner Pferde, und für dich kannst du auch eines satteln, denn du kommst mit und nach dem Fußmarsch gestern Nacht hättest du's vielleicht gern etwas bequemer.«

Billy fand das sehr vernünftig von seinem Herrn. Er bedankte sich dementsprechend. »Aber«, sagte er, »wenn ich mir die Kühnheit erlauben darf, wo geht's denn zu Eurem Stall, denn alles, was ich hier sehe, ist das Gemäuer vom alten Fort und der alte Dornenstrauch am Feldrand und ein Bach am Rand des Hügels mit einem Stück Sumpfland gegen uns hin.«

»Stell keine Fragen, Billy«, sagte der kleine Mann, »sondern geh hinüber zum Sumpf und bring mir die stärksten Binsen, die du findest.«

Billy tat wie ihm geheißen und überlegte, was der kleine Mann nun vorhabe. Er brach zwei der stärksten Binsen, die er finden konnte, mit einem kleinen Büschel brauner Blüten an jeder Seite, und brachte sie seinem Herrn.

»Aufgestiegen, Billy«, sagte der kleine Mann, nahm eine der Binsen und spreizte seine Schenkel darüber.

»Wo soll ich denn aufsteigen, Euer Ehren?« sagte Billy.

»Na, auf den Pferderücken wie ich auch«, erwiderte der kleine Mann.

»Wollt Ihr mich zum Narren halten«, sagte Billy, »wollte ihr vielleicht behaupten, die Binse die ich drübem im Sumpf gebrochen habe, sei jetzt ein Pferd?«

»Aufgestiegen! Und keine langen Reden«, sagte der kleine Mann und schaute jetzt wieder sehr wütend drein, »das beste Pferd, auf dem du je gesessen hast, war ein Klepper gegen das, auf dem du jetzt im Sattel sitzt.«

Billy, der all das für einen Scherz hielt, aber seinen Herrn nicht erzürnen wollte, tat wie ihm geheißen.

»Borram! Borram! Borram!« rief der kleine Mann, und das bedeutet soviel wie »werde groß!« und augenblicklich wurden aus den Binsen zwei schöne Pferde, die rasch dahinjagten. Aber Billy, der die Binse zwischen die Beine genommen hatte, ohne weiter darauf zu achten, was er tat, stellte nun fest, daß er falsch herum auf dem Pferd saß, was insofern unangenehm war, als ihm der Schwanz des Viehs ständig ins Gesicht schlug. Aber so rasch war der Ritt losgegangen, daß er es nicht fertig gebracht hatte, sich umzudrehen und ihm jetzt nichts anderes übrig blieb, als sich am Schwanz festzuhalten.

Endlich kam der Ritt zu einem Ende. Sie hielten am Tor eines vornehmen Hauses.

»Nun Billy«, sagte der kleine Mann, »mach einfach alles nach, was du mich auch tun siehst und bleib dicht hinter mir! Da du aber den Schwanz des Pferdes nicht von dessen Kopf unterscheiden kannst, paß auf, daß du nicht so lange herumtorkelst, bis du plötzlich auf deinem Kopf und nicht mehr auf deinen Fußsohlen stehst. Denn hier geht es um ein altes Gebräu. Es kann eine Katze zum Sprechen bringen und einen Mann stumm machen.«

Der kleine Mann sagte dann noch ein paar seltsame Worte, die für Billy keinen Sinn ergaben, und beide fuhren sie darauf durch das Schlüsselloch in einen Weinkeller, wo alle Arten von guten Weinen lagerten.

Der kleine Mann hielt sich ans Trinken, und Billy, dem dieses Beispiel nicht unangenehm war, hielt eifrig mit.

»Ihr seid ein guter Herr, soviel steht fest«, sagte Billy, »gleichgültig, was nachkommt. Ich will Euch gern weiterhin eifrig dienen, wenn Ihr nur fortfahrt, mir soviel zu trinken zu verschaffen.«

»Ich habe mit dir keinen Vertrag«, sagte der kleine Mann, »und ich denke auch gar nicht daran, einen solchen mit dir zu schließen. Auf jetzt, und mir nach.«

Und fort waren sie, durch ein Schlüsselloch und durch das nächste und dann wieder auf die Binsen, die sie draußen abgestellt hatten. Sie jagten dahin und traten nach den Wolken, die vor ihnen wie Schneebälle hingen, sobald die Worte »Borram, Borram, Borram« von ihren Lippen gekommen waren. Als sie Fortfield wieder erreicht hatten, entließ der kleine Mann Billy, hieß ihn aber am nächsten Abend zur selben Stunde wieder zur Stelle zu sein. So ging das immer weiter, Nacht für Nacht, einmal nach Süden, dann wieder nach Norden, bis es keinen Weinkeller eines vornehmen Herrn in ganz Irland mehr gab, in dem sie nicht schon gewesen wären und sie über die verschiedenen Weinsorten besser Bescheid wußten als selbst ein altgedienter Butler.

Eines Nachts, aber, als Billy Mac Daniel den kleinen Mann wieder traf und dieser ihn zum Sumpf hinüberschickte, um Pferde für die Reise zu holen, sagte der Herr zu seinem Diener: »Billy, heute brauch ich ein Pferd zusätzlich, denn es könnte sein, daß wir in Begleitung sind, wenn wir heimkommen.«

Also brachte Billy, der inzwischen schon gelernt hatte, keine langen Fragen zu stellen, eine dritte Binse mit, wunderte sich aber, wer das wohl sein werde, der auf dem Heimweg mit ihnen reiten sollte. Vielleicht bekam er nun einen Gehilfen. »Wenn das so ist«, überlegte sich Billy, »werde ich ihn immer die Pferde holen lassen, denn ich sehe nicht ein, warum nicht jeder Zoll von mir selbst ebensogut als Herr hingehen kann wie mein Meister.«

Also ritten sie los. Billy führte das dritte Pferd und sie hielten nicht inne, bis sie eine hübsche Farm in der Grafschaft Limerick erreichten, nahe dem Schloß von Carrigogunniel, das, wie man sagt, von dem großen Brian Boru errichtet worden ist. Im Haus war ein großes Fest im Gange, aber der kleine Mann blieb vorerst draußen stehen und lauschte. Dann wandte er sich plötzlich um und sagte:

»Billy, morgen werde ich tausend Jahre alt.« »Tasächlich?« sagte Billy, »Gottes Segen, Sir!« »Sag dieses Wort nicht wieder, Billy«, meinte der kleine Mann, »es könnte für immer mein Ruin sein. Nun Billy, da ich morgen tausend Jahre auf der Welt sein werden, denke ich, ist es höchste Zeit, daß ich mich verheirate.«

»Das würde ich auch meinen«, sagte Billy, »daran kann's keinen Zweifel geben. Wenn Ihr je heiraten wolltet, dann jetzt.«

»Und zu diesem Zweck«, sagte der kleine Mann, »sind wir auch

den ganzen Weg hierher geritten, denn in diesen Haus heiratet heute abend der junge Darby Riley Bridget Rooney. Sie ist ein großes hübsches Mädchen und kommt aus ordentlichem Haus. Ich habe beschlossen, sie zu heiraten und sie dann mitzunehmen.«
»Und was wird Darby Riley dazu sagen?« meinte Billy.
»Schweig!« sagte der kleine Mann und schaute wieder streng drein. »Ich habe dich nicht mitgenommen, damit du mir dumme Fragen stellst«, und ohne weitere Vorbereitung murmelte er wieder jene seltsamen Worte, die ihm die Kraft verliehen, durch Schlüssellöcher zu fahren als ob er Luft sei und bei denen Billy sich vornahm, sie sich einzuprägen, während er sie ihm nachsprach. Die beiden fuhren also hinein, und um eine bessere Übersicht zu haben, setzte sich der kleine Mann auf den großen Balken, der quer über die Köpfe von allen hin durch das ganze Haus lief und Billy setzte sich neben ihn. Da er es aber nicht gewohnt war an einem solchen Fleck zu sitzen, baumelten seine Beine ganz unordentlich herunter, während der kleine Mann sich so geschickt mit untergeschlagenen Beinen hinsetzte, als sei er sein Leben lang ein Schneider gewesen.
Da waren sie nun also, der Herr und sein Knecht, und schauten auf den Spaß herab, der da unten vor sich ging, und unter ihnen waren der Priester, der Pfeifer, der Vater von Darby Riley mit Darbys zwei Brüdern und mit dem Sohn seines Onkels, und von Bridget Rooney waren Vater und Mutter da. Stolz war das alte Paar an diesem Abend auf seine Tochter und recht hatten sie, und vier Schwestern feierten mit. Sie hatten brandneue Bänder an ihren Kappen und dann erst die drei Brüder, die sahen so sauber und wach aus wie nur je drei Jungen in Munster, und da saßen auch noch die Onkel und Tanten und Cousins und Cousinen, auf daß das Haus voll werde, und es gab zu essen und trinken in Hülle und Fülle, und es hätte auch noch gereicht, wenn es doppelt so viel Gäste gewesen wären.
Nun geschah es, daß gerade da, als Mrs. Rooney dem Hochwürden ein Stück von dem Schweinskopf abgeschnitten hatte, der

schön mit Wirsing ausgestopft war, die Braut niesen mußte, was alle am Tisch ansteckte, aber keine Sterbensseele sagte »Gott segne dich« zum Nachbarn, wie es sich doch eigentlich gehört. Alle waren davon ausgegangen, daß der Priester »Gott segne Euch!« sagen werde, was ja eigentlich auch seine Pflicht und Schuldigkeit gewesen wäre und niemand wollte ihm das Wort aus dem Mund nehmen, aber er hatte es eben auch vergessen über dem guten Stück Schweinskopf und dem Gemüse. Und nach einem kurzen Augenblick des Verschnaufens ging aller Spaß und alles Reden weiter. All diesem sahen Billy und sein Meister aus der Höhe herab voller Aufmerksamkeit zu. »Ha!« rief der kleine Mann freudig aus, stieß das eine Bein übermütig von sich und in seinen Augen begann es zu funkeln, während seine Augenbrauen immer mehr gotischen Spitzbögen glichen, »ha«, sagte er und schaute erst lustvoll auf die Braut hinab und sah dann Billy an: »Die Hälfte von ihr habe ich schon. Sie muß nur noch zweimal niesen und sie ist mein, Priester, Meßbuch und Darby Riley hin oder her.«

Wieder nieste Bridget, aber diesmal so leise, daß es kaum jemand außer dem kleinen Mann überhapt wahrnahm und niemand darauf verfiel, »Gott segne dich!« zu sagen.

Billy betrachtete unterdessen das arme Mädchen mit mitleidiger Miene, denn er konnte nicht umhin sich vorzustellen, wie schrecklich es für ein junges hübsches Mädchen von neunzehn Jahren mit großen blauen Augen, durchsichtiger Haut, Grübchen an den Wangen und den ballrunden Brüsten, auf die er von seinem Platz eine besonders gute Aussicht hatte, sein müsse, gezwungen zu werden, ein häßliches kleines Mannsbild zu heiraten, das genau tausend Jahre weniger einen Tag alt war.

In diesem kritischen Augenblick nieste die Braut zum dritten Mal und Billy brüllte so laut er konnte »Gott segne uns!« Ob dieser Ausruf Teil eines Selbtgesprächs war oder ob er aus der Macht der Gewohnheit kam, wußte Billy selbst nicht genau zu sagen, aber kaum waren die Worte heraus, als das Gesicht des kleinen Mannes vor Wut und Enttäuschung rot aufglühte und mit einem schrillen Ton, als sei ein Dudelsack zerrissen, sprang er von dem Balken, auf dem er gehockt hatte, herab. Und dabei gab er dem armen Billy einen wütenden Tritt in den Rücken und raunte ihm zu:

»Du bist aus meinen Diensten entlassen, Billy Mac Daniel. Nimm diesen Tritt als Lohn!«

Der unglückliche Feendiener landete mit dem Gesicht nach unten mitten auf dem Eßtisch.

Wenn Billy erstaunt war, so waren es die anderen, die um den Tisch saßen, erst recht. Aber als sie seine Geschichte vernahmen, legte Father Cooney sogleich Messer und Gabel aus der Hand und verheiratete das junge Paar auf der Stelle, und Billy Mac Daniel tanzte Rinka auf ihrer Hochzeit und konnte trinken soviel er wollte, und das war, wenn man es recht bedachte, noch besser als Tanzen!

Von dem Far Darrig oder Fir Dhearga (fir jaraga) meint Yeats kurz und bündig:

»Far Darrig bedeutet soviel wie Roter Mann, denn er trägt eine rote Kappe und ein rotes Gewand, auch er liebte practical jokes, und zwar meist ziemlich greuliche. Das ist alles was er tut.« Der Far Darrig von Munster ist nach der Beschreibung von Th. Crofton Croker »ein kleiner Mann, ungefähr zweieinhalb Fuß groß, mit einem scharlachfarbenen Zuckerhut auf dem Kopf, einem langen scharlachfarbenen Gewand, grauem Haar und runzligem Gesicht.« Ihm etwas abzuschlagen, bringt Unglück. Es scheint aber auch noch einen anderen Far Darrig zu geben, einen Mann mit einem roten Kopf, der meist in Geschichten von Sterblichen, die im Feenland gefangensitzen, eine Rolle spielt. Durch seinen Rat und seine Hilfe können viele dieser Besucher der Anderswelt entkommen. Über das Treiben des Far Darrig in Donegal erzählt eine von Miss Letitia Maclintock gesammelte Geschichte.

FAR DARRIG UND DER TINKER, DER KEINE GESCHICHTE WUSSTE*

Pat Diver, der Tinker, war ein Mann, der an das Wanderleben gewöhnt war und auch an ungewöhnliche Nachtquartiere. Er hatte schon in rauchigen Blockhütten mit Bettlern die Decke geteilt, er hatte in den wilden Bergen von Innishowen schon in der Ecke einer Destille geschlafen, in der man poteen *(schwarz, also illegal gebrannter Schnaps)* brannte, er hatte sein müdes Haupt schon auf nackten Heideboden gebettet. Er hatte im Graben geschlafen, kein anders Dach über dem Kopf als das Himmelsgewölbe, aber all diese Nächte voller Abenteuer waren zahm und blaß, verglichen mit dem, was ihm in jener besonderen Nacht zugestoßen war.

Am Tag, der dieser Nacht vorausging, hatte er alle Kessel und Pfannen in Moville und Greencastle geflickt und war auf dem Weg nach Culdaff, als die Nacht ihn auf einer einsamen Gebirgsstraße einholte.

Er klopfte an so manche Tür auf der Suche nach einem Nachtlager, während der er das Halfpence-Stück in seiner Tasche klingeln ließ, wurde aber überall abgewiesen.

Wo war die vielgerühmte Gastfreundlichkeit von Innishowen, auf die man sich doch immer sollte verlassen können? Was hatte es für einen Zweck, daß man ein Geldstück besaß, sogar zahlen wollte, wenn die Menschen alle so mißtrauisch waren. Dies bedenkend, ging er auf ein Licht zu, das etwas weiter in der Ferne stand und klopfte schließlich auch dort an. Ein alter Mann und eine Frau saßen vor dem offenen Feuer.

»Würden Sie mir ein Nachtlager geben, Herr?« fragte Pat respektvoll.

»Wißt Ihr eine Geschichte zu erzählen?« fragte der alte Mann.

»Nein, Herr, könnt nicht behaupten, daß ich ein guter Geschichtenerzähler wäre«, erwiderte der erstaunte Tinker.

»Dann macht mal, daß Ihr weiterkommt. Wir nehmen hier nur Leute, die eine gute Geschichte wissen.« Das war in einem so

entschiedenen Tonfall gesagt, daß Paddy gar nicht mehr wagte, noch etwas einzuwenden, sondern sich zögernd abwandte, um seine traurige Reise fortzusetzen.
»Eine Geschichte!« murmelte er kopfschüttelnd, »Märchen, wie sie alte Weiber den kleinen Kindern erzählen!«
Als er sein Bündel mit den Werkzeugen aufnahm, bemerkte er, daß hinter dem Wohnhaus ein Scheune stand, und geleitet vom Mond, der inzwischen aufgegangen war, fand er seinen Weg dorthin.
Es war eine saubere, geräumige Scheune mit einem hohen Strohhaufen in der einen Ecke. Hier war ein Nachtquartier, das nicht zu verachten war. Pat wühlte sich ins Stroh und war bald eingeschlafen. Er konnte noch nicht lange geschlafen haben, als er von dem Geräusch von Füßen geweckt wurde. Vorsichtig schaute er durch eine Öffnung in dem Stroh, das ihn bedeckte. Er sah vier riesige große Männer hereinkommen. Sie zerrten hinter sich eine Leiche* her, die sie roh auf den Boden warfen.
Dann zündeten sie ein Feuer mitten in der Scheune an, befestigten die Leiche an einem Seil und hängten sie an einem der Deckenbalken auf. Es schien so, als sollte der Tote von allen Seiten geröstet werden, denn einer der vier stand am Feuer und stieß die Leiche immer wieder an, damit sie sich drehte.
»Komm du doch mal«, sagte er nach einer Weile zu dem größten unter den vier, »ich bin's leid. Jetzt kannst du dich ja mal um ihn kümmern.«
»Eh, warum ich denn ...« erwiderte der große Mann. »Da steckt doch dieser Pat Diver unter dem Stroh, warum nehmen wir ihn nicht mal ran dazu?«
Unter großem Lärm riefen die vier den armen Pat, der, als er sah, daß es keinen Ausweg gab, sich sagte, es sei doch klüger hervorzukriechen, solange er noch gebeten wurde.
»Also Pat«, sagten sie, »du hältst die Leiche da in Bewegung, aber wenn du sie verbrennen läßt, knüpfen wir dich dort auf und rösten dich auch mal ein wenig.«
Pat standen die Haare zu Berge, und kalter Schweiß trat ihm auf

die Stirn, aber was blieb ihm anderes übrig, als sich dieser fürchterlichen Arbeit zu unterziehen.

Als sie sahen, daß er eifrig bei der Sache war, gingen die riesigen Männer fort.

Bald jedoch schlugen die Flammen so hoch, daß sie das Seil versengten und die Leiche schlug mit einem dumpfen Geräusch am Boden auf. Funken und Asche flogen herum, denn der Kopf war direkt in die Glut gefallen. Mit einem Aufschrei entwich der Wächter durch die Scheunentür und rannte draußen um sein Leben.

Er rannte so lange, bis er vor Müdigkeit fast umfiel, und als er merkte, daß er sich in einer Senke, die mit hohem Gras bewachsen war, befand, überlegte er sich, hier werde es sich bis zum Morgen schon aushalten lassen.

Aber kaum hatte er sich hingelegt, da hörte er schon wieder die schweren Schritte, und er sah die vier Männer, von denen der eine die Leiche über der Schulter trug. Er ließ seine Last auf den Boden fallen, atmete schwer und sagte dann:

»Ich bin müde. Jetzt ist mal jemand anders dran, sich mit ihm ein Stück abzuschleppen.«

»Nicht ich«, hörte Pat eine andere Stimme sagen, »aber da liegt Pat Diver, er soll herkommen und die Leiche ein Stück tragen.«

»Komm, komm...« riefen die Männer, und Pat, fast tot vor Angst, richtete sich aus dem Gras auf. Er taumelte unter dem Gewicht der Leiche dahin, bis sie Kiltown Abbey, eine mit Efeu überwucherte Ruine, erreichten, wo eine braune Eule die ganze Nacht lang schreit und vergessene Tote unter den Mauern unter dichtem Gestrüpp von Unkraut schlafen. Zu dieser Zeit wurde dort niemand mehr beigesetzt, aber Pats riesige Gefährten liefen zu dem verwilderten Friedhof und begannen damit, eine Grube auszuheben.

Als Pat sah, wie beschäftigt sie waren, überlegte er sich, daß er doch versuchen könne zu entkommen, und er kletterte auf einen hohen Schwarzdornstrauch am Zaun, in der Hoffnung, sich in dessen Zweigen zu verstecken.

»Ich bin's leid«, sagte der Mann, der in der Grube stand, »hier nimm den Spaten und mach du weiter.« »Ich nicht«, erwiderte ein anderer, »aber Pat Diver sitzt ja da in den Ästen, wie wäre es, wenn er herunterkäme und sich mal beteiligen würde.«
Also kam Pat angstvoll herunter und griff sich den Spaten, aber eben in diesem Augenblick begannen auf einem Gut in der Nähe die Hähne zu krähen. Da sahen die riesigen Männer einander an. »Wir müssen fort«, sagten sie, »du hast Glück gehabt, Pat Diver, daß die Hähne krähten, denn sonst hätten wir dich samt der Leiche gleich mit unter die Erde gebracht.«
Zwei Monate vergingen, und Pat wanderte durch die Grafschaft Donegal, hierhin und dorthin, als er an einem Markttag nach Rashoe kam.
Unter der Menge, die den »Diamond« füllte, sah er plötzlich einen großen Mann.
»Wie geht's, Pat Diver?« sagte er, beugte sich zu ihm herunter und sah dem Tinker in die Augen.
»Ihr seid mir gegenüber im Vorteil, Herr, denn ich habe nicht das Vergnügen, Euch zu kennen«, stammelte Pat.
»Was, du kennst mich nicht mehr, Pat?«
Geflüster. –
»Nun, wenn du diesmal nach Innishowen zurückkommst, hast du aber eine Geschichte zu erzählen!«

DER GESCHICHTENERZÄHLER IN VERLEGENHEIT*

Zu der Zeit, da die Tuatha de Danaan in Irland herrschten, regierte in Leinster ein König, der große Freude an guten Geschichten hatte. Wie die anderen Könige der Insel, hatte auch er einen eigenen Geschichtenerzähler, der vom König dafür gut bezahlt wurde, daß er ihm jeden Abend vor dem Einschlafen eine neue Geschichte erzählte. Viele Geschichten kannte er. Er hatte schon ein hohes Alter erreicht, und noch jeden Tag war ihm eine neue Geschichte eingefallen. Und so groß war sein Einfallsreich-

tum, daß der Monarch, was immer ihm auch tagsüber Schlimmes oder Unangenehmes widerfahren sein mochte, sich unbedingt darauf verlassen konnte, am Abend mit einer neuen Geschichte in den Schlaf zu finden.
Eines Tages nun stand der Geschichtenerzähler zeitig auf, wie es seine Gewohnheit war, ging hinaus in den Garten und versuchte an die Ereignisse zu denken, aus denen er für den Abend eine Geschichte entstehen lassen wollte. Aber an diesem Morgen war es wie verhext. Er schritt den ganzen Park ab, er lief zu seinem Haus zurück, und es wollte ihm einfach nichts Neues und Ungewöhnliches einfallen. Er hatte keine Schwierigkeiten damit, sich den Anfang auszudenken, etwa »eines Tages sprach der König von Irland« oder »es war einmal ein König, der hatte drei Söhne«, aber weiter kam er dann einfach nicht. Schließlich ging er zum Frühstück und fand, daß seine Frau schon ganz aufgeregt war, weil er sich verspätet hatte:
»Warum kommst du denn nicht zum Frühstück, mein Lieber?« sagte sie.
»Ich mag heute nichts essen«, erwiderte der Geschichtenerzähler, »solange ich schon in den Diensten des Königs von Leinster stehe, habe ich mich nie zum Frühstück hingesetzt, ohne nicht schon meine Geschichte für den Abend bereit zu haben, aber heute morgen bin ich wie vernagelt. Ich weiß gar nicht, was ich tun soll. Ich könnte mich ebensogut hinlegen und auf der Stelle sterben. Welche Schande, wenn der König mich heute abend ruft, und ich weiß keine Geschichte.«
Gerade in diesem Augenblick sah die Frau aus dem Fenster.
»Siehst du dort diesen schwarzen Fleck am Ende des Feldes?« frage sie.
»Ich sehe nichts«, erwiderte ihr Mann.
Sie gingen näher und entdeckten einen elend aussehenden alten Mann, der dort am Boden lag, sein Holzbein neben sich.
»Wer seid Ihr, mein guter Mann?« fragte der Geschichtenerzähler.
»Ach, wer ich bin spielt weiter keine Rolle. Ich bin arm, alt, lahm,

hinfällig und übel dran. Ich habe mich hier nur ein wenig ausgeruht.«
»Und was hat es mit dem Würfelbecher in Eurer Hand für eine Bewandtnis?«
»Ach, ich warte darauf, daß jemand kommt, der mit mir spielt«, erwiderte der alte Mann.
»Vielleicht willst du mit ihm spielen«, sagte die Frau zu ihrem Mann, »vielleicht fällt dir dann eine Geschichte ein für den Abend.« Ein glatter Stein wurde zwischen sie hingestellt, auf dem ließen sie die Würfel ausrollen.
Es dauerte nicht lange, da hatte der Geschichtenerzähler jeden Penny, den er besaß, verloren.
»Mag es dir Glück bringen, Freund«, sagte er, »was kann man an einem solchen Tag anderes erwarten!« – »Wollen wir weiter spielen?« fragte der alte Mann.
»Unsinn, Mann. Meinst du, ich will es riskieren, daß meine Frau an den Bettelstab kommt?«
»Vielleicht gewinnst du ja auch.«
»Vielleicht auch nicht«, sagte der Geschichtenerzähler.
»Spiel mit ihm, Mann«, sagte die Frau, »von mir aus kannst du ruhig unsere Pferde setzen. Mit macht es nichts aus, zu Fuß zu gehen.«
»Also meinetwegen«, sagte der Geschichtenerzähler. Er setzte sich wieder hin und mit einem Wurf verlor er Pferde, Hunde und Wagen.
»Willst du weitermachen?« fragte der Bettler.
»Du willst mich wohl auf den Arm nehmen. Was hätte ich noch als Einsatz?«
»Ich setzte alles, was ich besitze gegen deine Frau«, sagte der alte Mann.
Der Geschichtenerzähler wollte sich schweigend abwenden, aber seine Frau hielt ihn zurück.
»Nimm an«, sagte sie, »dies ist das dritte Mal. Vielleicht hast du diesmal Glück. Bestimmt wirst du jetzt gewinnen.«
Sie spielten wieder, und der Geschichtenerzähler verlor. Kaum

war das geschehen, da stand zu seinem Erstaunen die Frau auf und setzte sich neben den Bettler.
»Du willst mich also verlassen«, stellte der Geschichtenerzähler fest. »Er hat mich gewonnen«, sagte sie, »willst du etwa den armen Mann betrügen?«
»Hast du denn gar nichts mehr zum Setzen?« fragte der alte Mann.
»Das weißt du sehr gut!«
»Ich setz alles, was ich habe, einschließlich der Frau und du setzt dich selbst«, sagte der alte Mann.
Wieder spielten sie, und wieder verlor der Geschichtenerzähler.
»Also, hier bin ich. Was willst du jetzt mit mir anfangen?«
»Das wirst du gleich hören«, sagte der alte Mann und nahm aus seiner Tasche eine lange Schnur und einen Stock.
»Also«, sagte der alte Mann zu dem Geschichtenerzähler, »welches Tier wärest du lieber: ein Reh, ein Fuchs oder ein Hase? Jetzt hast du noch die Wahl, später nicht mehr.«
Um eine lange Geschichte kurz zu machen, der Geschichtenerzähler wählte den Hasen; der alte Mann legte ihm die Schnur um, berührte ihn mit dem Stab und – schwupp, da hoppelte ein langohriger Hase über den Rasen.
Aber nicht lange, denn niemand anders als die Frau rief die Hunde und hetzte sie auf ihn. Der Hase floh, die Hunde setzten ihm nach. Rund um das Feld lief eine hohe Mauer, so daß er nicht heraus konnte, und der Bettler und die Frau hatten ihr Vergnügen daran, zuzuschauen, wie er in der Klemme saß.
Vergeblich versuchte er, sich bei seiner Frau zu verstecken, die stieß ihn zurück. Endlich rief der Bettler die Hunde zurück und verwandelte den Hasen wieder in den Geschichtenerzähler zurück.
»Wie hat dir das gefallen?« fragte der Bettler.
»Vielleicht gefällt das anderen nicht übel«, sagte der Geschichtenerzähler und warf seiner Frau einen Blick zu, »ich, für meinen Teil, kann gut ohne das auskommen.«
»Wäre es zuviel verlangt«, fuhr er fort, »nun endlich einmal von

dir zu erfahren, wer du bist und woher du kommst und weshalb es dir solchen Spaß macht, einen alten Mann wie mich so zu plagen?«
»Ach«, erwiderte der Fremde, »ich bin ein komischer Nichtsnutz, den einen Tag arm, den anderen Tag reich und wenn du meine Gewohnheiten kennenlernen willst, dann komm mit mir.«
»Ich bin nicht mein eigener Herr. Ich kann nicht so ohne weiteres fort.«
Der Fremde griff mit der einen Hand in seine Tasche und zog einen gutaussehenden Mann mittleren Alters hervor, zu dem sprach er:
»Bei allem, was du gehört und gesehen hast, weil du dort in der Tasche gesteckt hast, kümmere dich um diese Dame, um den Wagen und die Pferde. Ich möchte, daß immer alles bereit steht, falls ich es brauchen sollte.«
Kaum hatte er das gesagt, als alles verschwand und der Geschichtenerzähler sich bei Foxes' Ford in der Nähe des Schlosses von Red Hugh O'Donnell wiederfand. Er konnte alles sehen, aber für die anderen war er unsichtbar.
O'Donnell saß in seiner Halle, dick und traurig sah er aus.
»Geh«, sprach er zu seinem Türsteher, »und schau, wer oder was da kommt.«
Der Türsteher ging, und er sah einen dürren grauen Bettler. Die Hälfte seines Schwertes schaute hinter seinem Rücken hervor, seine Schuhe waren vollgesogen mit schmutzigem Wasser und die Enden seiner beiden Ohren ragten aus den Löchern im Filz seines Hutes hervor, um die Schultern trug er einen zerfetzten Mantel und in der Hand hatte er einen grünen Stock von einem Stechpalmenstrauch.
»Glück Euch, O'Donnell«, sagte der Bettler.
»Und Euch auch«, sagte O'Donnell, »von wo kommst du, und was ist dein Gewerbe?«
»Ich komme vom äußersten Strom auf Erden. Aus den Tälern, wo die weißen Schwäne gleiten. Eine Nacht wohne ich auf Islay,

eine andere Nacht auf der Isle of Man, eine dritte Nacht schlafe ich auf dem kalten Hügel.«

»Dann müßt Ihr ein großer Reisender sein«, sagte O'Donnell, »vielleicht habt Ihr unterwegs etwas gelernt.«

»Ich bin ein Gaukler«, sprach der Bettler, »und für fünf Silberstücke sollt Ihr meine Kunststücke sehen.«

»Die sollt Ihr haben«, sagte O'Donnell, und der Bettler holte drei kleine Strohhalme hervor und legte sie auf die Handfläche.

»Den in der Mitte blase ich fort«, sagte er, »und die beiden anderen bleiben liegen.«

»Das schafft Ihr nie«, sagte jemend.

Aber der Bettler hielt zwei der Strohhalme mit den Fingern fest, blies und der mittlere Strohhalm wirbelte davon.

»Gut gegeben«, dagte O'Donnell, und er zahlte die fünf Silberstücke.

Der Bursche, der die Wette angenommen hatte, legte die Strohhalme auf seine flache Hand, blies und die ganze Hand flog mit den Strohhalmen.

»Du lernst es nie, und du wirst es nie lernen«, sprachO'Donnell.

»Sechs Silberstücke, O'Donnell, und ich zeige Euch noch ein ganz anderes Kunststück«, sagte der graue hagere Bettler.

»Nur zu!«

»Seht Ihr meine beiden Ohren! Ich werde das eine bewegen und das andere still halten.«

»Sie sind nicht zu übersehen, aber das schafft Ihr nie.«

Der hagere graue Bettler legte eine Hand an das eine Ohr und zog daran, daß es sich bewegte. O'Donnell lachte und zahlte.

»Das sind mit vielleicht Kunststücke«, rief ein bartloser Bursche, »das kann schließlich jeder.«

Und er griff sich ans Ohr, um daran zu ziehen, aber plötzlich hielt er das Ohr in der Hand. »Du wirst auch nie klüger«, sagte O'Donnell.

»Nun, Herr«, sprach der hagere graue Bettler, »einiges habe ich Euch schon geboten, aber was ich jetzt zeige, ist das Geld, das ich dafür verlange, mehr als wert. Wieder sechs Silberstücke?«

»Ihr habt mein Wort«, sagte O'Donnell.
Da griff der graue hagere Bettler in seine Achsel und holte dort einen Beutel mit Seide hervor. Er rollte den Ballen auf und warf die Bahnen so, daß sie eine Leiter hinauf in den blauen Himmel bildeten. Dann nahm er einen Hasen und setzte ihn auf das Tuch, holte einen Hund mit roten Ohren und dieser rannte schnell dem Hasen nach.
»Nun«, sagte der hagere graue Bettler, »will etwa jemand dem Hund nachrennen?«
»Ich will es«, rief ein Bursche.
»Dann fort mit dir«, sagte der Gaukler, »aber ich warne dich, wenn du es zuläßt, daß der Hase getötet wird, schlage ich dir deinen Kopf ab.«
Der Bursche rannte hinterdrein und bald waren die drei verschwunden. Nach einer Weile blickte der hagere graue Bettler auf: »Ich fürchte«, sprach er, »der Hund frißt den Hasen und der Bursche ist eingeschlafen unterwegs.«
Indem er dies sagte, rollte er die Seidenbahnen wieder zusammen und herab kam der Hund mit den roten Ohren, die letzten Brocken vom Fleisch des Hasen gerade noch im Maul.
Der Bettler schlug dem Burschen mit einem Streich den Kopf ab und tötete dann den Hund.
»Das mißfällt mit«, sagte O'Donnell, »ich mag es nicht, daß an meinem Hof ein Bursche und ein Hund getötet werden.«
»Zweimal fünf Silberstücke für jeden«, rief der Gaukler, »und ihre Köpfe sollen wieder auf ihren Schultern sitzen.«
»Einverstanden«, sagte O'Donnell.
Das Geld wurde gezahlt und sieh da, die Köpfe saßen ihnen wieder auf den Schultern, wo sie hingehörten! Und wenn auch beide noch lange lebten, so hat doch der Hund nie mehr einen Hasen angerührt und der Bursche hielt die Augen immer weit offen. Kaum hatte der graue Bettler diese Wunder vollbracht, da war er verschwunden und niemand wußte zu sagen, ob er durch die Luft davongeflogen war oder ob die Erde ihn verschlungen hatte.

Er verschwand wie die Welle, die sich an der nächsten Welle bricht,
so wie ein Wirbelwind auf den anderen folgt,
Wie der fürchterliche Eissturm,
so rasch, so geschwind, so lustig und stolz.
Nichts vermochte ihn aufzuhalten,
bis er kam
zum Hof des Königs von Leinster.
Er setzte mit einem Freudensprung
über die Turmspitze
von Hof und Palast des Königs.

Trüb war der Sinn des Königs von Leinster.

Es war die Stunde, zu der er gewohnt war, sich eine Geschichte erzählen zu lassen. Aber er mochte nach rechts oder nach links einen Boten schicken, alle kamen sie zurück, ohne daß die den Geschichtenerzähler hätten finden können.

»Geh an das Tor«, befahl er dem Türhüter, »und sieh nach, ob dort irgendwer etwas vom Geschichtenerzähler gehört hat.«

Der Türhüter eilte, und wen sah er da? Niemand anderen als den dürren grauen Bettler in verschmutzten Schuhen, das Leder voll Wasser gesogen. Die Ohren schauten durch die Löcher in seinem Hut. Seine Schulterknochen kamen zwischen den Rissen in seinem Umhang zum Vorschein und in den Händen trug er eine Harfe mit drei Saiten.

»Was kannst du?« fragte der Türhüter.

»Ich kann spielen«, sagte der Bettler. »Hab keine Angst«, fügte er an den Geschichtenerzähler gewandt hinzu, »du wirst alles mit ansehen können, aber für die anderen bist und bleibst du unsichtbar.«

Als der König hörte, daß draußen ein Harfenspieler stand, hieß er ihn hereinkommen.

»Man sagt, daß ich die besten Harfenspieler in den fünf Fünfteln von Irland habe«, sagte er , und dann befahl er den Musikanten zu spielen.

Der hagere graue Bettler hörte zu.

»Habt Ihr je dergleichen gehört?« fragte der König. »Habt Ihr, mein König, je eine Katze schnurren gehört, wenn sie vor einer Schüssel mit Brühe sitzt? Habt Ihr das Summen der Käfer im Zwielicht schon einmal gehört, oder eine schrillzüngige Frau, die keift, daß es einem fast den Schädel sprengt?« »Gewiß habe ich das«, sagte der König.

»Die ärgsten Laute von alldem schienen mir melodischer als das Spiel Eurer Musikanten.«

Als die Harfenspieler das hörten, zogen sie ihre Schwerter und warfen sich auf ihn, aber statt ihn zu verletzen, schlugen sie sich gegenseitig den Schädel ein.

Als der König das sah, überlegte er und fand, es sei hart, wenn die Harfenspieler sich nicht mehr damit zufrieden gäben, nur die Musik zu morden, sondern sich nun auch schon gegenseitig totschlügen.

»Hängt diesen Burschen, der an all dem schuld ist«, befahl er, »wenn ich schon keine Geschichte bekomme, will ich wenigstens Frieden haben.«

Heran kam die Wache, ergriff den grauen hageren Bettler, marschierte mit ihm zum Galgen und knüpfte ihn dort auf. Als sie nun wieder zurück in die Halle des Königs kamen, sahen sie doch niemanden anderen als den Bettler dort auf der Bank sitzen und Ale trinken.

»Euch kein Willkommen«, rief der Hauptmann der Wache, »wir haben Euch doch gerade aufgehängt. Wie könnt Ihr dann hier sein?«

»Ob ich es selbst bin, meint Ihr?«

»Wer sonst?« sagte der Hauptmann.

»Mag sich Eure Hand in einen Schweinefuß verwandeln, wenn Ihr daran denkt, die Schlinge zu knüpfen. Warum sprecht Ihr davon, daß Ihr mich aufhängen wollt?«

Zurück eilte die Wache zum Galgen, dort aber hing der Lieblingsbruder des Königs.

Zurück rannten sie zum König, der aber war eingeschlafen. »Bitte, Eure Majestät«, sagte der Hauptmann, »wir haben diesen

Vagabunden dort aufgehängt, aber er ist lebendig und munter, als sei nichts gewesen.« – »Hängt ihn wieder auf«, sagte der König und schlief sofort wieder ein.
Sie taten wie ihnen geheißen, aber als sie nun an den Galgen kamen, hing dort statt des Bettlers der erste Harfenspieler des Königs in der Schlinge. Der Hauptmann der Wache wußte kaum noch ein und aus.
»Wollt Ihr mich etwa noch ein drittes Mal hängen?« fragte der hagere graue Bettler.
»Scher dich fort«, sagte der Hauptmann, »und so schnell wie möglich. Mit dir haben wir gerade genug Ärger gehabt.«
»Jetzt nehmt Ihr langsam Vernunft an«, antwortete der Bettler, »und da Ihr endlich damit aufhört, einen Fremden nur deswegen zu hängen, weil er mit Eurer Musik nicht einverstanden ist, will ich Euch prophezeien, daß Ihr Eure Freunde froh und munter am Fuß des Galgens antreffen werdet.«
Nach diesen Worten war er verschwunden; und der Geschichtenerzähler fand sich wieder an der Stelle, an der er dem grauen hageren Bettler zum ersten Mal begegnet war. Dort standen auch immer noch seine Frau, seine Pferde, seine Hunde und sein Wagen.
»Und nun«, sprach der dürre graue Bettler, »will ich Euch nicht länger plagen. Hier ist Euer Bestitz, hier ist Eure Frau, kurz alles, was Ihr beim Spielen an mich verloren habt. Tut damit, was Euch gefällt.«
»Was den Wagen, die Hunde und die Pferde angeht«, sprach der Geschichtenerzähler, »so danke ich Euch. Meine Frau und mein Geld könnt Ihr behalten.«
»Nein«, antwortete der Bettler, »ich will beides nicht. Und was Eure Frau betrifft, so dürft ihr nicht zu schlecht von ihr denken. Als sie die Hunde auf Euch hetzte, habe ich sie durch Zauber dazu gezwungen. Ich bin kein Bettler und auch nicht so alt und arm wie Ihr vielleicht denkt. Ich bin Angus of the Bruff, und indem Ihr den König mit Euren Geschichten unterhieltet, habt Ihr auch mir so manche gute Tat getan. Heute morgen hörte ich

durch Zauber, in welchen Schwierigkeiten Ihr Euch befandet, und ich beschloß, Euch zu helfen. Was nun Eure Frau betrifft: dieselbe Macht, die Eure Gestalt veränderte, veränderte ihren Sinn. Vergeßt und vergebt, wie Mann und Frau es tun sollten, und jetzt habt Ihr wohl eine Geschichte für den König von Leinster, wenn er Euch zu sich ruft.«

Mit diesen Worten war er verschwunden. Wahrlich, nun hatte der Geschichtenerzähler eine Geschichte und noch dazu eine so recht nach dem Geschmack des Königs. Vom ersten bis zum letzten Augenblick erzählte er alles, was ihm widerfahren war, und so lang und laut lachte der König, daß er in dieser Nacht überhaupt nicht einschlief. Er sagte seinem Geschichtenerzähler, wenn ihm wieder einmal keine Geschichte einfiele, solle er sich nur keine Sorgen machen, sondern ihm dann immer wieder seine Erlebnisse mit den grauen hageren Bettler zum Besten geben. Und wann immer der Geschichtenerzähler davon erzählte, mußte sich der König ausschütten darüber vor Lachen.

Der Pooka oder Púca ist eine Fee in Tiergestalt. Manche leiten seinen Namen von poc (Ziegenbock) ab und betrachten ihn als den Vorvater des Puck bei Shakespeare. Er lebt in einsamen Gebirgen und in alten Ruinen, von denen es in Irland ja mehr als genug gibt. Verräterisch ist die Angabe, daß er immer größer wird, je einsamer es irgendwo ist. Gewöhnlich hat er die Gestalt eines Pferdes oder eines Esels, manchmal aber auch die eines Adlers oder einer Fledermaus. Die bekannteste Geschichte ist die von dem Pooka von Kildare. In ihr tritt er in seiner Tiergestalt, aber als guter Hausgeist auf, eine Rolle, die sonst den Brownies vorbehalten ist. Douglas Hyde berichtet, daß aus einem bestimmten Hügel in Leinster eine schlanke schreckliche Stute hervorkam und mit menschlicher Stimme zu jedermann über den Novembertag sprach. Das Feenwesen gab kluge Antworten, und man konnte es befragen, was einem bis November in einem Jahr zustoßen werde. Die Leute stellten Geschenke an den Hügel, bis Patrick und der Klerus kamen und dies verboten.

Das klingt nach einem Heiligtum der keltischen Pferdegöttin Epona, vielleicht in einer Grotte, an einer Quelle, in der geweissagt wurde. Auf dem Boden der Bundesrepublik hat sich ein solches Heiligtum in einer Quellenhöhle unter anderem im Saarland erhalten. Der Pooka soll Grabräuber vertreiben und aufschrecken. Aber er hilft auch jenen, denen er sich zu Dankbarkeit verpflichtet fühlt. Er vertreibt das Nachtgelichter böser Feen und errettet das Vieh armer Bauern vor dem Ertrinken. Einen armen und verachteten Teufel, wie den Pfeifer aus Dunmore in der Grafschaft Galway, trägt er auf seinem Rücken bis in ein Feenhaus auf dem Croagh Patrick und beschenkt ihn schließlich mit einem Dudelsack, auf dem man die schönste Musik spielen kann, die man je in der Grafschaft zu hören bekommen hat. Er kann aber auch bös und gewaltig als panischer Schrecken auftreten, wie in jener Geschichte, die in gedruckter Form zum ersten Mal in Th. Crofton Crokers 38 Texte umfassender Sammlung »Fairy Legends and Traditions of the South of Ireland« erschien und von den Gebrüdern Grimm in ihrem Band »Irische Elfenmärchen« mit übernommen wurde.*

DAS GEBÜCKTE MÜTTERCHEN*

Margreth Barrett war in ihrer Jugend schlank, artig und wohlgesittet und zeichnete sich durch die Vereinigung zweier Eigenschaften aus, die man nicht oft beisammen findet. Sie war nämlich eine sehr sparsame Hausfrau und zugleich die beste Tänzerin in ihrem Geburtsort, dem Dorfe Ballyhuley. Gegenwärtig ist sie in den Sechzigern. In den letzten zehn Jahren ihres Lebens ist sie nicht mehr imstande gewesen, aufrecht zu gehen. Sie hält sich gebückt; der Kopf berührt fast den Boden, doch ihre Glieder gebraucht sie, soweit das bei dieser Haltung möglich ist, mit völliger Freiheit; ihre Gesundheit ist gut, ihr Geist beweglich, und in der Familie ihres ältesten Sohnes, bei welchem sie seit dem Tod ihres Mannes lebt, verrichtet sie alle häuslichen Arbeiten, welche ihr Alter und jenes Gebrechen zulassen. Sie wäscht die

Kartoffeln, macht Feuer an, kehrt das Haus (lauter Geschäfte, wobei ihr, wie sie mit guter Laune bemerkt, ihr krummer Rücken sehr zustatten kommt), spielt mit den Kindern und erzählt ihren Hausgenossen und den Freunden aus der Nachbarschaft, die sich oft rund um sie beim Feuer versammeln, allerlei Geschichten. Die anziehende Kraft ihrer Unterhaltung wird sehr gepriesen sowohl wegen ihrer guten Laune als auch wegen ihrer Erzählungen; und drollige und scherzhafte Begebenheiten, die sich auf ihre gekrümmte Gestalt beziehen, dann aber das Ereignis selbst, welches schuld an diesem Mißgeschick ist, sind das Lieblingskapitel ihrer Gespräche. So hörte man sie unter anderem erzählen, wie an einem bestimmten Tag, nach einer schlechten Ernte, als verschiedene Pächter dieser Gegend auf dem Feld eine Bittschrift um Verminderung des Pachtgeldes verfaßt hatten, das Papier zum Schreiben auf ihren Rücken gelegt und dieser als ein leidlicher guter Tisch befunden worden war.

Margreth, wie alle gescheiten Erzähler, pflegte sich, sowohl was die Ausführlichkeit als den Inhalt ihrer Geschichten anging, nach den Zuhörern und den Umständen zu richten. Sie wußte, daß bei hellem Tageslicht, wenn die Sonne glänzend scheint, die Bäume knospen, die Vögel rings um uns singen, rührige und gespächige Menschen ihren Geschäften oder Vergnügungen nachgehen; sie wußte, doch gewißlich ohne die Ursache zu kennen oder sich viel darum zu bekümmern, daß wenn wir mit dem wirklichen Leben und der wirklichen Welt beschäftigt sind, der gläubige Sinn fehlt, ohne welchen Erzählungen, die sonst aufs Gewaltigste die Teilnehmer anregen, keinen Eindruck hinterlassen. Doch am Weihnachtsabend bei flackerndem Herd, wenn die Winde kalt um die Mauern pfeifen und durch die Türen des kleinen Hauses dringen und daran erinnern, daß draußen Kräfte stärker als der Mensch am Werke sind, in solchen Stunden pflegte Margreth Barrett ihren Erinnerungen und ihrer Phantasie, oder beiden, ohne Rückhalt nachzugeben, und bei einer solchen Gelegenheit war es, wo sie umständlich erzählte, wie sie zu dieser gekrümmten Gestalt gekommen sei.

»Es war gerade unter allen Tagen im Jahr der Tag vor dem Mai, wo ich hinaus in den Garten ging, die Kartoffeln zu jäten.
Ich wäre den Tag nicht hinausgegangen, wäre ich nicht traurig und kummervoll gewesen und gern für mich allein.
Die Burschen und Mädchen im Haus lachten alle, scherzten und machten Bälle zum Schleudern oder Bänder zurecht für die Vermummtem am folgenden Tage. Ich konnte das nicht ertragen. Am letzten Osterfest war es zehn Jahre her, daß ich meinen armen Mann begraben hatte, und ich dachte daran, wie vergnügt und voller Freude ich gewesen war so manches lange Jahr vorher, eben in jenen Tagen, da Robin neben mir saß und ich die Bänder für den Schleuderball schnitt und nähte, die ich darauf den Burschen gab mit dem Gefühl, allen Mädchen an den Ufern des Blackwaters vorgezogen zu werden, von dem hübschesten und besten Schleuderer in dem Dorf.
Ich verließ das Haus und ging in den Garten. Ich blieb da den ganzen Tag und kam nicht heim zum Essen. Ich weiß nicht, wie es war, und nur soviel, daß ich in kummervollen Gedanken fortfuhr zu jäten, einige von den alten Liedern singend, die ich aber und abermals in den Tagen gesungen habe, die nun dahin sind, vor dem, der nimmer zurückkehrt, sie anzuhören.
Die Wahrheit zu sagen, es war mir unerträglich, hinzugehen und schweigend und finster zu Hause zu sitzen, unter Menschen, die lustig und jung waren und ihre besten Tage vor sich hatten. Es ward spät, ehe ich an die Heimkehr dachte, und ich verließ den Garten erst einige Zeit nach Sonnenuntergang. Der Mond stand am Himmel; kein Wölkchen war zu sehen, hier und da blinkte schon ein Stern. Die Sonne war zwar schon untergegangen, aber der Mond leuchtete noch nicht mit voller Helligkeit. Sein Licht lag bleich und silberfarbig auf den Dingen. Dünne Nebelstreifen zogen über die Felder hin.
In der Richtung gegen Sonnenuntergang war es noch heller. Dort leuchtete es rot und feurig durch die Bäume, als ob unten eine große Stadt in Brand aufloderte. Überall herrschte Schweigen wie auf einem Kirchhof, nur dann und wann hörte man in der

Ferne einen Hund bellen oder eine Kuh brüllen. Kein lebendes Wesen war zu sehen, weder auf dem Wege noch auf dem Feld. Ich wunderte mich erst, dann erinnerte ich mich, daß es der Abend vor Mai war und daß mancherlei, Gutes und Böses, in dieser Nacht umherschwärmte und ich die Gefahren meiden müsse wie jeder andre. Ich ging so rasch zu als ich konnte und gelangte bald an das Ende der Mauer, die das Gut umgibt, wo die Bäume hoch und dicht auf jeder Seite des Weges aufsteigen und sich meist mit den Wipfeln berühren. Mein Herz hatte ein Vorgefühl, als ich unter ihre Schatten kam. Die Öffnung oben ließ so viel Licht herab, daß ich einen Steinwurf weit vor mir sehen konnte.

Plötzlich hörte ich in den Ästen auf der rechten Seite des Weges ein Rascheln und sah etwas, das einem kleinen schwarzen Ziegenbock ähnlich war, nur die langen, breiten Hörner auswärtsgerichtet statt rückwärts gekrümmt; es stand auf den Hinterfüßen am Rand der Mauer und schaute auf mich herab. Der Atem stockte mir, und ich konnte mich fast eine Minute lang nicht bewegen. Ich mußte, wie es auch zuging, meine Augen unverwandt dahin richten, aber es schaute immer starr auf mich herab. Endlich nahm ich mich zusammen und ging fort, aber ich hatte noch keine zehn Schritte getan, als ich dieselbe Erscheinung auf der Mauer zu meiner Linken erblickte, genau in derselben Stellung, nur noch drei- oder viermal so hoch und beinahe so groß wie der größte Mann. Die Hörner sahen schrecklich aus, es starrte mich an wie dort. Meine Beine zitterten, die Zähne schnatterten, und ich glaubte jeden Augenblick, ich würde tot hinfallen. Endlich war es mir, als wäre ich gezwungen zu gehen, und ich ging wirklich fort, aber ich fühlte nicht, wie ich mich bewegte oder wie meine Beine mich trugen. Eben als ich an der Stelle vorbeikam, wo das entsetzliche Wesen stand, hörte ich ein Geräusch, als ob etwas die Mauer herabspränge und hatte ein Gefühl, als wenn ein schweres Tier auf mich stürzte, das, mit den Vorderfüßen mich fest um die Schultern packend, die Hinterfüße in meinen faltigen, zusammengesteckten Rock verwickelte*. Ich wundere mich heute noch, wie ich die heftige Erschütterung ertragen habe, aber ich fiel weder noch schwankte ich bei der Wucht, sondern ging darauf los, als hätte ich die Stärke von zehn Männern; jedoch fühlte ich, daß ich gezwungen war, mich fortzubewegen und nicht die Macht hatte stillzustehen, wie ich es wünschte. Doch ich keuchte ängstlich, ich wußte was ich tat, so deutlich wie ich es in diesem Augenblick weiß; ich versuchte zu schreien, doch ich konnte es nicht, versuchte zu laufen, aber es war nicht möglich, versuchte rückwärts zu schauen, aber Kopf und Nacken waren wie in einen Schraubstock gespannt. Ich konnte nur meine Augen nach beiden Seiten hindrehen, und dann erblickte ich so klar und deutlich, als wäre es in vollem Licht der lieben Sonne, einen schwarzen und gespaltenen Fuß fest auf meine Schulter gelegt. Ich hörte ein leises Atmen in meinem Ohr, ich fühlte, daß bei jedem Schritt, den ich tat, meine Beine an die Füße jenes Wesens stießen, das auf meinem Rücken hing. Endlich sah ich das Haus, und es war mir ein willkommener Anblick, denn ich dachte, ich würde erlöst sein, wenn ich es erreichte. Ich kam bald vor die Türe, doch sie war verschlossen. Ich schaute nach dem kleinen Fenster hin, aber es war ebenfalls geschlossen, die anderen Hausbewohner waren an einem solchen Abend vorsichtiger als ich; ich sah drinnen das Licht. Es drang durch die Spalten der Türe, ich hörte Menschen im Haus reden und lachen. Nur drei Ellen war ich von meinen Verwandten entfernt, die alles getan haben würden, um mich zu retten. Möge Gott mich davor bewahren, noch einmal so zu leiden wie ich in jener Nacht gelitten habe! Etwas Fürchterliches hielt mich fest. Ich war unfähig, mir selbst zu helfen, meine Freunde anzurufen oder meine Hand auszustrecken. Ich konnte weder klopfen noch auch nur meinen Fuß heben, um an die Türe zu stoßen und sie wissen zu lassen, daß ich draußen stand. Es war, als ob meine Hände am Leib festklebten, als ob meine Füße an den Boden geheftet wären und als liege das Gewicht eines Felsens auf ihnen. Endlich kam mir der Gedanke, mich zu bekreuzigen, und meine rechte Hand, die sonst nichts tat, tat es für mich. Die Last blieb auf meinem Rücken, keine Veränderung trat ein. Ich bekreuzigte mich abermals, es blieb wie es gewesen war. Ich gab mich verloren, doch ich bekreuzigte mich zum dritten Mal, und kaum hatte meine Hand das Zeichen ausgeführt, als ich spürte, wie die Last von meinem Rücken sprang. Die Tür fuhr auf, als hätte der Blitz in sie eingeschlagen, ich stürzte vorwärts, fiel mit der Stirne voran auf die Dielen. Als ich wieder aufstand, war mein Rücken krumm. Von jener Nacht an bis zu dieser Stunde konnte ich mich nicht wieder aufrichten.«

Es entstand eine kurze Pause, als Margreth Barrett geendigt hatte. Diejenigen, welche die Geschichte schon kannten, hatten mit dem Ausdruck halb befriedigter Teilnahme zugehört, gemischt indessen mit jenem feierlichen Gefühl, welches eine Erzählung übernatürlicher Wunder erregt. Sich auf ihren Sitzen bewegend, verließen sie die Stellung, in welcher sie während der Erzählung verharrt hatten und nahmen eine andere an, welche zu erkennen gab, daß ihre Neugierde in Beziehung auf die Ursache dieser seltsamen Begebenheit schon längst befriedigt war. Diejenigen aber, welche sie noch nicht gekannt hatten, behielten den Ausdruck und die Stellung gespannter Aufmerksamkeit und ängstlicher, aber feierlicher Erwartung. Ein Enkel der Margreth von etwa neun Jahren (doch kein Kind des Sohnes, bei welchem sie lebte), hatte noch nie die Geschichte gehört. So wie seine Aufmerksamkeit wuchs, drängte er sich immer fester an die Seite der alten Frau, und beim Schluß schaute er unverwandt nach ihr hin, mit seinem Leib über ihre Knie zurückgebogen, und sein Gesicht zu ihr aufgerichtet, mit einem Ausdruck, in welchem die Neigung zu weinen mit der Neugierde zu kämpfen schien. Nach einem augenblicklichen Stillschweigen konnte er nicht länger seine Neugierde bezähmen, und ihre grauen Locken mit einem Händchen fassend, während Tränen der Furcht und des Erstaunens gerade von seinen Augenwimpern herabtröpfelten, rief er: »Großmutter, wer war das?« Margreth lächelte erst nach dem ältern Teil der Zuhörer, dann nach ihrem Enkel hin, und ihm sanft über die Stirn streichelnd sagte sie: »Es war die Pooka!«

Daß es nicht nur auf oder vielmehr unter der Erde Feen gibt, sondern auch in und unter dem Wasser, kann, wenn man um die Anfänge der Vorstellung von der Anderswelt weiß, nicht erstaunen. Die Anderswelt der Ufer, Strände und des Meeres ist bevölkert mit den Merrows und Silkies.

Bei schönem wie bei schlechtem Wetter sitzt der Merrow auf einem Felsen und hält nach Treib- oder Strandgut von untergegangenen Schiffen Ausschau. Er ist ein umgänglicher Bursche mit einer roten Nase, hat einen grünen Leib, grüne Haare und grüne Zähne, Schweinsaugen, Flossen statt Arme und ist immer nackt.

Die Seefrau, das weibliche Gegenstück zum Merrow, ist hübsch, grazil, hat einen langen Fischschwanz und feine, spinnwebartige Häute zwischen den Fingern. Ihr Kleid ist so weiß wie der Schaum der See und mit purpurnem Seegras bestickt. Ihr Haar, in dem etwas Salz aus dem Meereswasser klebt, schimmert wie Tau. Wie der Merrow trägt auch sie einen roten Hut. Sie hat spöttische Augen und um die Schultern einen dunklen Überwurf, der auf ihren hübschen Busen mehr neugierig macht, als daß er ihn verhüllt.

Die Seefrauen verlocken sterbliche Männer mit ihrer exotischen Schönheit. Sie holen sich einsame Fischer auf ihren Lieblingsfelsen zum Tête-à-tête. Kommt ihnen auf See ein Boot zu nahe, so tauchen sie unter und ihr Gelächter wirkt als Liebeszauber.

Wo sie sich im Meer an der Wasseroberfläche sehen lassen, wissen die Fischer, daß der Sturm nicht weit ist.

Auf See sind sie ebenso wild wie schön, während sie auf Land scheu und unterwürfig werden. Fischer, die wegen der Auswanderung der Bevölkerung ganzer Ortschaften keine Frau fanden, pflegten an der Küste spazieren zu gehen, in der Hoffnung, auf eine Seefrau zu treffen.

Gelingt es einem Sterblichen, einer Meerfrau ihre rote Kappe oder ihren dunklen Umhang wegzunehmen, so vergißt sie ihre wäßrige Herkunft und ist auch bereit, ihn zu heiraten. Sie wird ihm eine gute Ehefrau sein, sehr gewissenhaft all ihre häuslichen und erotischen Pflichten erfüllen, sich allerdings nie ganz an das Landleben gewöhnen. Eine verheiratete Meerfrau lacht selten und schließt ungern nähere Bekanntschaft mit irdischen Frauen.

Wenn sie ihre rote Kappe wiederfindet, die ein vorsichtiger Ehemann sorgfältig zu verstecken pflegt, erinnert sie sich an ihr Leben in der maritimen Anderswelt, gibt Heim, Kinder und Mann auf und verschwindet wieder in die See.
Weniger unheimliche Geschöpfe als die Meerfrauen sind die Silkies. Sie sind bei Tag Seehunde und bei Nacht Frauen. Leise tauchen sie aus den Wellen auf und lassen ihre Schwimmhäute auf dem Strand zurück. Jedem, der sie ihnen fortnimmt, müssen sie bedingungslos gehorchen. Auch die Silkies sind gute Ehefrauen, aber häufig verlassen sie die Häuser der Sterblichen, wandern zu Klippen am Meer, wo sie schweigend dasitzen und melancholisch in die Fluten starren. Wenn sich ihre als Matrosen oder Fischer tätigen Ehemänner auf dem Meer verirrt haben, sitzen sie auf den Klippen und geleiten sie mit einem seltsamen überhohen Gesang sicher in den Hafen und in ihre Arme.
Eine Feengeschichte voller drastischem Humor und dem Sprachwitz ländlicher Erzähler steht in Th. Crofton Crokers »Legends of the South of Ireland«, seiner 1825 erschienenen Sammlung.

DIE SEELENKÄFIGE*

Jack Dogherty lebte an der Küste in der Grafschaft Clare. Jack war ein Fischer, so wie schon sein Vater und sein Großvater Fischer gewesen waren. Wie sie, so wohnte auch er allein, und das bedeutete, eben nur zusammen mit seiner Frau, in einer abgelegenen Gegend. Manche Leute nahm es wunder, daß es die Doghertys auf diesem wilden Fleck zwischen gewaltigen zertrümmerten Felsen, vor sich nichts als die Weite des Ozeans, aushielten. Aber die Doghertys wußten sehr wohl, warum sie gerade dort lebten.
Es war tatsächlich die einzige Stelle an diesem Küstenstrich, wo es sich wirklich gut leben ließ. Es gab dort einen hübschen kleinen Bach, in dessen Mündung man ein Boot verankern konnte, und es lag dann dort so gemütlich da wie eine Möwe in ihrem Nest.

Vom Meeresufer fielen Felsklippen schräg bis weit hinaus in großen Platten ab. Wenn nun draußen auf dem Atlantik ein kräftiger Weststurm blies, ging an diesem Felsen so manch vollbeladenes Schiff in Trümmer, und die Ballen mit Baumwolle und Tabak, die Weinschläuche, die Rumtonnen, Zuckersäcke und Karaffen voller Genever fanden ihren Weg ans trockene Land. Dunbeg Bay war für die Doghertys eine wahre Goldgrube.

Was die armen, in Seenot geratenen Matrosen anging, so taten die Doghertys ihre Christenpflicht. In diesem Punkt war ihnen nichts nachzusagen. Auch bei grober See fuhr dann Jack mit seinem kleinen curragh, das sich an Seetüchtigkeit gewiß nicht mit Andrew Hennessys mit Segeln bestücktem Rettungsboot messen konnte, hinaus, die Mannschaft von einem Wrack zu bergen.

Aber wenn ein Schiff schon völlig zerschlagen dalag und seine Mannschaft längst ertrunken war, wer konnte es dann Jack verargen, wenn er mitnahm, was da noch in den Lagerräumen herumstand oder in der aufgeregten See herumschwamm?

»Wer wird dabei geschädigt?« pflegte Jack zu sagen. »Was den König angeht, Gott hab ihn selig, so weiß jeder, daß er reich genug ist, auch wenn er nichts von dem mitbekommt, was die See uns schenkt.«

Wenn nun Jack auch das Leben eines Einsiedlers führte, so war er doch ein lustiger und gutmütiger Bursche. Kein anderer hätte es wohl fertiggebracht, die hübsche Biddy Mahony herumzukriegen, die das gemütliche und warme Haus ihres Vaters mitten in der Stadt Ennis verließ, um von nun an als Jacks Frau viele Meilen fort inmitten von Felsen zu leben, als nächste Nachbarn nur Seehunde und Seemöwen.

Aber Biddy wußte, daß Jack ein Mann war, der eine Frau glücklich machen konnte.

Er belieferte alle Häuser der reichen Leute in der Grafschaft mit dem besten Fisch, und auch für das, was das Meer sonst noch herschenkte, fanden sich dort Abnehmer, die nicht schlecht zahlten. Nein, Jack hatte gewiß eine gute Wahl getroffen. Es gab keine Frau weit und breit, bei der man besser aß, mit der zusam-

men man besser trank, bei der man weicher schlief und die am Sonntag in der Kirche eine bessere Figur machte als Biddy.
Jack hatte im Laufe seines Lebens so mancherlei Seltsames zu Gesicht bekommen, und man kann auch sicher sein, daß ihm bei seinem Beruf manch Furchtbares zu Ohren kam. Aber das focht ihn nicht an. Was nun die Nixen, Meeresfrauen und die Merrowa, die Wassermänner, betraf, so hatte er vor dererlei Gelichter keine Angst. Im Gegenteil, im stillen wünschte er sich schon längst, einmal einer Meeresfrau zu begegnen. Er hatte gehört, sie seien in vielem Christenmenschen ganz ähnlich. Er war neugierig. Und manchmal kam er sich so allein vor – trotz Biddy.
Also kam es dahin, daß er geradezu verzweifelt nach Meeresfrauen Ausschau hielt, und das waren die Tage, an denen er auch nicht einen einzigen Fisch heimbrachte, was dann seine Frau jedesmal sehr verwunderte.
Arme Biddy! Sie ahnte nicht, hinter welchen Fischen er her war.
Es ging Jack schließlich ziemlich nahe, daß er in einer Gegend wohnte, in der Meeresfrauen so zahlreich sein sollten wie Hummer und er dennoch noch nie eine aus der Nähe gesehen hatte.
Sein Pech erboste ihn um so mehr, als er wußte, daß sowohl sein Großvater wie auch sein Vater ständig Umgang mit Wasserfrauen und Wassermännern gehabt hatten.
Er erinnerte sich sogar daran, als Kind gehört zu haben, daß sein Großvater, damals das Familienoberhaupt, im Sinn gehabt hatte, eine der Meeresfrauen, die sich in der Bachmündung tummelten, zur Patin seines Kindes zu machen. Angeblich war er nur davon abgekommen, weil er einen Zornesausbruch des Priesters fürchtete. Endlich besann sich das Glück darauf, daß es nur recht und billig sei, auch Jack das zu bescheren, was seinem Vater und seinem Großvater vor ihm zuteil geworden war.
Als er eines Tages an der Küste nordwärts ging, etwas weiter als gewöhnlich, schaute draußen etwas von einem Felsen herüber. Soweit er dieses Etwas aus der Ferne erkennen konnte, hatte es einen schlanken, grünen Körper. Er hätte aber schwören können, daß dieses Wesen einen Zylinderhut in der Hand hielt.

Jack starrte sich fast eine halbe Stunde lang die Augen aus dem Kopf und rührte weder Hand noch Fuß. Endlich war es mit seiner Geduld zu Ende. Er pfiff schrill durch die Zähne und rief einen Gruß hinüber.
Da setzte das Wesen tatsächlich den Zylinderhut auf, sprang von dem Felsen ins Wasser und war verschwunden.
Jacks Neugier war jetzt wachgekitzelt. Tag für Tag lief er zu der Stelle, aber nie bekam er den Wassermann mit dem Zylinderhut zu Gesicht.
Er dachte lange über die Sache nach, ärgerte sich, daß es in seinem Fall ausgerechnet ein Wassermann und keine Meeresfrau gewesen sei, und gab sich schließlich mit der Feststellung zufrieden, er müsse alles wohl nur geträumt haben.
An einem stürmischen Tag, als die See die Wellen haushoch türmte, beschloß er dann aber doch, wieder einmal auf dem Felsen nachzusehen. Und tatsächlich, da turnte jemand herum, sprang ins Wasser, tauchte auf, erklomm abermals den Felsen und war nach einem Kopfsprung wieder verschwunden.
Jack wußte jetzt, was er zu tun hatte. Wenn er den Wassermann sehen wollte, brauchte er nur einen Tag mit stürmischer See abzuwarten und an den Strand gegenüber dem Felsen gehen. Aber damit gab er sich nicht zufrieden. Wer etwas hat, will immer mehr. Er wollte den Wassermann näherkennenlernen.
An einem besonders stürmischen Tag, als sich Jack auf dem Weg zu seinem Beobachtungsplatz befand, drückte der Wind das Wasser so stark landeinwärts, daß Jack in einer der zahlreichen Höhlen Zuflucht suchen mußte, die es dort an der Küste gibt.
Dort sah er sich plötzlich einem Wesen mit grünen Haaren, langen grünen Zähnen, einer roten Nase und Schweinsaugen gegenüber. Es hatte einen Fischschwanz, an den Oberschenkeln Schuppen, und die Beine waren recht kurz. Das Wesen trug keine Kleider, hatte aber einen Zylinder unter dem Arm und schien angestrengt über irgend etwas nachzudenken.
Jack nahm all seinen Mut zusammen. Jetzt oder nie, sagte er sich.

Er trat also vor den Wassermann hin, zog seine Mütze, machte eine Verbeugung und sagte: »Zu Ihren Diensten, Herr.«
»Zu deinen Diensten mit Freuden, Jack Dogherty«, antwortete der Wassermann.
»Ich staune, daß Sie meinen Namen kennen«, sagte Jack.
»Wie werde ich den Namen von Jack Dogherty nicht kennen. Mein lieber Freund, ich war schon mit deinem Großvater befreundet, noch ehe er Judy Regan zur Frau nahm. Ach Jack, ich habe deinen Großvater wirklich gemocht. Er war ein ganzer Mann. Wenn es daran ging, ein Glas Brandy zu leeren, konnte man immer auf ihn rechnen«, sagte der Wassermann und zwinkerte lustig mit seinen Äuglein. »Ich hoffe, du bist in dieser Hinsicht deinem Großvater nachgeschlagen.«
»Das will ich meinen«, antwortete Jack, »wenn meine Mutter mich mit Brandy gestillt hätte, hinge ich heute noch an ihren Brüsten.«
»Es tut gut, jemanden so mannhaft reden zu hören. Wir beide müssen näher miteinander bekannt werden. Das sind wir deinem Großvater schuldig.«
»Ich stelle mir vor«, sagte Jack, »da Euer Ehren unter Wasser leben, werden Euer Ehren gewiß gezwungen sein, viel zu trinken, um sich an einem so scheußlich feuchten Ort warm zu halten. Nun, man sagt ja selbt von manchen Christenmenschen, sie würden trinken wie die Fische. Darf ich mir die Frage erlauben: woher bezieht Ihr denn Euren Schnaps?«
»Woher beziehst du denn deinen, Jack?« fragte der Wassermann und rieb sich seine rote Nase zwischen den Zeigefinger und Daumen.
»Hubbuhoo«, rief Jack, »jetzt sehe ich, wie es mit Euch steht. Aber ich nehme an, Euer Ehren haben dort unten irgendwo einen guten, trockenen Keller.«
»Reden wir nicht vom Keller«, sagte der Wassermann und blinzelte wissend mit dem linken Auge.
»Ich könnte mir vorstellen«, fuhr Jack fort, »daß Euer Keller eine Besichtigung wert wäre.«

»Das kann man wohl sagen«, antwortete der Wassermann, »und wenn du am nächsten Montag wieder hier zur Stelle bist, können wir miteinander über diese Angelegenheit noch ein bißchen weiterplaudern.«

Jack und der Wassermann schieden als gute Freunde. Und als sie sich am nächsten Montag wieder trafen, war Jack nicht wenig erstaunt, als er sah, daß der Wassermann diesmal zwei Zylinderhüte trug.

»Wenn die Frage erlaubt ist«, sagte Jack, »warum haben denn Euer Ehren heute zwei Zylinderhüte bei sich? Hattet Ihr etwa im Sinn, mir einen davon zu verehren... als Andenken an diese ungewöhnliche Begegnung?«

»Nein, nein, Jack«, sagte der andere, »so leicht komme ich auch nicht zu diesen Hüten, daß ich sie auf diese Weise wegschenken würde; aber ich wollte dir vorschlagen, mir mir hinunterzutauchen und zum Essen mein Gast zu sein. Deshalb habe ich den Hut mitgebracht.«

»Der Herr segne und beschütze mich«, rief Jack erstaunt, »ich soll mit Euch auf den Grund des salzigen Ozeans tauchen. Die Wogen würden mich doch gewiß zermalmen, ich würde erstikken, ganz abgesehen davon, daß ich wohl dann auch noch ertrinken müßte. Und was soll dann aus meiner armen Biddy werden? Was würde die wohl dazu sagen?«

»Ach, was Frauen sagen...! Wer kümmert sich denn um Weibergekeif! Dein Großvater hätte gewiß nicht so gesprochen. Wie oft habe ich ihm diesen Hut aufgesetzt, und dann ist er kühn mir nachgetaucht. Und all die guten Mahlzeiten und die vielen kleinen Gläschen Brandy, die wir dort unten genossen haben.«

»Meinen Euer Ehren es ernst oder macht Ihr einen Spaß?« fragte Jack. »Nun denn, Klage über mich für Jahr und Tag, wenn ich meinem Großvater an Tapferkeit auch nur um ein Deut nachstehe. Auf denn ... aber bitte keine faulen Tricks. Ich bin dabei, mag's auch um Kopf und Kragen gehen!« rief Jack.

»Der Großvater wie er leibt und lebt«, sagte der Wassermann, »also los, und mach genau das, was ich auch mache.«

Sie verließen die Höhle, sprangen ins Wasser und schwammen ein Stück, bis sie den Felsen erreichten. Der Wassermann kletterte hinauf und Jack folgte ihm. Auf der vom Land abgewandten Seite war es so steil wie eine Hauswand. Tief unter ihnen lag das Meer.
»Nun denn, Jack«, sprach der Wassermann, »setz diesen Hut auf und halt deine Augen weit offen. Halt dich an meinem Schwanz fest. Immer mir nach, und du wirst sehen, was es zu sehen gibt.«
Dann brachen sie auf. Sie schwammen und schwammen, und Jack meinte schon, der Weg werde nie ein Ende nehmen. Manchmal wünschte er sich, daheim vor seinem Feuer zu sitzen, neben sich Biddy. Aber was hatte das für einen Sinn, sich so etwas zu wünschen, da er sich doch viele Meilen unter den Wellen des Atlantischen Ozeans befand? Also hielt er sich immer brav an dem Schwanz des Wassermannes fest, und zum Schluß stiegen sie tatsächlich aus dem Wasser und hatten wieder festen Boden unter den Füßen. Sie landeten vor einem hübschen Haus, dessen Dach mit Austernschalen gedeckt war. Der Wassermann wandte sich um und hieß Jack einzutreten. Vor Staunen konnte Jack kaum sprechen. Er vermochte kein Lebenwesen zu entdecken, außer vielen Krabben und Hummern, die ganz vergnügt über den Sand spazierten. Über ihnen war die See wie ein Himmel, und die Fische, die dort schwammen, sahen aus wie Vögel.
»Warum sagst du nichts?« fragte der Wassermann. »Ich möchte wetten, so gemütlich hast du es dir nicht vorgestellt. Nun, bist du erstickt, bist du zermalmt worden, bist du ertrunken? Hast du Sehnsucht nach deiner Biddy?«
»Nein, alles in Ordnung«, sagte Jack mit einem gutmütigen Grinsen, »aber wer in aller Welt hätte gedacht, daß es solche Dinge zu sehen gibt?«
»Jetzt komm. Wollen mal schauen, was es zu essen gibt.«
Jack war wirklich hungrig, und es machte ihm Freude, als er sah, daß aus dem Schornstein des Hauses eine Rauchfahne aufstieg. Sie kamen in eine Küche, in der war alles vorhanden, was es braucht.

Es gab dort Schüsseln und viele Pfannen und Töpfe, und zwei junge Wassermänner kochten. Sein Gastgeber aber führte ihn in ein Zimmer, das schäbig genug möbliert war. Kein Tisch und kein Stuhl, nur Bretter und Holzstämme, um sich hinzustezen. Wenigstens brannte im Kamin ein helles Feuer, ein Anblick, der auf Jack beruhigend wirkte.

»Komm, ich will dir jetzt zeigen, wo ich … na, du weißt schon was, aufbewahre«, sprach der Wassermann mit einem schlauen Lächeln und öffnete eine kleine Tür. Und dann führte er Jack in einen Keller, in dem drängten sich nur so die Flaschen, Fässer und Fäßchen.

»Was sagst du dazu, Jack Dogherty? Nun, du siehst, auch unter Wasser läßt sich's aushalten.«

»Kein Zweifel«, sagte Jack und schnalzte mit der Zunge.

Sie gingen in den anderen Raum zurück und dort war das Essen gerichtet. Es gab kein Tischtuch. Aber das war nicht so schlimm. Auch zu Hause bei Jack wurde nicht jeden Tag ein Tischtuch aufgelegt.

Das Essen hingegen hätte sich in dem besten Haus des Landes sehen lassen können. Es gab Fische, Hummer und Austern. Dazu aber kredenzte man die besten ausländischen Spirituosen. Wein, sagte der Merrow, sei hier unten zu kalt für den Magen. Jack aß und trank, bis er fast barst, dann nahm er sein Glas und sagte:

»Auf Eure Gesundheit, Euer Ehren. Ich bitte um Verzeihung. Wir kennen uns nun schon eine ganze Weile, aber Euren Namen weiß ich immer noch nicht.«

»Stimmt«, sagte der andere, »das habe ich ganz vergessen. Ich heiße Coomara.«

»Ein mächtig auständiger Name«, rief Jack, »auf Eure Gesundheit und möget Ihr die nächsten fünfzig Jahr noch erleben.«

»Fünfzig Jahre«, sagte Coomara, »sehr nett. Wenn du fünfhundert gesagt hättest, wäre es etwas gewesen, das zu wünschen sich lohnt.«

»Bei den Gesetzen«, rief Jack, »Ihr bringt es auf ein beträchtli-

ches Alter, hier unter Wasser. Ihr habt meinen Großvater noch gekannt. Er ist schon lange tot. Hier muß es sich aushalten lassen.«
»So ist es. Aber komm, Jack. Schnaps darf nicht stehn, er muß fließen.«
So leerten sie Glas um Glas, doch zu Jacks Erstaunen wurden sie nicht betrunken. Das mochte, so überlegte er sich, daher kommen, daß das Meer ihre Köpfe kühl hielt.
Der alte Coomara schien sich sehr wohl zu fühlen und begann zu singen. Aber von all den Liedern, die er da sang, konnte sich Jack später nur an einen Refrain erinnern:

Rum fum, budel bum.
Rippel dippel, nippel not,
Rippel fappel, foddel fot
Raffel taffel, knudel schwum.

Was das bedeuten sollte, fand er nie heraus. Vielleicht hatte es ja auch gar nichts zu bedeuten, wie das ja bei vielen leider heute so ist. Schließlich sagte Coomara zu Jack:
»Nun, mein Junge, will ich dir auch noch mein Kuriositäten-Kabinett zeigen.«
Darauf führte er Jack in einen Raum, in dem standen auf Brettern an der Wand viele Tausende von Hummerkörben.
»Nun, was sagst du dazu?« fragte Coomara.
»Bei meiner kleinen Seele«, antwortete Jack, »das kann sich sehen lassen, aber dürfte ich vielleicht erfahren, was es mit diesen Dingen auf sich hat, die wie Hummerkörbe aussehen?«
»Ach, die Seelenkäfige meinst du?« – »Bitte, was, Herr?«
»In diesen Körben pflege ich die Seelen aufzubewahren.«
»Arrah! Wessen Seelen?« fragte Jack, »Ihr wollt doch nicht behaupten, daß Fische Seelen haben.«
»O nein«, erwiderte Coo ganz kühl, »Fische haben keine Seele, es handelt sich um die Seelen der ertrunkenen Matrosen.«
»Der Herr bewahre uns vor Kummer«, stammelte Jack, »wie in aller Welt seid Ihr zu diesen Seelen gekommen?«
»Ganz einfach. Wenn ein Sturm aufkommt, setze ich ein paar

von diesen Körben aus, und dann, wenn Matrosen ertrunken sind und ihre Seelen den Körper verlassen, sind sie so zu Tode erschrocken, weil sie die Kälte nicht gewöhnt sind, daß sie Zuflucht in diesen Körben suchen. Ich nehme sie mit heim, und hier haben sie es trocken und warm. Ist doch gut für die armen Seelen, daß es hierzulande noch eine solche Unterkunft für sie gibt!«

Jack war wie vom Donner gerührt. Er konnte kein Wort mehr hervorbringen. Sie gingen zurück in das Speisezimmer, und nach ein paar Gläsern Brandy, der wieder ausgezeichnet schmeckte, stand Jack auf. Er sagte zu Coo, jetzt sei es für ihn Zeit, an den Heimweg zu denken.

»Wie du willst, Jack«, sagte Coo, »aber nimm doch noch ein Gläschen auf den Weg. Du hast eine kühle Reise vor dir.«

Jack wußte, daß es unhöflich ist, jemandem einen Abschiedsschluck abzuschlagen.

»Ich frage mich nur«, sagte er, »wie komme ich jetzt nur wieder nach Hause?«

»Mach dir keine Sorgen«, sagte Coo, »ich zeig dir schon den Weg.«

Sie traten vor das Haus. Coomara nahm einen der Zylinder und setzte ihn zugeklappt Jack auf den Schädel, dann hob er Jack hoch, so daß er mit dem Kopf ins Wasser eintauchte.

»Gute Reise«, rief er dann, »du kommst genau an der Stelle aus dem Wasser, an der du mit mir hineingestiegen bist. Und noch eines Jack, wenn du oben bist, vergiß bitte nicht, den Hut wieder ins Wasser zu werfen. Wenn du mich aber einmal sprechen willst, dann wirf an dieser Stelle einen großen Stein in die Fluten.«

Darauf ließ er Jacks Beine los, und dieser schoß wie eine Luftblase nach oben und kam tatsächlich an eben diesem Punkt der Küste an Land, von dem sie aufgebrochen waren.

Er warf den Hut ins Wasser, und dieser versank auf der Stelle, als sei er schwer wie ein Stein.

Die Sonne war eben untergegangen, und Jack sah in einen ruhigen Sommerabendhimmel. Ein einzelner Stern zeigte sich schon, und die Wellen des Atlantik spiegelten seine Strahlen.

Es war schon recht spät, und Jack beeilte sich, heimzukommen. Daheim erzählte er Biddy wohlweislich kein Wort von seinen Abenteuern.
Aber das Bild der Hummerkörbe mit den armen Seelen beschäftigte ihn doch sehr, und er überlegte hin und her, wie er es anstellen könne, die Seelen der Matrosen zu befreien. Zuerst hatte er vor, mit dem Priester darüber zu reden. Aber was konnte ein Priester in diesem Fall schon tun, und was scherte sich Coo um einen Priester? Außerdem war Coo ja doch ein ganz netter Kerl und dachte sich wohl nichts Böses dabei. Jack mochte Coo.
Schließlich überlegte er sich, das beste werde wohl sein, Coo einmal zu sich zum Essen einzuladen, ihn betrunken zu machen und dann hinunterzufahren und die armen Seelen freizulassen.
Dazu war es zunächst einmal nötig, daß Biddy aus dem Weg war, denn Jack war gescheit genug, auch weiterhin all das vor ihr geheimzuhalten.
Jack gab sich nun plötzlich sehr fromm. Er sagte zu Biddy, es könne für ihr beider Seelenheil nicht schaden, wenn sie einmal eine Wallfahrt zur Saint John's Quelle bei Ennis unternehme. Biddy fand diesen Vorschlag nicht schlecht, würde sie doch bei diesem Ausflug auch ihre Verwandten wieder einmal besuchen können. Also brach sie eines schönen Morgens auf, nicht ohne Jack noch einmal eingeschärft zu haben, er solle ja im Haus nach dem Rechten sehen, solange sie nicht da sei.
Die Luft war rein. Fort lief Jack zu dem Felsen und gab Coomara das verabredete Zeichen für eine Zusammenkunft. Er warf den Stein ins Wasser, und schwupp, schon tauchte Coo auf.
»Guten Morgen, Jack«, sagte er, »was gibt's denn so früh am Morgen?«
»Nichts Besonderes«, antwortete Jack, »ich wollte Euch nur fragen, ob Ihr Lust hättet, heute zu mir zum Essen zu kommen.«
»Gern, Jack. Um wieviel Uhr wär's denn recht?«
»Wann es Euch beliebt ... nun, sagen wir gegen eins. Dann bleibt genug Zeit, daß ihr noch bei Tageslicht wieder heimkommt.«

»Abgemacht«, sagte Coo, »bis dann...!«
Jack lief heim, kochte ein herrliches Fischessen und stellte soviel Schnaps auf den Tisch, daß man zwanzig Mann hätte betrunken machen können. Auf die Minute genau war Coo zur Stelle, seinen Zylinderhut unter dem Arm.
Das Essen war fertig, Sie setzten sich zu Tisch, ließen es sich schmecken und tranken, wie nur Männer trinken können.
Jack, der an die armen Seelen dachte, schenkte Coo eifrig nach, ermunterte ihn zu singen und hoffte, es werde ihm gelingen, den Wassermann unter den Tisch zu trinken. Er hatte aber nicht daran gedacht, daß er nun nicht mehr das ganze Meer über sich hatte.
Der Brandy stieg ihm in den Kopf, und als Coo abschob, lag sein Gastgeber stocksteif da wie ein Hering am Karfreitag.
Jack wachte erst am anderen Morgen wieder auf. Er fühlte sich elend.
»Das schaffe ich nie«, sagte er sich, »diesen alten Trunkenbold kann ich einfach nicht unter den Tisch trinken. Wie in aller Welt kann ich dann aber den armen Seelen in den Hummerkörben helfen?«
Nachdem er einen ganzen Tag mit Nachdenken sich abgequält hatte, kam ihm endlich ein erleuchtender Gedanke.
»Ich hab's«, rief er und schlug sich auf die Schenkel, »ich möchte schwören, daß Coo nie einen Tropfen poteen getrunken hat, so alt er auch ist. Damit kommen wir ans Ziel. Nur gut, daß Biddy zwei Tage fort ist, und ich alles noch einmal versuchen kann.«
Jack lud Coo also wieder zu sich ein, und Coo fragte teilnahmsvoll, ob es ihm inzwischen besser gehe, ein so standfester Trinker, wie sein Großvater einer gewesen sei, werde wohl aus ihm nie.
»Schon gut«, meinte Jack, »versuchen wir's noch einmal. Ich wette, heute trinke ich mit Euch, bis Ihr betrunken, wieder nüchtern und abermals wieder betrunken seid.«
»Da halt ich mit«, sagte Coo, »bin dir sehr verbunden.«
Während des Essens achtete Jack darauf, daß sein Schnaps immer

reichlich mit Wasser verdünnt war, während er Coo den stärksten Brandy, den er im Keller hatte, einschenkte. Schließlich sagte er:
»Und nun, Euer Ehren ... habt Ihr je in Eurem Leben poteen getrunken? Den echten Gebirgstau?«
»Nein«, sagte Coo, »was ist denn das, wo kommt das Zeug denn her?«
»Oh, das ist mein Geheimnis«, antwortete Jack, »aber es ist ein gutes Stöffchen, das dürft ihr mir glauben, fünfzigmal besser als Brandy oder Rum. Biddys Bruder hat mir einen Tropfen davon geschickt, im Tausch gegen Brandy, und da Ihr ja ein Freund der Familie seid, möchte ich Euch gern damit bewirten.«
»Nun, wollen sehen, wie das Zeug schmeckt«, sagte Coomara.
Der poteen war von der rechten Sorte. Er war erstklassig, und er schlug ein. Coo war entzückt, er trank und sang »Rum fum, budel bum«, bis er zu Boden stürzte und augenblicklich fest einschlief. Sofort schnappte sich Jack, der eisern darauf geachtet hatte, daß er nüchtern blieb, den Hut, rannte zum Felsen, sprang in die Fluten und kam bald darauf in Coos Klause an.
Alles war still, wie auf einem Friedhof um Mitternacht – kein Wassermann, ob alt oder jung, war zu sehen. Er lief in das Kuriositäten-Kabinett und öffnete die Hummerkörbe. Zu sehen gab es da nichts. Nur eine Art Pfeifen und Zirpen ließ sich vernehmen. Darüber war er erstaunt, bis ihm einfiel, daß der Priester häufig erklärt hatte, kein Sterblicher könne die Seele sehen, wie man ja auch den Wind oder die Luft nicht sehen kann.
Nachdem er glaubte, alles Nötige sei geschehen, um den armen Seelen ihre Freiheit wiederzugeben, stellte er die Hummerkörbe wieder an ihren Platz, schickte den Seelen ein Gebet nach und machte sich dann Gedanken über seine Rückkehr ins Diesseits.
Er setzte den Zylinder so auf, wie er ihm von Coo bei seinem ersten Aufstieg aufgesetzt worden war, stellte aber dann fest, daß das Wasser hoch über seinem Kopf war, daß er es nicht schaffte, hinzugelangen, jetzt da kein Wassermann da war, der ihn hätte

hochheben können. Er ging auf die Suche nach einer Leiter, konnte aber keine finden. Endlich gelangte er zu einer Stelle, an der das Wasser ziemlich weit nach unten durchhing.

Gerade in diesem Augenblick kam ein Heilbutt oben vorbei und ließ seine Schwanzflosse herabhängen. Jack schnellt hoch, bekam die Flosse des Fisches zu fassen, der Fisch wollte davon und zog ihn mit. Im Nu gelangte Jack zu dem Felsen zurück und schickte sich an, von dort aus nach Hause zu eilen. Dabei bedachte er nicht ohne Selbstgefälligkeit die gute Tat, die ihm gelungen war.

Unterdessen war daheim die Hölle los, denn kaum war Jack zu seiner Befreiungsexpedition aufgebrochen, da kam Biddy von ihrer Wallfahrt zurück. Als sie das Haus betrat, stieß sie auf ein unglaubliches Durcheinander, wie es eben entsteht, wenn ein Mann zweimal kocht.

»Das sieht ja heiter aus hier«, rief sie aus, »wie konnte ich nur diesen Mann heiraten. Offenbar hat er einen Vagabunden von der Landstraße hereingeholt, während ich für sein Seelenheil gebetet habe. Und was dann geschehen ist, läßt sich leicht erraten. Er hat mit ihm das Tröpfchen poteen getrunken, das noch übrig war.«

Aber es sollte noch schlimmer kommen.

Sie hörte fremdartige Laute und blickte auf Coomara, der unter dem Tisch lag und schnarchte.

»Heilige Jungfrau hilf«, schrie sie, »der Schnaps hat ihn in ein wildes Tier verwandelt. Klar doch, ich habe oft sagen hören, daß der Alkohol Männer zu Tieren werden läßt. Ach Jack, Lie... Liebling, was soll ich nur mit dir machen, oder was soll ich ohne dich machen? Wie kann eine anständige Frau daran denken, mit einem Tier zusammenzuleben?«

Unter solchen Wehklagen rannte Biddy aus dem Haus und wußte nicht wohin, als sie plötzlich Jacks vertraute Stimme hörte.

Froh genug war sie, ihn heil und gesund vor sich zu sehen.

Jack mußte nun, ob er wollte oder nicht, ihr die ganze Geschichte erzählen. Sie konnte ihm nicht lange böse sein. Zwar ärgerte sie

sich, daß er ihr nicht schon eher etwas davon gesagt hatte, aber sie mußte auch anerkennen, daß er den armen Seelen einen großen Dienst erwiesen hatte.
Beide kehrten zusammen ins Haus zurück. Jack weckte Coomara, und als er merkte, daß der Wassermann immer noch einen Brummschädel hatte, bat er ihn, nicht böse zu sein.
»Schließlich ist das schon so manchem braven Mann so gegangen«, tröstete er ihn.
Er empfahl ihm, als Heilmittel das Haar eines Hundes zu schlukken, der ihn schon einmal gebissen hatte. Coo aber wußte nicht, wo er ein solches Hundehaar herbekommen sollte. Er machte sich eilig davon. Ohne auch nur ein Wort des Dankes zu sagen, sprang er ins Salzwasser.
Coomara vermißte die Seelen nie. Er und Jack blieben gute Freunde. Noch an die fünfzigmal erfand Jack Ausreden, die es ihm ermöglichten, in das Haus unter dem Meer einzusteigen und wieder und wieder jene Hummerkörbe zu öffnen, die inzwischen dazugekommen waren.
Eines Morgens aber, als Jack an der bewußten Stelle wieder einmal einen schweren Stein in die Wellen warf, tauchte kein Coomara mehr auf. Am nächsten Morgen versuchte es Jack abermals, aber auch diesmal hatte er keinen Erfolg. Da er aber keinen Zylinderhut besaß, war es ihm nicht möglich, sich hinab auf den Meeresboden tragen zu lassen, um nachzusehen, was aus dem alten Coo geworden war.

In diesem Text parodiert sich die Feengeschichte fast selbst und doch sind auch in ihm trivalisiert all jene Motive vorhanden, die sich schon in den großen Feentexten aus der Sagaliteratur vorfinden: Eine Anderswelt unter oder hinter den Wellen, in dem sich ein Mangel, der in der realen Welt empfunden wird, in Überfluß verkehrt, die Vorstellung, daß die Toten dort wohnen und andere Zeitbegriffe gelten als in der Welt der Sterblichen. Noch unmittelbarer aber lebt der alte Totenglaube und die Erinnerung an eine weibliche Gottheit in der Erschei-

nung der Feenfrau, der Banshee, fort. Der Name kommt zustande durch die Zusammensetzung der gälischen Worte »bean« (Frau) und »sidhe« (Fee). Ein langgezogener, stechender Ton in der Nacht, der anschwillt und wieder leiser wird, traurig, aber zugleich süß-verlokkend – so wird ihr Gesang beschrieben. Und der »keen« (caoine), der Totenschrei der Bauernschaft, soll eine Nachahmung dieses Gesangs sein.

Wenn die Banshee singt, kündigt sie damit den Tod eines Sterblichen an. Allerdings wird eine solche Vorwarnung ihres Ablebens nur Angehörigen jener irischen Familien zuteil, deren Namen mit »Mac« oder »O« beginnen, was anzeigt, daß es sich um einen Klan handelt, der von den Milesiern abstammt. Die Banshee zeigt sich auf dunklen Hügeln oder Gebüschen in der Nähe des entsprechenden Hauses. Scharf kontrastiert ihre weiße Gestalt und das silbergraue Haar zum Nachtblau des Himmels. Ein grauweißes Gewand aus Spinnweben hängt um ihren dünnen Leib, der vor Kälte oder Trauer zittert und so dünn ist, daß man meint, der Wind müsse ihn zerbrechen. Das Gesicht ist bleich wie das eines Toten, die Augen blutunterlaufen vom endlosen Weinen. »Weiße Frau des Kummers« nennen sie die Leute auch, »Frau des Todes«, »Frau des Friedens« oder »Geist der Luft«, und dabei wird jene ambivalente Aura spürbar, die die Banshee umgibt: der Tod hat seinen Schrecken, aber es wohnt ihm auch ein Anflug erotischer Verlockung inne: Erinnerung an den Glauben der Wiedergeburt der Toten aus dem Schoß der großen Muttergöttin.

Unerkannt besucht die Banshee manchmal das Begräbnis des geliebten Toten. Dabei entringen sich ihrer Brust Schreie, die eigentlich unter den übrigen Totenklagen herausgehört werden müßten, weil sie so unwirklich sind, daß sie nicht aus der Brust eines Sterblichen stammen können. Die Banshee heult aber auch in dämonischem Vergnügen vor dem Sterben der Feinde jener großen alten Familien Irlands, und man sagt, sie nähre sich von Haß und Liebe. In ihrer großen Anhänglichkeit folgt sie Angehörigen dieser Familien über Land und Meer. Ihre Klagen wurden in England, in Amerika und in Australien gehört, und wo sonst immer Iren gezwungen waren, sich niederzulassen. In Irland, aber vor allem in den schottischen Highlands, begegnet man einer

Verwandten, der Bean-nighe (ausgesprochen Ben-nijeh). Man sieht sie an entlegenen Bächen die blutbefleckten Hemden jener waschen, die bald sterben werden. Sie ist klein, meist grün gekleidet und hat rote Schwimmhäute zwischen den Zehen. Sie kündigt Übel an, aber jedem, der sie erkennt, ehe sie ihn gesehen hat und dem es gelingt, sich zwischen sie und das Wasser zu stellen, erfüllt sie drei Wünsche. Sie wird auch auf drei Fragen antworten, aber dann ihrerseits verlangen, auf drei Fragen Antwort zu erhalten, und die Antworten müssen ehrlich sein. Jeder, der kühn genug ist, eine ihrer herabhängenden Brüste zu ergreifen und daran zu saugen, kann sich als ihr Adoptivkind betrachten, und sie wird gut für ihn sorgen. Auch in ihre Verwandtschaft gehört die Caonteach, die nur noch wilder und großartiger auftritt. Wenn jemand sie stört, schlägt sie ihn mit dem nassen Linnen auf die Beine und oft fault dem Opfer dann das Bein ab.
Im Zusammenhang mit der Banshee steht auch die Todeskutsche, ein durchsichtiges Gefährt. Hält es vor einem Haus, so bedeutet das, jemand wird hier am nächsten Tag sterben. Sie wird von einem Kutscher ohne Kopf gelenkt und von schwarzen, manchmal aber auch von weißen Pferden gezogen, die keine Schädel haben. Wenn jemand die Todeskutsche berührt oder ihren Wagenschlag öffnet, so spritzt ihm ein Schwall Blut ins Gesicht.
Bei der Vielzahl der Feenwesen ist es naheliegend, daß es auch einen Herrscher über ihr Reich geben muß. Es ist dies Fionnbhar (sprich: Finnwar), *der Feenkönig von Ulster.*
Von Fionnbhar oder Finvarra ist bekannt, daß er eine besondere Vorliebe für sterbliche Frauen hegt. Er hat zahlreiche Kundschafter in seinen Diensten, die herausfinden sollen, wo ein besonders hübsches Mädchen oder eine schöne Braut wohnt. Diese Mädchen werden dann durch Zauber in den Feenpalast von Knockma in Tuam versetzt. Die Feenmusik wiegt sie in süße Träume, über denen sie ihr irdisches Leben vergessen. In der Geschichte von »Ethna der Braut« wiederholt sich, nun gewissermaßen in der Sprache eines bäuerlichen und nicht mehr höfischen Erzählers, der uns schon bekannte Saga-Stoff von Etain, die Midhir im Tara der Könige von Eochaid entführt. Auf die Gefahr hin, den Leser zu langweilen, geben wir auch diesen Text hier vollständig

wieder, ist er doch ein gutes Beispiel, um jenen Veränderungsprozeß von der Mythe zu Volksmärchen im Erzählstil und der psychologischen Behandlung ein und desselben Stoffes direkt vorzuführen.

ETHNA DIE BRAUT*

Es war einmal ein großer Herr in einem Teil des Landes, der freite ein schönes Mädchen, das hieß Ethna, die schönste Braut weit und breit.

Ihr Mann war so stolz auf sie, daß er Tag für Tag ihr zu Ehren ein Fest geben ließ, und von morgens bis in die Nacht kamen Herren und Damen und keiner dachte an etwas anderes als an tanzen, sich vergnügen und an die Jagd.

Eines Abends, als es gerade auf dem Fest besonders lustig zuging und Ethna in einer silbernen Robe, die von Juwelen zusammengehalten wurde, unter den Tanzenden schwebte, herrlich wie die Sterne am Himmel, ließ sie plötzlich die Hand des Tänzers los und sank ohnmächtig zu Boden.

Man trug sie in ihr Zimmer, aber sie blieb bewußtlos. Am Morgen erwachte sie und erzählte, sie sei in der Nacht in einem wunderschönen Schloß gewesen. Sie sei dort so glücklich gewesen, daß sie nur wieder schlafen und in ihren Träumen dorthin gehen wolle. Man ließ sie den ganzen Tag über nicht aus den Augen, aber als die Schatten des Abends sich senkten, fiel sie wieder in eine Trance, aus der nichts sie aufwecken konnte, und zwar, nachdem unter ihrem Fenster eine leise Musik zu vernehmen gewesen war.

Man setzte eine alte Amme zu ihr und hieß sie wachen, aber die Frau wurde schläfrig von der Stille und schlief endlich ganz und gar ein. Sie wachte nicht eher auf, als bis es wieder heller Tag war. Als sie zum Bett hinsah, stellte sie zu ihrem Schrecken fest, daß die junge Frau verschwunden war. Der ganze Haushalt war sehr bald auf den Beinen. Überall wurde gesucht. Aber weder im Schloß, noch in den Gärten oder im Park war Ethna zu finden.

Der Mann schickte Kundschafter nach allen Himmelsrichtungen aus – keiner hatte sie gesehen, kein Zeichen, keine Spur fand sich von ihr, weder bei den Lebendigen noch bei den Toten.
Dann bestieg der junge Herr sein schnellstes Pferd und ritt fort nach Knockma, um Finvarra, den König der Feen, zu befragen, ob er etwas von der Braut gehört habe, denn der junge Herr und Finvarra waren befreundet und viele Fäßchen gefüllt mit gutem spanischen Wein ließ man nachts vor den Fenstern des Schlosses stehen, damit die Feen sie mitnähmen. Wie konnte er wissen, daß Finvarra selbst zum Verräter geworden war. Also ritt er wie wild, bis er Knockma, den Hügel der Feen, erreicht hatte.
Und als er sein Pferd an dem Rath der Feen zügelte, hörte er Stimmen in der Luft, und eine dieser Stimmen sagte:
»Recht froh ist Finvarra, daß er doch zu so einer schönen Braut gekommen ist. Das Mädchen wird ihren Mann nie wiedersehen.«
»Und doch«, antwortete eine andere Stimme, »wenn er einen Spaten an den Hügel setzte und bis zum Mittelpunkt der Erde graben würde, könnte er seine Braut finden, aber das ist schwere Arbeit, und Finvarra hat mehr Kraft als ein Sterblicher.«
»Das wollen wir erst noch sehen!« rief da der jung Herr. »Weder Feen, noch Teufel, noch Finvarra sollen sich zwischen mich und meine schöne junge Frau stellen.« Und sofort gab er Befehl, alle Arbeiter des Landes sollten sich mit Spaten und Spitzhacke versammeln und so lange graben, bis sie auf das Feenschloß stießen.
Die Arbeiter kamen, eine große Menge, und sie gruben einen tiefen Graben in den Hügel, bis in seinen Mittelpunkt. Am Abend gingen sie heim, und als sie am Morgen wiederkamen, da war nichts mehr von einem Graben zu sehen. Da sah der Hügel aus, als habe ihn nie ein Spaten berührt. Denn Finvarra wollte es so, und er hat Macht über Erde, Luft und See.
Aber der junge Herr war ein tapferer Mann in seinem Herzen, er hieß seine Männer mit der Arbeit fortfahren, und wieder schaufelte sie einen Graben bis in den Mittelpunkt dieses Hügels.

Wieder gingen sie am Abend heim, um sich auszuruhen, und wieder war, als sie am Morgen wiederkehrten, das Erdreich des Hügels völlig unversehrt.
Da war dem jungen Herrn, als müsse er vor Wut sterben, aber plötzlich hörte er eine Stimme in der Luft flüstern:
»Besprengt die Erde, die ihr ausgehoben habt, mit Salz, und sie werden eure Arbeit nicht wieder rückgängig machen können.«
Da kam wieder neues Leben in sein Herz, und er ließ im ganzen Reich ausrufen, Salz müsse her. Am Abend aber wurde es über das ausgehobene Erdreich gestreut.
Am nächsten Morgen waren alle gespannt, was geschehen sei. Zu ihrer Freude war der Graben nicht wieder zugeschüttet worden. Da wußte der junge Herr, daß er Macht hatte über Finvarra, und er bat seine Männer, fleißig weiter zu graben, denn weit konnte es nun bis zum Palast der Feen nicht mehr sein.
Plötzlich, als sie noch weiter vorangekommen waren, hörten sie Feenmusik in der Luft.
»Seht ihr«, sagte einer, »Finvarra ist besorgt. Wenn nämlich ein Sterblicher mit seinem Spaten seinen Feenpalast berührt, dann zerfällt er zu Staub und wird fortgeweht wie ein Nebel.«
»Dann soll Finvarra eben die Frau herausgeben. Er hat seine Ruhe und wir haben auch unsere Ruhe«, meinte ein anderer.
In diesem Augenblick hörte man die Stimme Finvarras. Klar wie das Signal aus einem silbernen Horn drang sie durch den Hügel.
»Hört auf«, rief er, »legt euren Spaten fort, ihr Sterblichen, und bei Sonnenuntergang wird die Braut ihrem Mann zurückgegeben werden. Ich, Finvarra, habe gesprochen.«
Da ließ der Herr die Arbeit einstellen und sie warteten bis Sonnenuntergang. Darauf bestieg er seine große kastanienfarbene Stute, ritt bis zum Rand des Grabens und wartete dort. Ein rotes Licht fuhr über den ganzen Himmel, und dann sah er seine Frau den Pfad entlangkommen in ihrem Kleid aus silbernen Spinnweben, schöner als je zuvor, und er sprang aus dem Sattel, hob sie vor sich aufs Pferd und ritt mit ihr wie der Sturmwind zu seinem Schloß davon. Und dort legte er Ethna auf ihr Bett, aber

sie schloß die Augen und sagte kein Wort. Tag um Tag verging und immer noch redete sie nicht, noch lächelte sie. Sie schien in Trance. Große Sorge überkam alle, denn sie fürchteten, sie hätte vielleicht von der Nahrung der Feen gegessen und der Zauber könne nie mehr gebrochen werden. Der junge Herr war sehr elend. Aber als er eines Abends heimgeritten kam, hörte er Stimmen in der Luft, und eine dieser Stimmen sagte:
»Es ist nun ein Jahr und einen Tag her, daß der junge Herr seine schöne Frau von Finvarra heimgebracht hat. Aber was hat das genutzt? Sie spricht nicht, sie ist wie tot, denn ihr Geist ist bei den Feen, obgleich ihre äußere Hülle bei ihm ist.«
Und die andere Stimme antwortete: »Und so wird es bleiben, bis der Zauber gebrochen ist. Er muß den Gürtel an ihrer Hüfte lösen, der mit einer verzauberten Nadel befestigt ist, er muß Asche vor die Türe streuen und die verzauberte Nadel in der Erde vergraben, dann wird ihr Geist auch aus der Anderswelt zurückkehren und sie wird sprechen und lebendig sein.«
Als er das hörte, gab der junge Herr seinem Pferd die Sporen. Er erreichte das Schloß, eilte in das Zimmer, wo Ethna stumm und schön wie eine Wachsfigur lag. Entschlossen, nun zu prüfen, ob die Stimmen die Wahrheit gesprochen hatten, öffnete er den Gürtel und nach großen Schwierigkeiten zog er die Zaubernadel heraus. Er verbrannte den Gürtel, streute die Asche vor die Tür und vergrub die Nadel in einem tiefen Loch in der Erde unter einem Feendorn, damit niemand sie wieder ausgrabe. Darauf kehrte er zu seiner jungen Frau zurück, die lächelte, als sie ihn ansah. Groß war seine Freude, als er sah, daß die Seele in die schöne Gestalt zurückgekehrt war. Er küßte sie und nun vermochte sie auch wieder zu sprechen und sich zu erinnern, aber das Jahr, das sie im Feenland verbracht hatte, schien ihr wie der Traum einer Nacht, aus dem sie eben erwacht war.
Darauf unternahm Finvarra keinen Versuch mehr, sie zu entführen, aber der tiefe Graben in dem Hügel ist bis zum heutigen Tag zu sehen und heißt »The Fairy's Glen«. Also kann kein Zweifel daran bestehen, daß die Geschichte auch wahr ist.

Während Feen sich meist auf die Göttergestalten der Tuatha de Danaan zurückverfolgen lassen, sind auch prominente Gestalten historischer Adelsgeschlechter heute als Feen in der Anderswelt zu finden. So Earl Gerald (gälisch Georoidh Iarla), der auf einem Rath bei Mullymast sein Schloß hatte und später auf einer Stute mit silbernen Hufen häufig beim Umreiten des Curragh of Kildare gesehen wurde. Dieser irische Adlige aus dem Haus der Fitzgeralds ist so etwas wie ein irischer Barbarossa und die große Höhle unter dem Rath ein gälischer Kyffhäuser, denn in ihr wartet Earl Gerald mit seinen Rittern schlafend bis zu dem Tag, da er den Kampf mit den Engländern um die Herrschaft über Irland beginnen wird.

Ähnliches gilt für die O'Donoghues, die der Sage nach Ross Castle bei Killarney erbaut haben sollen, das später kampflos an die Truppen Cromwells fiel. Aus einem der Fenster von Ross Castle soll der berühmte Prinz O'Donoghue in die Fluten des Sees hinabgesprungen und so ins Feenreich eingegangen sein.

In einer anderen Version über seine Verwandlung in einen Feenprinzen klingen frühkeltische Motive mit an. Ihr zufolge war O'Donoghue der reichste und stolzeste Mann seiner Zeit in ganz Kerry und konnte durch seine Kenntnisse der Schwarzen Kunst Wunder vollbringen. Aber bei all seinem Reichtum und seinen Zauberkräften war er zunächst doch ein Sterblicher. Also ging sein Verlangen, als er älter wurde, vor allem dahin, den Tod zu besiegen. Er schloß sich für sieben lange Wochen in das Turmzimmer von Ross Castle ein und studierte dort Zauberbücher. Keiner wußte, woraus die seltsame Brühe bestand, die er hinter verschlossenen Türen köchelte. Dann rief er eines Tages seine Frau zu sich. Als sie die Kammer betrat, eröffnete er ihr, er wolle wieder jung werden und dazu brauche er ihre Hilfe.

»Siehst du dort diesen Kessel?« sagte er, »du mußt mich mit einem Messer, das einen schwarzen Griff hat, in Stücke schneiden; und die Stücke wirst du in den Kessel werfen. Dann verschließe die Tür, und in sieben Wochen wirst du mich wieder am Leben finden, aber nicht größer als ein dreijähriges Kind. Kann ich mich auf dich verlassen?«*

»Wenn du es befiehlst, will ich es wohl tun«, antwortete die arme Frau.

»Besser, wir machen erst einen Versuch«, sagte er, »denn solltest du plötzlich bei dem Experiment Angst bekommen, wird von mir nicht mehr übrig bleiben als von einer Tür die Angel. Ich lese dir jetzt einige Seiten aus meinem schwarzen Buch vor, aber wenn du vor Angst oder Schrecken schreist, werde ich für immer ausgelöscht sein.«
Also steckte er die Nase in die Seiten seines Zauberbuches, und während er las, erschienen die gräßlichsten Dinge der Welt, und es gab ein solches Getöse, als werde das Schloß im nächsten Augenblick in tausend Teile zerbrechen.
Die gute Frau ertrug alles recht tapfer, bis sie ihr eigenes Kind tot vor sich auf dem Tisch liegen sah. Da konnte sie nicht mehr länger an sich halten und stieß einen lauten Schrei aus.
Das Schloß zitterte wie Laub im Wind, und O'Donoghue sprang aus dem Fenster und verschwand in den Gewässern des Loch Lein (See von Killarney). Sein Pferd, sein Stuhl, sein Tisch, seine Bücher verschwanden mit ihm, und alles wurde zu Stein verwandelt. Also vollzog sich O'Donoghues Fahrt in die Anderswelt, wo er bis heute in einem schönen Palast auf dem Grund des Sees leben soll. Manchmal zeigt er sich den Eingeborenen, nie einem Fremden. Mal tut er gute Taten, mal narrt er die Sterblichen.

O'DONOGHUE ZAHLT EINE PACHT*

»Klage und zehnmal Klage. Die Welt ist weit, aber was soll ich noch in ihr und wohin soll ich mich wenden?« stammelte Bill Doddy, als er auf einem Felsen am See von Killarney saß.
»Was ist da überhaupt noch zu tun? Morgen ist der Tag der Pachtzahlung und Tim, der alte Antreiber, schwört, wer die Pacht nicht zahlt, den wird er auf die Straße setzen. Judy, die Kinder und ich, wir werden verhungern müssen, wenn man uns unter das fahrende Volk stößt, denn Gott weiß, ich besitze nicht einmal einen halben Penny. O wirra waher, daß ich erleben muß, daß es dahin kommt.«
»Was habt Ihr, armer Mann?« sagte ein großer, stattlich aus-

sehender Gentleman, der eben in diesem Augenblick aus dem Ginsterbusch trat.

Nun saß Bill, wie gesagt, auf einem Felsen und überschaute ein weites Stück Land. Nichts blieb dabei seinem Blick verborgen, außer eben jenem Ginstergesträuch, das in einer Senke am Rand des Sees aufwuchs. Und er war nicht wenig erstaunt, als er plötzlich dort einen feinen Herrn heraustreten sah. Er fragte sich, ob der Fremde von dieser Welt sei oder aus einer anderen, aber dann faßte er sich doch ein Herz und erzählte ihm, wie schlecht die Ernte gewesen war, daß ein übelwollender Nachbar ihm auch noch die Butter verhext hatte und wie Tim, der Antreiber, ihn nun mit der Exmittierung bedrohte, wenn er nicht den Zins auf Schilling und Penny genau bis zwölf Uhr am nächsten Tag zahlte.

»Eine traurige Geschichte in der Tat«, sagte der Fremde, »aber gewiß wird dort auch der Agent Eures Herrn ein Einsehen haben, wenn er von Eurem Pech hört.«

»Wiha, seit wann hat ein Agent ein Herz?« sagte Bill, »offenbar kennt Ihr Euch mit den Agenten der Großgrundbesitzer nicht so genau aus. Außerdem hat er schon seit langem ein Auge auf meine Farm geworfen. Er möchte sie gern für sein Ziehkind haben. Nein, nein, ich kann von diesem Schurken wirklich keine Gnade erwarten. Er setzt uns auf die Straße. Das ist so sicher wie das Amen in der Kirche.«

Bei den letzten Worten räusperte sich der Fremde, so, als sei etwas für ihn Unangenehmes erwähnt worden.

Dann sagte er: »Hier, nehmt das, mein Freund«, und er schüttete den Inhalt seiner Geldbörse in Bills alten Hut. »Zahlt den Kerl damit«, fuhr er fort, »ich will dafür sorgen, daß er keine Freude an diesem Zins hat. Ich kann mich noch an Zeiten erinnern, da ging es anders zu in diesem Land. Damals hätte man einen solchen Schurken aufgehängt, ehe auch nur einer imstande gewesen wäre ›Fin MacCool‹ zu sagen.«

Bill starrte so lange und eindringlich auf die Goldstücke, daß ihm beinahe die Augen aus dem Kopf gesprungen wären, und als er

aufsah und seinem Wohltäter danken wollte, war dieser verschwunden. Mit Blicken suchte er das umliegende Gelände ab, und es war ihm, als sehe er da jemanden auf einem weißen Pferd weit draußen auf dem See davonreiten.
»Bestimmt war das der Prinz O'Donoghue, Gott segne ihn«, flüsterte Bill, als das Pferd mit dem Reiter verschwunden war. »Tomasheen Dannihy, der in der Kupfermine schafft, hat ihn auch eines Morgens am See gesehen, gefolgt von all seinen Männern zu Pferde. Jeder hatte ein blankes Schwert in der Hand, das strahlte so hell wie ein Blitz, und am Pferd aufgebunden führte noch jeder eine Muskete mit. Und Ned Doolin, der Bootsmann, sah ihn in der Nähe der Kaninchen-Insel. Er war ganz in Weiß, trug einen spitzen Hut und Schuhe mit großen Spangen dran. Und jetzt ist er also auch mir begegnet. O Wunder!«
Und er rannte wie ein Verrückter davon, um Judy von O'Donoghue zu erzählen, ihr die Goldstücke zu zeigen und sie an seiner Freude teilhaben zu lassen.
Am nächsten Tag stand Bill vor dem Agenten, nicht den Hut in der Hand, die Augen niedergeschlagen und mit zittrigen Knien, sondern gerade wie ein Eschenbaum, wie ein Mann, der weiß, daß man ihm nichts anhaben kann.
»Warum nimmst du deinen Hut nicht ab, Bursche? Weißt du nicht, daß du mit einer Respektsperson redest?« fragte der Agent.
»Ich weiß, daß ich nicht mit dem Bischof rede«, antwortete Bill, »und tatsächlich zieh ich meinen Hut nur vor Menschen, die ich liebe. Das Auge, das uns alle sieht, weiß, daß wenig Grund besteht, Euch zu respektieren oder zu lieben.«
»Nichtsnutz«, rief der Agent, die Stirn schwarz wie die Schürze eines Schmiedes vor Zorn, »dir will ich beibringen, was es einbringt, aufsässig zu sein. Ich hab die Macht. Denk dran!«
»Die Macht bis an die Küste dieses Landes, ich weiß«, sagte Bill, das Haupt immer noch bedeckt, als sei er der Bruder von Brian Boru und rede mit einem dänischen Seeräuber.
»Hast du den Zins?« fragte der Agent. »Wenn auch nur ein

Penny fehlt, setze ich dich auf die Straße, noch ehe es Nacht wird.«

»Hier ist das Geld, und Ihr werdet mir bitte auch sofort eine Quittung schreiben«, sagte Bill und warf ihm das Gold auf den Tisch.

Dem Agenten brachen die Augäpfel fast aus den Höhlen, als er die Münzen sah, denn es waren echte Gold-Guineas und nicht zerschlissene Banknoten, die eigentlich nur noch als Fidibus taugten. Er nahm das Geld, stellte die Quittung aus und Bill ging davon, stolz wie ein Pfau mit zwei Schwänzen.

Als der Agent ein paar Minuten später an seinen Schreibtisch trat, lag dort, wo er die Goldstücke hingelegt hatte, ein Haufen Pfefferkuchen. Er fluchte und schrie, aber es hatte alles keinen Zweck. Auf den Kuchen war der Kopf des Königs eingeprägt, geradeso wie auf den Guineas. Zwecklos über die Sache ein Wort zu verlieren, die Leute hätten ihn nur ausgelacht. Von dieser Stunde an wurde Bill Doody reich. Was immer er begann, es gelang ihm, und er segnete noch oft den Tag, da er den Prinzen O'Donoghue traf, der bei den Feen in der Anderswelt lebt, auf dem Grund des Sees von Killarney.

Kehren wir nach dieser Umschau unter den einzelnen Feenwesen wieder zu der Frage nach der Entstehung und Entwicklung der Vorstellung von der Anderswelt zurück.

Am Ende des vorigen Kapitels haben wir uns mit jener Theorie auseinandergesetzt, die von den Texten des mythologischen Zyklus bzw. dem »Buch der Invasionen« ausgeht und besagt, Feengeschichten seien Erinnerungen an die Urbevölkerung eines Landes, die von Eroberern besiegt und unterdrückt worden ist. Die Unterlegenen zogen sich in unwegsame Gegenden zurück, in unterirdische Verstecke. Sie überfielen hin und wieder die Eroberer. Verständlicherweise mußten sie in der Nacht tätig werden und heimlich vorgehen. Angereichert wurden die Erinnerungen an solche Zwischenfälle mit den Mythen der Eroberer selbst, der keltischen Stämme vom Kontinent.

Eine zweite Theorie hält nun Feen für ehemalige Götter und Helden, deren Bedeutung und Größe in dem Augenblick dahinschwand, als neue Götter eingesetzt wurden.*
Für diese Theorie finden sich im voranstehenden Kapitel einige überzeugende Beispiele. So, wenn einer der Unsterblichen unter den Tuatha de Danaan, nämlich Fionnbhar (sprich: Finnwar), der in dem Sidh Meadha Wohnung nahm, uns jetzt als Feenkönig von Ulster mit gleichem Namen und gleichem Wohnsitz, nämlich in einem Hügel fünf Meilen westlich von Tuam, wiederbegegnet, oder ein irdischer Fürst auf die Entführung seiner Frau durch eben diesen Feenkönig genauso reagiert wie im mythologischen Zyklus Eochaid auf die Entführung Etains durch Midhir.
So, wenn aus einem bekannten, aber von den Engländern besiegten, Häuptling aus dem Klan der O'Donoghues ein Feenprinz wird, der auf dem Grund des Sees von Killarney wohnt, welcher durch Feenzauber einen armen Pachtbauern rettet und einen unbarmherzigen und im Volk verhaßten Agenten eines englischen Großgrundbesitzers bestraft und demütigt, ein Feenprinz, in dessen Macht es auch steht, ein Spitzenspiel in Hurling zwischen einer Feenmannschaft aus Waterford und einer anderen aus Kerry zu arrangieren.
Selbst hinter dem Lepracaun scheint, wenn man an die mittelalterliche Geschichte um den Feenkönig Iubdan denkt, dessen stärkster Untertan eine Distel köpft, einmal ein Gott gestanden zu haben.
Eine dritte Theorie hält die Feen für Personifizierungen von Naturgeistern. Die frühen Menschen glaubten bekanntlich, daß jedes Objekt eine spirituelle und physikalische Natur habe. Ein Baumgeist wurde nach dieser Theorie in späteren Zeiten anthropomorphisiert, also vermenschlicht und zur Dryade. Aus einem Wassergeist wurde eine Undine. Der Geist eines Berges oder Hügels wurde zu einer Fee, die unter einem Strauch, in einem alten Fort oder im Innern des Hügels selbst wohnt. Auch für diese Theorie lassen sich viele Geschichten als Beleg anführen. Dabei kann man auch die allmähliche Bewußtseinsveränderung vom Magischen zum Mythischen erkennen.
Flüssen, Quellen und anderen Naturphänomenen wohnte für die Menschen eine spirituelle Essenz, eine Kraft, inne. Sie konnte sich

auswirken und sie stellte sich schließlich als Person dar. So verehrten die Kelten beispielsweise die Göttin Sequana, die Quellgöttin des Flusses Seine.
Nun haben wir gehört, wie sich mit dem Feenwesen Púca oder Pooka die Vorstellung von panischem Schrecken verbindet, er aber auch in Tiergestalt auftritt. Erklärbar wird das, wenn wir daran denken, daß jedes Quell- oder Hügelheiligtum einen Schutzgeist besaß, der sich, sofern die entsprechenden Riten beachtet wurden, als Katze, Fisch oder Vogel materialisieren konnte. Er nahm eben jene Gestalt an, die der großen Erdmuttergottheit gefiel. Derartige Heiligtümer waren die Leibesöffnungen der Erdmutter, was sich bei den Kelten auch in den Sheela-na-gig, wie man sie heute noch an irischen und keltischen Klöstern und Kirchen finden kann, ausgedrückt. Diese grotesken Abbilder der Schöpfungs- und Todesgöttin zeigen einen Muttermund, der ein Wesen verschlingt und sind eindeutig der Ausdruck männlicher Angstphantasien.*
Die keltischen Nachfolgegottheiten der alten großen Erdmutter waren einmal die Matronae, die ursprünglich wohl mit dem Quellheiligtum der Marne in Verbindung standen und die Pferdegöttin Epona, die machmal mit einem Pferd oder mit einem Fohlen gezeigt wird. Hinter ihr steht jene weibliche Gottheit des Wild-Orgiastischen, die Männer in liebestolle Esel (Apuleius) oder auch in Schweine (Kirke/Odysseus) verwandelt.
In verharmloster Form taucht Epona in Sagen wie der von Lady Godiva auf, einer Frau, die angeblich nur mit ihrem langen Haar bedeckt, durch die Straßen von Coventry ritt, aber auch in Geschichten um den Pooka.
In der Banshee begegnen wir einem der drei Gesichter der großen Göttin, die über Geburt, Leben und Tod herrschte und sich als Mädchen, Braut und Mutter oder hexenhafte Alte zeigte. Und daß Vorstellungen sich überkreuzen, verschlingen und überlappen, bis ein Gewebe entsteht, dessen einzelne Fäden sich nur noch mit größter Schwierigkeit isolieren lassen, wird klar, wenn man sich im Zusammenhang mit der Gestalt der Banshee und ihrer Verwandten noch folgende Fakten vergegenwärtigt. Der Fluß Clyde auf den Britischen Inseln ist

nach der Quellgöttin Glóta benannt. Übersetzt aber heißt dieser Name soviel wie »die göttliche Wäscherin«, was bestimmt wiederum mit jener Totengöttin zu tun hat, die die blutigen Hemden derer wäscht, die in der Schlacht fallen oder am nächsten Tag sterben werden.

Eine vierte und vielleicht wichtigste Theorie hält die Feen für die Geister der Toten oder für die Toten selbst. Als der amerikanische Forscher Evans Wentz zu Anfang des Jahrhunderts Leute in ländlichen Gegenden von Irland, Schottland und Wales über ihre Vorstellungen von Feen befragte, erhielt er in Irland von John Boglin, einem 60jährigen Mann aus Kilmessan nahe Tara (Meath) die Auskunft:*

»Die Feen sind die Toten. Nach dem, was die Leute hier in der Gegend glauben, sind die Feen die Geister der Verstorbenen. Die Überlieferung sagt, daß Hugh O'Neil im 16. Jahrundert nach einem Marsch in den Süden mit seiner Armee auf dem Rath oder Fort von Ringletown deswegen sein Lager aufschlug, weil er sich so den Beistand der mächtigen Toten, die in dem Rath wohnten, sichern wollte. Man erzählte weiter, daß man Gerald Fitzgerald in der Grafschaft Louth aus dem Hügel von Mollyellen herauskommen sah. Er führte ein Pferd am Zügel und trug altirische Kleidung, mit einer Brustplatte, Speer und Kriegsrüstung.«

So ist auch verständlich, daß der Feenkönig von Ulster zugleich auch König über das Totenreich ist und der Merrow, dem Jack Dogherty begegnet, die Seelen ertrunkener Matrosen in Hummerkörben einlagert.

Weil die Feen mit den Toten in Zusammenhang gebracht werden, verläuft die Begegnung des Tinkers, der keine Geschichte kannte, mit Far Darrig noch einigermaßen glimpflich, denn Feen müssen wie Gespenster beim ersten Hahnenschrei die Menschenwelt verlassen.

Bei einer Analyse des in der Thematik ähnlichen Märchens »Der Geschichtenerzähler in Verlegenheit« wird deutlich, welchen Einfluß geschichtliche Ereignisse bzw. die jeweiligen sozialen Zustände auf die Veränderung der aus frühesten Zeiten stammenden Stoffe hatten.

Leider gibt Joseph Jacobs keine Quelle für sein Märchen an. Er sagt nur im Vorwort seines Buches, daß die irischen Märchen – der Band

enthält auch Texte aus Schottland und Wales – vorwiegend aus der sogenannten Pale, also aus einem Gebiet östlich, nördlich und südlich von Dublin kommen, in dem die Engländer seit dem 15. Jahrhundert ständig als Besatzungsmacht präsent waren.
Das Märchen spielt in einem feudalen Milieu. Zwar erinnert der König von Leinster noch insofern an den alten irischen König, als er einen Barden, eben den Geschichtenerzähler, besitzt, aber der Hofstaat ist der eines modernen Monarchen, es wird von Soldaten gesprochen, nicht von Kriegern.
Dieser schon halb modernisierte und anglisierte König erlebt nun mit dem Verschwinden seines Geschichtenerzählers den Einbruch des alten gälischen Bewußtseins, wie denn auch der Geschichtenerzähler durch die Vorgänge daran erinnert werden soll, daß er, auch am Hof eines englischen Monarchen, sein Amt nur dann zur Zufriedenheit seines Herrn ausüben kann, wenn er den alten Traditionen treu bleibt, zu den mythologischen Wurzeln gälischen Geschichtenerzählers zurückkehrt. Der dürre graue Bettler verkörpert Irland. Er ist aber zugleich ein Manannan, der frühzeitliche Herr der Anderswelt. Denn ein Attribut Manannans ist es, in einem Sack, der aus der Haut eines Kranichs gemacht ist, die Schätze der Welt bei sich zu tragen.
Nicht zufällig wird in dem Vers, mit dem der gute Bettler auf die Frage des zweiten Andersweltwesens, Red Hugh O'Donnell, antwortet, ausdrücklich die Isle of Man erwähnt. Sie ist Manannans Heimat, bewacht von heiligen Vögeln, die vorbeifahrenden Reisenden zukrächzen:*

> *Tritt nicht ein!*
> *Bleib fort!*
> *Geh vorbei!*

Hat man den Bettler als Manannan »entlarvt«, so gibt auch das dreimal scheiternde Erhängen einen Sinn und überhaupt all die gewaltsamen Tode in dieser Geschichte, die durch Zauber wieder rückgängig gemacht werden. Als Herr der Anderswelt hat Manannan die Kraft, ewiges Leben zu spenden.
Schließlich taucht in dem Text noch zweimal ein anderes Motiv auf: die Hunde mit den roten Ohren, die den Hasen jagen. Wir erkennen

sie wieder: es sind die Hunde, mit denen Arawan, der König der Unterwelt im »Mabinogion« einem Reh nachsetzt.
Gleich doppelt wird also darauf verwiesen, daß dieser graue Bettler etwas mit dem Totenreich und der Anderswelt zu tun hat.
Faszinierend ist auch ein scheinbar so unbedeutendes Motiv wie die Episode, in der die Frau des Geschichtenerzählers auf ihren in den Hasen verwandelten Mann die Hunde hetzt.
Sie enthält einen Verweis auf eine mythologische Geschichte aus Wales: Caridwen hat zwei Kinder, Creiwy, das schönste Mädchen unter der Sonne, und Afagddu, den häßlichsten Knaben der Welt. Da er nun so abstoßend aussah, beschloß Caridwen, ihm wenigstens große Klugheit zu verleihen. Also stellte sie nach einem Rezept des Zauberers Vergil von Toledo einen Zaubertrank her, der Inspiration und Wissen verleihen sollte.*
Das Gebräu mußte bezeichnenderweise ein Jahr in einem Kessel am Kochen gehalten werden.
Zu jeder Jahreszeit warf Caridwen neue Zauberkräuter hinein.
Während sie die Kräuter pflückte, stellte sie Gwion, den Sohn des Gwreang, an und ließ ihn den Kessel umrühren.
Gegen Ende des Jahres spritzten drei Tropfen der Flüssigkeit aus dem Kessel und fielen auf Gwions Finger. Er steckte den Finger in den Mund, um die ätzende Flüssigkeit abzulecken. Sofort verstand er die Sprache der Tiere und Pflanzen und hatte Kenntnis von allen vergangenen und zukünftigen Ereignissen. So wußte er auch, daß er auf der Hut sein mußte vor Caridwen, die beschlossen hatte, ihn zu töten, sobald sie seiner zum Umrühren des Zaubertranks nicht mehr bedurfte.
Er floh, und sie verfolgte ihn in der Gestalt einer schwarzen kreischenden Hexe.
Durch die Zauberkraft, die er durch die drei Tropfen erlangt hatte, verwandelte er sich in einen Hasen; sie nahm die Gestalt eines Windhundes an ...
Ohne Zweifel ist auch Caridwen ein »Nachfolgebild« der großen Muttergottheit des alten Europa. Gewiß auch spiegelt die Geschichte die Angst der Männer in einer von Frauen beherrschten Welt, oder

ähnliche Ängste, wie sie sich auch in den schon erwähnten Sheela-nagig abbilden.

So betrachtet wäre die Szene mit dem in den Hasen verwandelten Märchenerzähler und dem Hund, der von seiner Frau auf ihn gehetzt wird, als ein Fingerzeig zu verstehen, sich nicht zu weit bzw. nur mit Vorsicht mit den Kräften des Archaisch-Wilden, oder wie wir heute sagen würden, mit den Mächten des Es, einzulassen, weil man von ihnen verschlungen und überwältigt werden kann.

Schmunzeln macht es uns, in welcher Weise das Unmenschlich-Beängstigende, das dieser Szene innewohnt, am Schluß rational fortgewischt wird, indem der graue Bettler erklärt, die Frau habe nicht aus eigenem Willen so gehandelt. Nun solle der Ehemann der Frau vergeben und verzeihen, wie das unter braven Eheleuten üblich sei.

Spätestens an dieser Stelle wird deutlich, daß diese Geschichte, als sie der Sammler aufzeichnete, ebenfalls nicht mehr in all ihren Sinnbezügen verstanden worden ist, sich jedenfalls die sozialen Beziehungen zwischen Mann und Frau nun ganz anders regelten als zur Zeit ihrer Entstehung.

Greifen wir nun noch einmal zurück zu jenem Märchen vom Tinker, der keine Geschichte wußte, deswegen kein Nachtlager bekam. Auch bei ihr ist der ursprüngliche Sinn kaum noch zu erkennen. Die vier Männer, unter denen der größte wohl Far Darrig ist, wirken mehr wie Mörder oder Räuber denn wie übernatürliche Wesen. Die »Botschaft« der Geschichte läßt sich damit umschreiben, daß der Mensch einmal schlimmste Angst ausgestanden haben muß, soll sich sein Vorstellungsvermögen ausweiten und intensivieren. Das merkwürdige Zeremoniell, bei dem eine Leiche über einem Feuer aufgehängt wird, mag ursprünglich eine schamanische Praktik abbilden. In diesem Text wirkt es merkwürdig aufgesetzt. Daß ein weitreichenderer Sinnzusammenhalt als der, jemandem Angst zu machen, darin enthalten ist, bleibt unverständlich.

Hier wird also an zwei Texten, die Varianten ein und derselben Geschichte darstellen, jene Abschwächung und Veränderung deutlich, die im Laufe der Zeit aus einer Göttergeschichte einen makabren Witz werden läßt.

Nur beiläufig ist bisher erwähnt worden, daß Herrschaftsverhältnisse und soziale Bedingungen diesen Prozeß freilich entscheidend beeinflußt haben. Machte eine erste Veränderung aus den Schatten der Unterdrückten Wesen einer Anderswelt, so wäre nun doch etwas ausführlicher auf die zweite große Veränderung einzugehen, die darin zu sehen ist, daß zwischen 432 und 462 das Christentum in Irland Fuß faßte.

Die neue Religion wurde den keltischen Iren nicht aufgezwungen. Ihre alter Götterwelt wurde zunächst nicht verketzert oder tabuisiert.

Patrick und seine legendären Missionarshelfer in weißen Roben verstanden sich ausdrücklich als Beschützer der alten geheiligten Plätze. Die Göttinnen Irlands wurden aus dem Schlaf erweckt und mit Christus, Gottes Sohn, vermählt. Christus selbst wurde zunächst als eine neue heroische Verkörperung des alten Kriegsgottes Cuchulain hingestellt. »Die christlichen Missionare nützten den Reiz, den solche Zusammenhänge für die Einbildungskraft der Iren hatten, gründlich aus«, schreibt John Sharkey. »Die Änderungen in den Ritualen wurden auf beiden Seiten mit großer Vorsicht vollzogen, und zwar während Jahrhunderten, in denen man von den Vorgängen auf dem Kontinent und dem Zusammenbruch des römischen Imperiums nicht berührt wurde. Es gab Ausnahmen, aber im allgemeinen verlief der Übergang friedlich. Die keltischen Heroen und Göttinnen wurden christianisiert.

St. Brigit, eine heilige Frau aus dem 5. Jahrhundert, von der es hieß, sie sei vor Sonnenaufgang des 4. Februars, dem Fest des Imbolc, geboren worden, und deren Mutter selbst nach der christlichen Heiligenlegende ›im Dienst eines Druiden‹ gestanden haben soll, hatte alle Eigenschaften der triadischen Göttin der Kelten. Die neue Brigit wurde die Schutzpatronin des Herdes, des Heimes, der Quellen und des Heilens. Ihr Kloster wurde um das heilige Feuer gebaut, das zu Ehren der alten Göttin in Kildare brannte, und der Brauch, ein solches Feuer ständig zu unterhalten, lebte fort bis in die Zeit der normannischen Invasion im 12. Jahrhundert.

Zuvor mag sich dort ein Heiligtum befunden haben, in dem vielleicht auch geweissagt wurde, wie in Delphi mit einer heiligen Flamme, heilenden Quellen und einer der Quelle oder dem Hain innewohnenden Göttin. Das Kirchenlied für die neue Heilige war auch für die Anhänger der alten Göttin durchaus akzeptabel: ›Brigit, ausgezeichnete Frau, plötzliche Flamme, mag die hellwilde Sonne uns das immerwährende Königreich bringen.‹«

Erst sehr allmählich hat sich das speziell irische Christentum dem kontinentalen angepaßt, aber eine gewisse nationale Eigenständigkeit gegenüber Rom ist immer geblieben.

Die krasse Sinnesfeindlichkeit des neuzeitlichen irischen Katholizismus muß wohl als Reaktion auf den englischen Puritanismus verstanden werden, mit dem man zu konkurrieren hatte, nachdem zumindest seit Cromwells Zeiten große puritanische Kolonien in Irland eingerichtet worden waren (Plantations). Gerade aber weil die Einführung des Christentums in Irland recht friedlich vor sich ging, hielt sich zunächst und noch lange hin eine stark keltisch-heidnische Unterströmung, ein Bewußtseinszustand, dem sich manch einer gern dort auslieferte, wo er überzeugendere Tröstungen und Kompensationsmöglichkeiten zu bieten hatte als eben das Christentum. Ein für die Tradierung von Geschichten, für die Art des Entstehens, entscheidender Einschnitt ist dann das Jahr 1690 mit dem Sieg Williams III. (protestantisch) über James III. (katholisch).

Mit James floh der größte Teil des alten irischen Adels nach Frankreich. Die Folge war, daß der Beruf des Barden ausstarb, weil es keine Mäzene mehr gab. Die Lust zum Geschichtenerzählen lebte weiter. Sie taucht nach guter und langbewährter Tradition in Irland unter. Geschichten erzählt wurden von nun an unter dem Strohdach der Bauernhütte.

Überall dort, wo der kontinentale und britische Einfluß am stärksten war, fand eine Abflachung, Vergröberung der Stoffe statt. Überall dort sank das Vorkeltisch-Keltische zurück, während es sich in den von den Briten nie völlig kontrollierten Gebieten nicht nur hielt, sondern voller Stolz als Ausdruck der Eigenständigkeit und Identität sogar noch betont wurde.

*Man vergleiche nur eine Sammlung wie die von Patrick Kennedy**

Anfang des 19. Jahrhunderts aus dem Südosten von Irland mit der von Jeremiah Curtin, die erst in der zweiten Hälfte des 19. Jahrhunderts entstand, aber Texte aus dem Südwesten und Westen enthält. Beide Männer sammelten unter Bauern. Die Lebensbedingungen waren hier wie da katastrophal. 1887 schreibt Curtin aus dem Südwesten: »Die Armut und die Unterdrückung, die das Volk in Irland erleiden müssen, ist unvorstellbar.« Und auch bei Kennedy finden sich Hinweise auf die katastrophalen Lebensbedingungen der Leute, die ihm erzählten. Aber die Stoffe, die er zu hören bekam, hatten große Ähnlichkeit mit englischen Hausmärchen, für die Varianten aus anderen Ländern auf dem Kontinent bekannt sind, während Curtins Märchen zunächst einmal schon viel länger sind und einen differenzierten Aufbau und eine komplizierte Symbolik aufweisen. Unter ihnen finden sich auch zahlreiche Märchen, in denen Motive von Reisen in die Anderswelt auftauchen.

Hier ist nun der Punkt erreicht, um auf eine eigene Theorie zu sprechen zu kommen. Sie hat gegenüber den zuvor erwähnten vielleicht den Vorteil, auch eine Erklärung dafür anzubieten, warum nicht nur in Irland, sondern auch in Wales, Schottland, ja selbst in England, sich in entlegenen Gegenden die Vorstellung von der Anderswelt und der damit zusammenhängende Feenglaube in einem solchen Umfang und Ausmaß, was die Zahl der Geschichten angeht, aber auch mit so großer Intensität, was das Bewußtsein der Menschen betrifft, erhalten hat.

Meine Theorie läßt sich zunächst in einem einfachen Satz zusammenfassen. Er lautet:

Ursache und Anstoß für Vorstellungen von der Anderswelt und für den Feenglauben ist immer ein Mangel. Der Mangel kann höchst unterschiedlicher Art sein. Gehen wir von der Situation im Westen Irlands aus. Noch heute ist dies eine, im Vergleich mit dem übrigen Europa, dünn besiedelte, isolierte Gegend, in der Natur und Naturgewalten noch nicht in dem Maße wie anderswo durch eine »Zweite Natur« überlagert worden ist. Ist es nicht einleuchtend, daß Menschen, die große Angst vor immer wiederkehrenden, von der Natur bedingten Katastrophen haben, auch in besonderem Maße dazu neigen, an Wesen zu glauben, die dann helfen?

Bei Menschen, die isoliert, einsam, auf sich selbst zurückgeworfen, kaum durch äußere Einflüsse abgelenkt sind, wird sich Vorstellungskraft in besonderem Maße regen, und wird ihnen dazu verhelfen, wenigstens in der Einbildung, ihre Isolation zu überwinden.
In einer Gegend, in der mehr Stille, mehr Monotonie herrschen als anderswo, muß sich beim Menschen auch ein anderes Zeitgefühl einstellen. Es wird sich ein Zeitsinn entwickeln, der mit der Uhrzeigerzeit nicht übereinstimmt, in dem objektiv kurze Zeit sehr lang empfunden und lange Zeit als sehr rasch vergangen wahrgenommen wird.
Haben sich erst einmal mehrere solcher Reaktionen zu einer Struktur zusammengefügt, so werden freilich auch Berichte mit einbezogen, die zunächst mit der Dominanz von Natur und der Isolation des Menschen nur bedingt etwas zu tun haben.
Erotische Wunsch- und Angstträume, die häufig als Antrieb von Feengeschichten auszumachen sind, haben gewiß Menschen auch anderswo. Auf den zweiten Blick aber sieht man: Im irischen Westen haben geographische und sozialhistorische Bedingungen bestanden, die auch hier eine besondere Mangelsituation herstellen.
Die Menschen wohnten weit auseinander. Die sozialen Gegebenheiten führten dazu, daß viele Männer spät, manche nie heiraten konnten. Sexuelle Wünsche wurden vom Christentum tabuisiert, der alte Glaube ließ sie nicht nur zu, er begriff sie als einen zentralen Bereich menschlicher Existenz. Wirtschaftliche Not und Elend bestanden über Jahrhunderte hin fort. Was Wunder, daß man wenigstens in der Phantasie sich ein Land schuf, in dem Milch und Honig flossen und dieses Land noch näher und intensiver zu sich heranrückte, indem man einfach Phantastisches als wirklich ansah.
So entstand und hielt sich ein Bewußtseinszustand, den wir, die an die Dominanz des Rationalen gewöhnten Fremden, einerseits als abergläubisch belächeln, der andererseits aber auch eine Faszination auf uns ausübt, die wir wahrnehmen, aber nicht genau zu erklären vermögen. Wäre es denkbar, daß uns in dem Mangel, der mit dem Feenglauben kompensiert wird, Mangelerscheinungen in unserem modernen, von der industriellen Massengesellschaft geprägten Bewußtsein entgegentreten, die uns unerträglich geworden sind?

DRITTES KAPITEL

DAS VOM KALENDER
DER ANDERSWELT HANDELT,
IN DEM ERZÄHLT WIRD,
WAS EINEM DORT AN BESTIMMTEN TAGEN
ZUSTOSSEN KANN
UND WIE ES SICH MIT DER ANDERSZEIT
VERHÄLT

»Die nächste Frage wäre: welches ist die beste Zeit, um Feen zu sehen? Ich denke, darüber kann ich euch wohl etwas sagen.
Die erste Regel lautet: Es muß ein sehr heißer Tag sein. Nehmen wir das mal als gegeben an. Und ihr müßt etwas schläfrig sein, aber auch wieder nicht zu schläfrig. Und dann solltet ihr euch auch ein bißchen feenmäßig fühlen. So der Zustand, den man im Schottischen übersinnlich nennt. Das ist vielleicht ein ganz zutreffendes Wort, vorausgesetzt, ihr wißt ohnehin, was ich meine. Es tut mir leid, es ist schwierig zu erklären, ihr müßt eben warten, bis ihr eine Fee trefft. Dann wißt ihr es. Und die letzte Regel wäre noch, daß keine Grillen zirpen sollten. Mehr kann ich dazu nicht sagen. Für den Anfang sollte das auch genügen. Also, wenn all dies zusammenkommt, besteht eine gute Chance, daß ihr Feen seht, oder sagen wir mal, jedenfalls eine bessere Chance, als wenn all dies nicht der Fall ist.«

Lewis Carroll, Sylvie and Bruno

Was hier scheinbar so ironisch, spöttelnd über den rechten Augenblick gesagt ist, um Feen zu sehen, beschreibt zugleich auch die wichtigste Bedingung von Zeit in der Anderswelt. Sie vollzieht sich, »between one eye-blink and the next«, was zu übersetzen wäre: zwischen zwei Augenblicken. Wenn wir dies wissen, verstehen wir auch, warum ein gefangener Lepracaun sofort entwischt, wenn man ihn auch nur kurz aus den Augen läßt. Zeit der Anderswelt ist gewissermaßen etwas, was an den Rändern, den Bruchstellen oder in den Zwischenräumen irdischer Zeit vor sich geht. Es ist Seelenzeit, Moment absoluter Wahrnehmung, in dem man so intensiv dem Wesen der Dinge nahe ist, es begreift und erfährt, daß die Eigenschaften der Uhrzeigerzeit außer Kraft gesetzt sind. Daraus ergibt sich auch, daß einmal die Zeit in der Anderswelt ungemein viel langsamer verstreichen kann als in der Welt der Sterblichen, ein andermal wiederum aber auch schneller. Immer aber ist die Anderszeit des Feenlandes auf irgendeine Weise mit der Zeit der realen Welt verknüpft. Erst in der Unterscheidung von dieser wird sie zu dem, was sie ist: Zeit des Wunderns, des Unerhörten.
Der Mann, der einen Feenring betritt, wird genau nach einem Jahr und einem Tag in der Welt der Sterblichen wieder gerettet. Die Feen

zahlen nach einem Zeitabschnitt von sieben Jahren irdischer Zeit einen Tribut an die Hölle.

In den frühen Geschichten von der Anderswelt, wie wir sie im Kapitel 1 kennengelernt haben, wird diese insofern als ein Land der Zeitlosigkeit beschrieben, als deren Bewohner nicht dem Verlauf des an Zeit gebundenen Alters unterliegen.

Glück ist, so ließe sich interpretierend hinzufügen, »aus der Zeit« der Irdischen zu fallen, Uhrzeigerzeit, sei sie nun kurz oder lang, nicht mehr erleben zu müssen.

Dann aber stößt man auch wieder auf Geschichten, aus denen sich ergibt, daß der Wechsel der Jahreszeiten, daß bestimmte Tage im Kalender der Sterblichen für Vorgänge in der Anderswelt von besonderer Bedeutung sind; Zeiten, in denen die Irdischen Feen begegnen oder von ihnen in die Anderswelt verschleppt werden.

Die Nächte des 1. Mai und des 1. November sind solche Daten. Feenzüge reisen mit Vorliebe an Quartalstagen über Land, nämlich am 25. 3., 24. 6., 29. 9. und 25. 12. Vollmond und die Tage davor oder danach sind Feenzeit.

Aber es gibt auch Tageszeiten, in denen die Anderswelt sich gegen das Land der Irdischen hin öffnet: die Morgen- und Abenddämmerung, die träg-heiße Mittagsstunde eines Sommertages, Mitternacht. Wochentage haben für Feen eine besondere Bedeutung. Wer Feen trifft, sollte nie das Wort »Sonntag« erwähnen. Freitag ist der Sonntag der Feen, der Tag, an dem sie am meisten Macht haben. Am Donnerstag können die Feen nichts von dem hören, was die Sterblichen über sie reden. Mittwoch hingegen ist ein Tag, an dem sich ein Sterblicher vorsehen muß, nicht in die Anderswelt zu geraten.*

Wenn im Zusammenhang mit der Anderswelt nicht nur der 1. Mai und Allerseelen, Maria Verkündigung und der 1. August, sondern auch Mittsommer und Weihnachten von Bedeutung sind, so erklärt sich das daraus, daß der Feenglaube ursprünglich unter Stammesgruppen entstanden ist, die deswegen einen verschiedenartigen Kalender hatten, weil die einen Hirten mit Herden, die anderen aber Ackerbauern waren.

Ehe wir den Ursprung und die Bedeutung solcher Zeitmarken näher untersuchen, werden hier zunächst einmal eine Handvoll Geschichten vorgestellt, in denen die Zeit in der Anderswelt für den Leser erlebte Wirlichkeit werden soll. Die erste dieser Geschichten stammt aus einem der Saga-Zyklen, aus den Sagas um die Fianna. Ihr gehörte auch Oisin (Ossian), der Dichter und Sänger an. Er war der Sohn des Finn mac Cumhal und der Sadth, einer Feenfrau.

Sadth war einst von dem Dunklen Druiden Fear Doirche verfolgt worden. Er hatte sie in ein Reh verwandelt. Finn rettete und heiratete sie, aber der Dunkle Druide entführte Sadth, und so verlor Finn sie für immer.

Als er eines Tages auf der Jagd war, erhob sich unter seinen Hunden lautes Gebell. Als er nachsah, was es da gäbe, fand er unter seiner Meute zwei besondere Hunde, Bran und Sceolan, die einen kleinen Jungen vor dem Angriff der übrigen Tiere verteidigten. Finn schloß das Kind in die Arme und wußte durch Eingebung, daß er in ihm seinen Sohn mit Sadth vor sich hatte. Er nannte den Jungen Oisin, und da er Feenblut in seinen Adern hatte, wurde er nicht nur ein berühmter Sänger, sondern auch ein starker Krieger, der dank seiner übernatürlichen Kräfte selbst die fürchterliche Schlacht von Garrbha überlebte, in der sein Sohn Osgar ums Leben kam. Aber endlich mehrten sich die Anzeichen, daß das heroische Zeitalter in Eire sich seinem Ende zuneigte. Mit einer merkwürdigen Vorgeschichte wird diese Zeitenwende, die in der realen Geschichte der Einführung des Christentums entsprechen würde, angezeigt.

DER TOD DER HÜNDIN BRAN*

Eines Tages war Finn auf der Jagd und seine Hündin Bran verfolgte ein Reh. Sie trieb das Wild dem Jäger zu, und das Reh rief plötzlich aus: »Wenn ich in die See dort springe, werde ich nie mehr zurückkommen. Wenn ich mich in die Luft flüchte, wird mich das nicht vor Bran retten, denn diese Hündin ist so schnell, daß sie selbst noch einen Schwarm Wildgänse überholen würde.«

»Dann sollst du durch meine Beine hindurch entkommen«, sprach Finn. So geschah es, aber Bran folgte dem Reh, und als Finn dies sah, preßte er seine Schenkel zusammen, und im Augenblick war die Hündin tot.
Darüber wurde er sehr traurig, und er weinte so heftig, wie er seit dem Tod seines Enkels Osgar nicht mehr geweint hatte.
Manche sagen, das Reh sei Finns Mutter gewesen, und um seine Mutter zu retten, sei ihm nichts anderes übriggeblieben als die Hündin zu töten. Aber das ist nicht wahrscheinlich, denn seine Mutter war die schöne Muirne, Tochter des Tadg, Sohn des Nuada aus dem Volk der Tuatha de Danaan, und man hat nie davon gehört, daß sie in ein Reh verwandelt worden ist. Also ist es wahrscheinlicher, daß das Tier die Mutter des Oisin war.
Und manche sagen, daß man Bran und Sceolan, die beiden Hunde, in der Abenddämmerung manchmal im Dickicht auf dem Hügel von Almhuin sehen kann.

DER RUF AN OISIN*

An einem nebligen Morgen versammelten sich die wenigen Männer, die von der Fianna zu dieser Zeit noch übriggeblieben waren, um Finn, und betrübt und niedergeschlagen waren sie nach dem Tod so vieler ihrer Kameraden.
Sie zogen auf die Jagd nach den Ufern des Loch Lein, wo die Büsche blühten und die Vögel sangen, und sie scheuchten ein Reh auf, das sich so leicht bewegte wie die Blätter an einem Baum zur Sommerszeit.
Und gleich darauf sahen sie von Westen her eine schöne junge Frau auf sich zukommen, die ritt auf einem schlanken weißen Pferd. Sie trug eine Königskrone und einen Mantel aus dunkler Seide, auf den Sterne aus rotem Gold gestickt waren. Ihre Augen waren blau und so klar wie der Tau auf dem Gras, und ein goldener Ring war geknüpft in jede Locke ihres Haars. Ihre Wangen hatten ein lebendigeres Rot als das eines Rosenblattes

und ihre Haut war weißer als das Gefieder eines Schwans auf der Welle. Ihre Lippen, so ahnte man, waren so süß wie der Honig, den man unter den roten Wein mischt.
In der Hand hielt sie einen Zügel, aus Goldfäden gewunden, und auch der Sattel, auf dem sie saß, war aus rotem Gold.
Sie ritt zu der Stelle, an der Finn stand, und redete ihn mit freundlicher, sanfter Stimme an.
»Eine lange Reise habe ich hinter mir, Meister der Fianna.«
Finn fragt, wer sie sei, aus welchem Land sie stamme und weshalb sie komme.
»Niamh von dem Goldenen Kopf ist mein Name«, sprach sie, »und mein Name steht über dem aller Frauen der Welt, denn ich bin die Tochter des Königs im Land der Jugend.«
»Und was führt dich über das Meer hierher zu uns?« fragte Finn. »Ist es, weil dich dein Ehemann verlassen hat oder was für Sorgen hast du sonst?«
Mein Ehemann hat mich nicht verlassen«, antwortete sie, »denn ich habe mich bisher noch nie einem Mann hingegeben. Aber Meister der Fianna«, fuhr sie fort, »ich habe mich in deinen Sohn verliebt, in Oisin, den mit den starken Händen.«
»Wie kommt es aber, daß du ihn all den Prinzen und hohen Herren, die die Sonne bescheint, vorziehst?« fragte Finn.
»Der Grund ist sein guter Name, seine Freundlichkeit und Umgänglichkeit«, erwiderte sie, »denn gibt es auch viele Königssöhne, die willens wären, mich zu lieben und zu ehren, so habe ich mir doch in den Sinn gesetzt, nicht eher zufrieden zu sein, bis Oisin mich liebt.«
Als Oisin hörte, was sie da sprach, war keine Faser in seinem Körper, die nicht von Liebe zu der schönen Niamh erfaßt worden wäre, und er nahm ihre Hand in seine und sprach:
»Willkommen hier in diesem grünen Land. Ich sehe, fühle und weiß, du bist die schönste unter allen Weibern. Kein anderes ist schöner als du. Dich will ich lieben bis ans Ende aller Nächte Morgen, und von nun an wird es so sein, als gäbe es gar keine andere Frau auf der Welt.«

»Wenn dem so ist«, sagte Niamh, »befehle ich dir bei meiner Ehre, mit mir zu kommen in das Land der Jugend.« Und weiter sprach sie:

»Es ist das herrlichste Land unter der Sonne. Die Äste der Bäume hängen überall voll Früchte. Sie tragen ständig Frucht, Blätter und Blüten in einem. Nie wirst du altern mit der vergehenden Zeit. Nie wird der Tod dich ansehen. Immer wirst du jung sein.

Du wirst immer Feste feiern, spielen und trinken. Du wirst immer angenehme Musik hören. Silber, Gold und Juwelen wirst du besitzen.

Du wirst bekommen – und dies ist keine Lüge – hundert Schwerter, hundert Mäntel aus teuerster Seide, hundert Pferde und hundert abgerichtete Hunde. Du wirst zum König im Land der Jugend gekrönt werden. Du wirst in diesem Land immer Zuflucht finden, Tag oder Nacht, wann immer du von einer Schlacht oder einem schweren Gefecht heimkehrst. Du wirst eine Rüstung bekommen, wie du besser keine findest. Hundert Panzerhemden und hundert Seidenhemden werden dein sein, hundert Kühe und hundert Kälber, hundert Schafe mit goldenem Vlies.

Einhundert junge Mädchen, ein jedes schöner und heiterer als die Sonne und mit Stimmen süßer als die Musik der Vögel, hundert bewaffnete Männer, tapfer und stark in der Schlacht und geübt, Feste zu feiern, warten auf dich, wenn du mir folgst in das Land der Jugend.

Alles, was ich dir versprochen habe, sollst du bekommen und noch viele Freuden mehr, für die jetzt keine Zeit bleibt, um sie aufzuzählen. Schönheit, Stärke und Macht soll dir werden, und ich will deine Frau sein.«

Nachdem sie so geredet hatte, sagte Oisin:

»O schöne goldhaarige Königin, du, die ich unter allen Frauen der Welt mir gewählt habe zur Liebe, mit dir gehe ich frohen Herzens.«

Er küßte seinen Vater und verabschiedete sich von ihm und den anderen Männern der Fianna. Er schwang sich hinter Niamh auf das Pferd, und es begann zu traben, und als sie an den Strand kamen, schüttelte es sich, wieherte dreimal und preschte dann ins Meere.

Als das Finn und die Männer der Fianna sahen, stießen sie alle drei schrille Klagelaute aus, und Finn sprach:

»Ach, welch ein Kummer, daß du jetzt von uns gehst. Ich habe keine Hoffnung, dich je wiederzusehen.«

Während Oisin glückliche Zeiten in der Anderswelt verbringt, hat sich Irland zum Christentum bekehrt. 431 wurde Patrick von Rom zum Bischof ernannt. Zu diesem Zeitpunkt dürfte es in Irland, nicht zuletzt auf Grund der Handelsbeziehungen ins römische Britannien und nach Gallien, schon einige Christen gegeben haben. Über Patricks Leben ist nur mehr oder minder Legendäres bekannt. Neuerdings ist man sogar geneigt anzunehmen, daß es vielleicht zwei Männer dieses Namens gegeben hat, die zu verschiedenen Zeiten in Irland missionierten.

In den Schriften des heiligen Patrick erfahren wir über seine frühen Jahre nur soviel: Geboren worden sei er als Sohn des Calpurnius in dem Dorf Bannavem Taberniae, das vielleicht im Tal der Sewern, auf Anglesey oder bei Ravenglass in Cumberland gelegen haben könnte. Als Sechzehnjähriger wurde er von irischen Piraten geraubt und mit Tausenden anderen als Gefangener auf die Grüne Insel gebracht, wo er etwa sechs Jahre lang in Wäldern und Gebirgen Schafe hütete. In jener Zeit entdeckte er das Christentum für sich. Endlich gelang es ihm zu entfliehen. Er kam nach England zurück, wo ihn seine Verwandten wie einen verlorenen Sohn empfingen. Sie beschworen ihn, in der Heimat zu bleiben, aber eine Vision veranlaßte ihn, nach Irland zurückzukehren und das Land zu missionieren. Ein halbes Jahrhundert später schreibt er über diesen entscheidenden Augenblick in seinem Leben mit erstaunlicher Anschaulichkeit und Eindringlichkeit:*

DIE VISION DES HEILIGEN PATRICK*

Und in der Nacht erschien mir ein Mann, der hieß Victoricus und kam aus Irland mit zahllosen Briefen. Und er gab mir einen davon. Ich öffnete ihn und las die Worte »An die Stimme der Iren«, und während ich las, sah ich sie im selben Moment ganz deutlich vor mir und hörte ihre Stimmen, wie sie da im Wald von Foclut, der nahe der westlichen See liegt, um mich gestanden und wie aus einem Mund gerufen hatten: »Wir bitten dich, Junge, komm und lebe wieder mit uns zusammen.«

Über Patricks kirchliche Ausbildung erfahren wir in seiner Schrift kaum etwas. Einmal wird lediglich erwähnt, daß er im Alter den Wunsch verspürt habe, nach Gallien zu reisen, um dort die »Heiligen des Herrn« zu besuchen. Einer seiner Biographen aus dem 7. Jahrhundert stellt ihn als Schüler des heiligen Germanus von Auxerre vor, dessen Kloster an den Ufern des Flusses Yonne gelegen hat. Auch ein Aufenthalt auf der Insel Lérin, vor der französischen Mittelmeerküste, von wo aus sich das Eremitentum aus dem Orient nach Nordwesteuropa ausbreitete, ist möglich.

In Irland selbst scheint sich seine Missionarbeit vor allem nördlich der Linie Galway-Wexford abgespielt zu haben. Jedenfalls stammen die meisten Geistlichen in der Generation nach Patricks Tod (461 oder 490?), die durch Urkunden historisch verbürgt sind, aus diesem Gebiet.

In der folgenden Geschichte kehrt Oisin aus der Anderswelt nach einem Zeitsprung in ein schon christianisiertes Irland zurück. In ihr wird der Mangel spürbar, den diese Vorbildgestalt des archaischen Eire angesichts der veränderten Verhältnisse empfand.

OISINS WIEDERKEHR*

Manche sagen, Oisin sei Hunderte von Jahren im Land der Jugend gewesen. Andere behaupten, er habe sich tausend Jahre dort aufgehalten, aber wie lange es auch immer gewesen sein mag: die Zeit schien ihm kurz. Und was immer er auch in der Zeit, in der er dort war, erlebt haben mag, als er zurückkam, wurde er ein alter Mann mit vielen Runzeln im Gesicht. Sein Pferd selbst wandte sich von ihm ab und lief fort, als er da irgendwo am Boden lag.

Und es war St. Patrick, der Macht hatte zu dieser Zeit, und zu ihm brachte man Oisin, und Patrick behielt ihn in seinem Haus, belehrte und befragte ihn.

Es gefiel Oisin ganz und gar nicht, wie es nun in Irland zuging. Immer wieder redete er von den alten Zeiten, und wie schön es doch in den Tagen der Fianna gewesen war.

Und Patrick gebot ihm, er möge ihm erzählen, was ihm zugestoßen sei. Dies ist die Geschichte, die Oisin erzählte:

»Als ich damals fortging mit der goldhaarigen Niamh, wandten wir unseren Rücken Irland zu und schauten westwärts, und die See wich vor uns zurück, aber hinter uns schlugen die Wellen wieder zusammen. Wir sahen viel Wunderbares auf dieser Reise. Städte und Höfe und Bergfesten, schneeweiße Häuser und sonnenglänzende Paläste. Neben uns lief ein geweihloses Reh. Es lief schnell. Und auch ein weißer Hund mit roten Ohren folgte uns. Ein andermal sahen wir ein junges Mädchen auf einem Pferd, das hatte einen goldenen Apfel in der rechten Hand, und sie ritt über die Kämme der Wellen dahin, und es verfolgte sie ein junger Mann auf einem weißen Pferd, der trug einen roten Mantel und hatte ein mit Gold verziertes Schwert ...«

»Erzähle nur weiter, mein guter Oisin«, sagte Patrick, »noch hast du nicht von dem Land berichtet, in das du kamst.«

»Es war das Land der Jugend und das Land der Herrlichkeit«, sagte Oisin, »und ach, Patrick, dieser Name lügt nicht. Wenn es im Himmel auch so wäre, würde ich gewiß gern Gottes Freund.

Als wir die Hügelfelsen hinter uns gelassen hatten, wurde der Lauf des Pferdes, auf dem wir saßen, schneller als die Geschwindigkeit des Fallwindes am Gebirge. Es dauerte nicht lange, da verdunkelte sich der Himmel und überall erhob sich ein Wind, und die See schien in Flammen zu stehen. Doch die Sonne war nicht zu sehen.
Nach einer Weile legte sich der Wind wieder. Die Sonne kroch hinter Wolken hervor. Wir sahen vor uns ein herrliches Land voller blühender Bäume, mit weichen Ebenen und der Hügelfeste eines Königs, aus strahlenden Steinen von geschickten Handwerkern aufgeführt. Entgegen kamen uns dreimal fünfzig bewaffnete Männer, sehr lebhaft und stattlich, und ich fragte Niamh, ob dies nun das Land der Jugend sei. ›So ist es‹, sagte sie, ›du wirst sehen, ich habe dir nicht zuviel versprochen.‹ Und es begrüßten uns hundert schöne junge Mädchen in seidenen Kleidern mit Gold und hießen uns herzlich willkommen. Danach kam ein großes Heer, die Männer in funkelnden Rüstungen, und ich sah den starken, stattlichen König. Er trug ein Hemd aus gelber Seide und ihm folgten eine junge Königin und fünfzig junge Frauen.
Als sie herangekommen waren, ergriff der König meine Hand und sprach, so daß es alle hören konnten: ›Hundertfaches Willkommen dir, Oisin, Sohn des Finn. Das ganze Land grüßt dich. Ich will dir Kunde geben ohne Lüge. Lang und immerwährend wird dein Leben hier sein. Jung wirst du bleiben für immerdar. Wenn du dir je in deinem Herzen etwas Schönes gewünscht hast, so wirst du es gewiß hier finden. Du kannst meinen Worten Glauben schenken, Oisin, denn ich bin König in diesem Land, und dies ist meine Frau, die Königin, und es war die goldköpfige Niamh, unsere Tochter, die zu dir über das Meer kam, um dich zu freien.‹
Ich dankte ihm, dann warf ich mich vor der Königin nieder und sie hob mich auf. Wir gingen in das Haus des Königspaars, und die Edlen des Landes kamen, um mir zu huldigen. Ein Fest wurde gefeiert, das dauerte zehn Tage und zehn Nächte.

Ich heiratete Niamh mit dem Goldenen Haar. So bin ich in das Land der Jugend gekommen. Es stimmt mich traurig, wenn ich jetzt zu dir davon rede.«

»Fahr dennoch fort mit deiner Geschichte, Oisin, dessen Waffen alles vernichten konnten«, sprach Patrick, »und erzähle mir auch noch, auf welche Weise du dieses Land wieder verlassen hast. Es verlangt mich, auch davon zu hören. Und sag noch: Hast du auch Kinder mit Niamh gehabt, und warst du lange dort?«

»Drei Kinder schenkte mir Niamh«, berichtete Oisin, »zwei Söhne und eine Tochter. Niamh nannte die Söhne Finn und Osgar, und ich gab der Tochter den Namen ›die Blume‹. Ich spürte nicht, daß Zeit verging, und sehr lange war ich dort. Aber dann überkam mich ein großes Verlangen, Finn und meine Kameraden wiederzusehen. Da erbat ich Urlaub, um nach Irland zurückzukehren.

›Ich gebe dir Urlaub‹, sprach Niamh, ›aber es ist doch eine böse Neuigkeit, was ich da von dir höre. Denn ich fürchte, ich werde dich nie wiedersehen.‹

Da hieß ich sie, keine Furcht zu haben, denn das weiße Pferd würde mich gewiß sicher wieder aus Irland zurückbringen.

›Präge dir dies ein, Oisin‹, sagte sie, ›wenn du je vom Pferd steigst oder mit deinem Fuß Erde berührst, gibt es für dich keine Wiederkehr. Und auch das schreibe dir ins Gedächtnis: Wenn du je vom Pferd steigst, wirst du ein alter Mann sein, blind, mit Runzeln, ohne Lebendigkeit, ohne Freude. Es bekümmert mich, Oisin, daß du zurückkehrst ins grüne Irland. Es ist jetzt nicht mehr dort so, wie du es gewohnt warst. Die Fianna, Finn und deine Kameraden gibt es nicht mehr, statt dessen wird die Insel von frommen Vätern und einer Schar von Heiligen beherrscht. Jetzt will ich dich noch einmal küssen, dich umarmen und mit dir in Freuden schlafen, denn mir steht im Sinn, daß du nie mehr zurückkommst.‹

Das ist meine Geschichte, Patrick«, sagte Oisin, »ich habe keine Lüge gesprochen. Und Patrick, Mann Roms, wenn ich noch der gewesen wäre als der ich ging, hätte ich rasch ein Ende gemacht mit der Herrschaft deiner Pfaffen und keiner von ihnen trüge jetzt noch seinen Kopf auf der Schulter.«

»Erzähle weiter, wilder Mann«, sagte Patrick, »ich will dich besänftigen. Ich will dich freundlich behandeln, wie ich auch Finn freundlich behandelt habe. Der Klang deiner Stimme ist mir angenehm.« Also fuhr Oisin fort mit seiner Geschichte, und was er erzählte, war dies:

»Nichts zu berichten habe ich von der Reise zurück ins grüne Irland; hier angekommen, sah ich mich überall um, aber niemand wußte mir etwas von Finn zu sagen. Es dauerte nicht lange, da begegnete ich einem Trupp Reiter. Sie wünschten mir gute Gesundheit und verwunderten sich sehr, als sie mich erblickten. Ich sah ihnen gar nicht ähnlich, weil ich so viel größer und stärker war als sie. Ich erkundigte mich nach Finn, ob er noch lebe und nach der Fianna.

›Wir haben sagen hören‹, antworteten sie, ›daß Finn vor langer Zeit gelebt haben soll und viele Bücher berichten davon, wie stark und tapfer er gewesen ist. So zahlreich sind diese Geschichten, die die besten Dichter der Gaelen aufgeschrieben haben, daß wir sie dir unmöglich hier jetzt alle erzählen können. Auch von Finns Sohn ist in diesen Geschichten die Rede. Er muß schön, stark und strahlend gewesen sein, aber dann ist ein junges Mädchen gekommen und hat ihn fortgelockt ins Land der Jugend, so sagt man.‹

Als ich sie so reden hörte, wurde mir klar, daß weder Finn noch einer meiner Kameraden der Fianna noch lebten. Da sank mir das Herz, und ich fühlte mich müde und traurig. Ich verlor keine Zeit und wandte mich nach Almhuin in Leinster. Und wie groß war mein Verwundern, als ich dort die Hügelfeste von Finn nicht mehr sah, noch seine große Halle, sondern nur ödes Land, überwuchert von Unkraut und Nesseln.«

Groß war der Schmerz, der Oisin bewegte, als er dies erzählte.

»Ach Patrick«, fuhr er fort, »so war es doch eine schlimme Reise für mich geworden. Nichts von Finn und der Fianna zu erfahren, bedeutete, daß ich immer elend sein würde.«

»Oisin, fasse nur Mut«, sagte Patrick, »wenn du weinst, so erflehe mit deinen Tränen die Gnade Gottes. Finn und die Fianna sind lange schon tot. Ihnen ist nicht mehr zu helfen.«

»Das ist es ja gerade«, sagte Oisin, »Finn geschlagen und besiegt! Wenn ich nur wüßte von wem. Wessen Hand mag wohl den Sieg über so viele gute Krieger davongetragen haben?«

»Es war Gott, der Finn besiegte«, sagte Patrick, »und nicht die starke Hand eines Feindes, und was die Fianna angeht, so sind alle ihre Männer verdammt, in der Hölle mit ihm für immer zu leiden.«

»O Patrick«, sagte Oisin, »was ist das für ein Ort, den du Hölle nennst, zeig mir den Weg dorthin. Denn es gibt keinen Ort, an dem sie gefangen sind und von dem ich sie nicht befreien könnte.«

»Wir wollen uns nicht streiten«, sagte Patrick, »erzähl lieber noch, was geschah, als du hörtest, daß es die Fianna nicht mehr gibt.«

»Das ist rasch gesagt«, sagte Oisin, »ich wollte wieder fort. Da sah ich jenes Steinbecken, in dem die Männer der Fianna ihre Hände zu kühlen pflegten. Und als ich es sah, überkam mich solch ein Verlangen, wieder einmal meine Hand dort ins Wasser zu legen, daß ich vergaß, was Niamh mir gesagt hatte und ich vom Pferd stieg. In diesem Moment kamen all die Jahre wieder zurück, die seit meiner Abwesenheit verstrichen waren. Ich stürzte zu Boden. Das Pferd rannte fort. Es ließ mich zurück als einen alten Mann. Schwach und hinfällig fand ich mich vor. Fast blind, ohne Energie und Verstand. Dies, Patrick, ist meine Geschichte! Und es ist keine Lüge an dem, was ich dir erzählt habe.«

Das Motiv von der Last der im Diesseits vergangenen Zeit, die sich in dem Augenblick auf die Schultern des aus der Anderswelt Heimkehrenden legt, da er mit dem Fuß heimischen Boden berührt und ihn zu Staub zerfallen läßt, treffen wir in zahlreichen frühen Sagas an.

Es lebt fort bis hin zu den bäuerlichen Erzählern im 19. und 20. Jahr-

hundert, die unter den Strohdächern die Tradition des Feenglaubens lebendig erhielten.
Klar tritt der Unterschied zwischen realer Zeit und Zeit der Anderswelt in einer sonst eher harmlosen Geschichte hervor, die im County Sligo noch heute erzählt wird.

DANIELS BRAUTFAHRT*

Es war einmal ein Bootsmacher in Sligo, ein junger Bursche, gut bei Stimme und tüchtig im Trinken, der hatte sich in eine Dienstmagd in Ballingtogher verliebt. An einem Mittwochabend war's, da wanderte er von der Stadt hinaus auf das Dorf, um seine Aileen zu besuchen. Es war schon dunkel geworden, und der junge Mann kam vom Weg ab und stürzte in einen der Seen, die in dieser Gegend liegen. Er konnte nicht schwimmen, das Wasser schlug also über ihm zusammen und er sank tiefer und tiefer. Als er sich von dem ersten Schreck erholt hatte und ihm klar wurde, daß er nicht ertrank, wurde es ihm ganz leicht und froh. Er empfand es als gar nicht so unangenehm, im Wasser immer weiter abwärts zu gleiten. Er atmete dabei, als befände er sich auf trockenem Land, und je tiefer er gelangte, desto klarer und leuchtender wurde das Wasser um ihn. Endlich stand er auf einem ebenen Fleck auf dem Grund. Er sah sich um und stellte fest, daß er sich in einem schönen Land befand, mit grünen Feldern, blühenden Hecken und Bäumen, die dichtes Laubwerk trugen. Sofort kam ein kurzgewachsener, dicker alter Mann auf ihn zu und fragte ihn, woher er komme. Daniel erzählte ihm, daß er auf dem Weg zu seinem Schatz gewesen und dabei in den See gestürzt sei.
»Herzlich willkommen«, sagte der Mann und führte ihn in ein schmuckes Haus, in dem eine ausgelassene Gesellschaft beisammensaß. Sie sangen, erzählten und tranken und hatten nichts dagegen, daß Daniel sich zu ihnen setzte. Auch er wußte so manche Geschichte, und für das Bier kamen sie auf, und also verbrachten sie die Zeit in bestem Einvernehmen miteinander.

Nachdem vielleicht ein oder zwei Stunden vergangen sein mochten, wandte sich Daniel an den dicken alten Mann und sagte: »Wäret Ihr wohl so freundlich, mir den Weg nach Ballingtogher zu zeigen. Ich bin ohnehin schon spät dran gewesen. Ich fürchte, meine Aileen wird zu Bett gehen, wenn ich mich nicht bald bei ihr sehen lasse.«
Seine Gastgeber versuchten ihn zu bewegen, doch noch etwas zu bleiben, wie das gute Sitte ist in einer solchen Runde, aber schließlich merkten sie, daß es ihm dringlich war, seinem Mädchen an diesem Abend noch einen Kuß zu geben und ließen ihn ziehen. Der alte Mann führte ihn über einen ebenen Pfad, griff plötzlich nach oben und hob einen Stein in die Höhe. Und siehe da, es war der Herdstein in der Küche jenes Hauses, in dem Aileen in Diensten stand. Das Mädchen saß am Feuer und weinte. Sie war sehr erschrocken, als sie ihren Daniel so plötzlich vor sich sah, und er hatte alle Mühe, ihr klarzumachen, daß er kein Geist sei, denn es waren seit seinem Verschwinden nicht etwa ein, zwei Stunden vergangen, wie er meinte, sondern ein ganzer Monat.

Wichtig scheint es, darauf hinzuweisen, daß Geschichten mit solchen Zeitsprüngen nicht nur in Irland erzählt werden.
Aus dem deutschen Sprachraum kommt die Sage vom »Mönch zu Heisterbach«.*
Ein junger Kleriker wird, als er über den Sinn des Lebens nachdenkt, von vielerlei Zweifeln bedrängt. Die biblischen Worte »Dem Herrn ist ein Tag wie tausend Jahre und tausend Jahre sind ihm wie ein Tag!« (eine genaue Definition der Anderszeit) haben ihn beschäftigt, als er im Klostergarten umherspazierte. Vertieft in seine Gedanken, verläßt er den Garten und streift eine Weile durch den benachbarten Wald. Als er das Vesperglöckchen läuten hört, eilt er schnell zurück und klopft an die Klosterpforte. Ein unbekannter Bruder öffnet ihm und fragt ihn nach seinem Begehren. Er gibt keine Antwort, sondern hastet zur Kapelle, um die Messe nicht zu versäumen. Aber an seinem Platz sitzt

schon ein anderer. Von allen Mönchen, die im Chor singen, ist kein einziger ihm mehr bekannt. Den anderen Brüdern ist er ebenso fremd wie dem Pförtner. Als er seinen Namen nennt, kann sich niemand an ihn erinnern. Erst mit Hilfe der Klosterchronik kann man feststellen, daß der letzte Mönch dieses Namens vor dreihundert Jahren im Wald verschwunden war.

Als bekannt vorausgesetzt werden kann hier die Sage von Rip van Winkle, der sich unvorsichtigerweise auf der Jagd in der Wildnis von unheimlichen Jägern (in altholländischen Kostümen) zum Trinken verleiten läßt und scheinbar darauf sogleich, tatsächlich aber mit einem Zeitsprung von vielen Jahren in seinen völlig veränderten Heimatort zurückkehrt.

Weniger vertraut dürfte Lesern in Europa die japanische Geschichte von Urashima Taro sein, einem ergebenen Sohn, der mit seiner Mutter zusammenlebt und deswegen nicht heiratet, weil er nicht genug verdient, um auch noch eine Ehefrau zu ernähren. Von einer Schildkröte wird Urashima in ein Königreich unter den Wellen gelockt, heiratet dort ein hübsches Fischweib und verbringt mit dieser ein paar schöne Tage. Doch dann plagt ihn sein Gewissen. Er beginnt, sich Sorgen um seine arme Mutter zu machen. Er bittet, sie besuchen zu dürfen. Seine Geliebte hört solche Bitten zwar nicht gern, läßt ihn aber schließlich ziehen. Sie gibt ihm einen Korb mit, den er nicht öffnen soll. Als er an Land kommt, findet er dort alles völlig verändert. Die Hütte, in der seine Mutter gelebt hat, ist verschwunden. Keiner der Menschen, die er gekannt hat, ist noch am Leben. In seiner Verzweiflung öffnet er den Korb. Nebel weht ihm ins Gesicht. Er spürt wie er altert. Seine Gestalt wird gebeugt, seine Glieder schmerzen. Nach ein paar Minuten ist er zu Staub zerfallen. Zweihundert Jahre sind, seitdem er von daheim fortging, verflossen. Indem er den Korb öffnete, ist die Last der Zeit, die bei den Sterblichen vergangen ist, über ihn gekommen*

Eine Variation des Motives vom Zeitsprung erleben wir in der nächsten Geschichte. Hier benutzt ein mächtiges Feenwesen den Unterschied in den Zeiten von Diesseits und Jenseits, um einen Sterblichen zu bestrafen.

JOHN CONNORS UND DER FEENKÖNIG*

Einst lebte ein Mann mit Namen John Connors nahe Killarney, und er hatte sieben kleine Kinder, alles Töchter und keinen Sohn. Als ihm darauf abermals eine Tochter geboren wurde, war der Mann so zornig, daß er sich weigerte, vom Feld heimzukommen, um nach der Mutter und dem Neugeborenen zu sehen. Als nun die Zeit herankam, da das Kind zu taufen war, wollte er auch nicht hingehen und fragen, wer da Pate stehen würde. »Nein«, sprach er, »mich kümmert das nicht.«

Einige Jahre darauf jedoch wurde ihm ein Sohn geboren. Einige Frauen kamen aufs Feld gelaufen, um ihm die frohe Nachricht zu bringen. Connors war so froh, daß er den Spaten, den er bei sich hatte, zerbrach, nach Hause eilte, Brot und Fleisch kommen ließ und sich dann anschickte, mit Freunden ein großes Fest zu feiern. »Es gibt doch im ganzen Kirchspiel keinen«, sprach er zu seinem Weib, »der es wert wäre, Pate meines Sohnes zu werden. So will ich, wenn es Nacht wird, ins nächste Dorf reiten und mich dort nach einem Paten umsehen.«

Bei Nacht sattelte er sein Pferd, stieg auf und ritt ins nächste Dorf, um dort einen Freund und dessen Frau als Paten zu bitten. Das Dorf, zu dem er ritt, hieß Beaufort und lag südlich von Killarney. Am Weg gab es ein Gasthaus, und dort machte Connors Rast, lud die Gäste ein, mit ihm zu trinken und ritt dann weiter. Als er ein paar Meilen hinter sich gebracht hatte, traf er einen Fremden auf einem weißen Pferd. Es war ein Gentleman, das sah man gleich an den roten Kniehosen, dem Schwalbenschwanz und dem Zylinder. Der Fremde grüßte John Connors artig und fragte dann:

»Wie kommt es, daß du noch so spät unterwegs bist?« »Ich bin unterwegs nach Beaufort«, antwortete Connors, »dort will ich die Paten für meinen Sohn suchen.«

»Dann bist du in die Irre geritten«, erklärte der Fremde, »du hättest die Abzweigung einschlagen sollen, die nun schon eine Meile hinter dir liegt. Kehr um und halte dich nach links.«

John Connors tat, wie ihm der Fremde geraten hatte, aber an die Abzweigung, von der die Rede gewesen war, kam er nicht. Er ritt noch etwa eine halbe Stunde dahin, als er abermals diesen Gentleman traf, dem er schon vorhin begegnet war, und dieser fragte ihn:

»Bist du nicht der Mann, den ich vor kurzem schon einmal getroffen habe und der nach Beaufort wollte?«

»Genau der bin ich.«

»Du hast die Abzweigung abermals verfehlt. Du mußt umkehren und nach etwa einer Meile nach rechts abbiegen.«

Connors tat, wie ihm geheißen und ritt mehr als eine Stunde, ohne daß er an eine Abzweigung gekommen wäre. Schließlich traf er den Fremden zum dritten Mal, und diesmal sagte der Gentleman:

»Es ist nun schon spät geworden. Um diese Zeit werden deine Freunde in Beaufort schon längst schlafen. Bis zu meinem Haus ist es nicht weit. Du kannst bei mir übernachten. Morgen ist auch noch ein Tag.«

John Connors dankte dem Fremden und sagte, er wolle gern mit ihm gehen, und dieser führte ihn zu einem schönen Schloß, hieß ihn absteigen und eintreten. Der Gentleman ließ gutes Essen auftragen. Nach dem Mahl zeigte er Connors sein Nachtlager und sprach:

»Nun leg deine Kleider ab und schlaf bis zum Morgen.«

Als Connors eingeschlafen war, nahm der Fremde die Kleider, formte eine Puppe, die John Connors ähnlich sah, zog ihr Johns Kleider an und band sie dann auf das Pferd. Er führte das Tier vor das Tor und jagte es davon.

Das Pferd suchte seinen heimatlichen Stall und erreichte das Dorf am nächsten Morgen.

Die Leute sahen das Tier, das scheinbar einen Toten trug und meinten, John Connors sei etwas zugestoßen. Sie begannen zu weinen und zu klagen. Man holte ihn vom Pferd, wusch ihn und legte ihn auf einen Tisch. Die Nacht über hielt das halbe Dorf Totenwache, wie es üblich war. Am nächsten Morgen wurde eine

Messe für seine arme Seele gelesen und ein großes Begräbnis für ihn ausgerichtet.
Am anderen Morgen erwachte John Connors – doch in der Welt der Sterblichen waren inzwischen drei Wochen vergangen – der Gentleman stand vor seinem Bett und sprach:
»Höchste Zeit, daß du erwachst, John. Dein Sohn ist schon getauft. Deine Frau meinte, du würdest nie wiederkommen. So ließ sie Paten durch den Priester suchen. Dein Pferd hat sich von hier davongemacht und ist heimgelaufen.«
»Habe ich denn lange geschlafen?«
»Drei volle Tage und Nächte hast du im Bett gelegen.«
John Connors richtete sich auf und sah sich nach seinen Kleidern um, konnte sie aber nirgends entdecken.
»Wo sind meine Kleider?« fragte er.
»Ich weiß nichts von deinen Kleidern, guter Mann, aber je eher du aufstehst, desto besser.«
Der arme John war nun völlig verwirrt.
»Wie soll ich denn ohne meine Kleider heimkommen, he? Wenn ich wenigstens ein Hemd hätte, könnte es noch angehen, aber ohne einen Fetzen am Leib kann ich mich doch nicht unter die Menschen wagen!«
»Halte keine langen Reden«, antwortete der Gentleman, »nimm dieses Laken um, und dann fort mit dir. Ich habe keine Zeit, mich lange mit deinesgleichen aufzuhalten.«
Als er ein gutes Stück Wegs zurückgelegt hatte, sah er sich um, konnte aber kein Schloß mehr entdecken. Hinter ihm lagen nur Felder und Weiden. Nun trug sich all dies zu an einem Sonntag, und Connors bemerkte in einiger Entfernung Leute, die zur Messe gingen. Da lief er wieder in die Felder hinein, aus Scham, es möchte ihn jemand so sehen. Er hielt sich auf den Feldern und lief nahe der Bäche, bis er einen Hügel erreichte. Dort suchten drei oder vier Jungen nach einem Schaf, das sich verlaufen haben mußte. Sie sahen Connors und erkannten in ihm den Mann, den man vor drei Wochen begraben hatte. Da liefen sie schreiend ins Dorf zurück und erzählten dort, sie hätten John Connors gese-

hen, mit nichts als einem Laken bekleidet. Nun ist es in Irland Sitte, die Kleider eines Verstorbenen mit Weihwasser zu besprengen und sie an die Armen zu verschenken. Man glaubt, daß sie dann der Tote auch in der anderen Welt tragen kann. Derjenige aber, der sie erhält, muß sie dreimal zu einer Messe anlegen und soll sie jedesmal mit Weihwasser besprengen, danach kann er sie tragen, wie und wann er will.
Als die Frauen im Dorf hörten, was die Jungen erzählten, gingen einige von ihnen zur Witwe und sagten: »Es ist deine Schuld, daß der Geist deines Mannes nackt umgeht. Du hast gewiß seine Kleider nicht an die Armen gegeben.«
»Wohl habe ich sie an die Armen geschenkt«, sagte die Witwe, »aber es mag wohl sein, daß der Mann, dem ich sie gab, sie nicht zur Messe getragen hat, und deshalb muß mein armer Mann nun in der anderen Welt nackt umhergehen.«
Dann lief sie auf der Stelle zu dem Armen, der die Kleider bekommen hatte. Als sie eintrat, saß der Mann gerade beim Frühstück.
»Du bist ein verdammter Heide«, schalt sie ihn aus, »ich hätte nie gedacht, daß du meinen armen alten John nackt in der anderen Welt herumlaufen läßt. Warum hast du die Kleider, die ich dir gab, nicht erst einmal zur Messe getragen und sie mit Weihwasser besprengt, wie sich das gehört, he?«
»Wie kannst du so etwas sagen«, entgegnete der Mann, »es ist alles so geschehen, wie es die Sitte will.«
Da ging die Frau beruhigt heim.
Nun lebte noch ein Onkel von John Connors in demselben Dorf. Er war ein reicher Bauer und hatte eine Magd und einen Knecht. Der Torfabstich war nicht weit vom Haus entfernt, und als das Mädchen einmal zu der Grube ging, um Torf zu stechen, sah sie nicht weit davon einen Mann mit einem Laken um die Schulter stehen. Sie sah noch einmal hin und erkannte, daß es John Connors war. Das Mädchen schrie auf, rannte verängstigt davon und erzählte im Haus, was ihr zugestoßen war. Der Bauer und sein Knecht lachten nur, und der Knecht wurde nun ausgeschickt, um

nachzusehen, ob das Mädchen die Wahrheit gesprochen habe. Tatsächlich: in der Torfgrube saß der Geist des John Connors mit einem Laken um die Schultern. Niemand wollte nun mehr zu dem unheimlichen Ort gehen, und das Gerücht verbreitete sich, John Connors sitze dort und bewache den Torf.

Früh am Abend ließ John Connors' Weib ihre Kinder niederknien und einen Rosenkranz für die Seele ihres Vaters beten. Danach gingen sie zu Bett. Es dauerte nicht lange, da hörten sie ein Klopfen an der Tür. Die arme Frau fragte, wer denn draußen sei. Eine vertraute Stimme antwortete:

»Dein Mann steht vor der Tür. Laß mich herein.«

»Möge der allmächtige Gott und die Heilige Jungfrau deiner Seele Ruhe schenken«, schrie das Weib, und die Kinder bekreuzigten sich und krochen unter die Bettdecken. Sie fürchteten sich sehr, er könne durch das Schlüsselloch hereinkommen.

John aber ging draußen zum Fenster und schlug gegen die Scheiben. Die arme Frau hastete zum Fenster und sah das Gesicht ihres Mannes. Sofort begann sie wieder, um die Erlösung seiner Seele zu beten, er aber rief:

»Mach mir doch auf, oder wirf mir wenigstens ein paar Kleider heraus. Ich sterbe fast vor Kälte.«

Als er sah, daß sie nichts bewegen würde, ihm aufzutun, ging er zum Haus seines Onkels. Als er an dessen Tür kam, lag drinnen die ganze Familie auf dem Boden und betete für das Seelenheil von John Connors. Er klopfte, und die Magd stand auf, um nachzusehen, wer draußen sei. Sie schob den Riegel zurück und öffnete die Tür einen Spalt breit, aber als sie gewahr wurde, wer da stand, schlug sie die Tür sofort wieder zu.

»John Connors' Geist geht um. Ich bleibe nicht länger hier. Ich will fort«, schrie sie hysterisch. Die ganze Familie floh eiligst ins Bett, ohne sich auszuziehen. John Connors aber hörte nicht auf, an die Tür zu pochen, doch niemand öffnete.

Also lief er zum nächsten Haus weiter. Es war der Doktor, der dort wohnte, und John dachte bei sich: Ich werde zu ihm gehen und ihm alles sagen, vielleicht, daß er ein Einsehen hat.

Aber auch hier kam ihm zuerst der Diener entgegen und lief schreiend zu seinem Herrn:
»John Connors' Geist steht unten an der Tür. Er hat nichts an außer einem Laken!«
»Du warst schon immer ein Narr«, sagte der Doktor zu seinem Diener, »und je älter du wirst, um so schlimmer wird es damit. Es gibt keine Geister.«
»Und doch steht Connors' Geist vor Eurer Haustür!« rief der Diener triumphierend und dabei am ganzen Leibe zitternd.
Um seinen Diener zu überzeugen, trat der Doktor an ein Fenster im ersten Stock. Er sah hinaus – und bei Gott, dort unten stand tatsächlich ein Geist. Er wandte sich hastig um und wies seinen Diener an: »Daß du mir die Tür nicht aufmachst. Tatsächlich steht er da. Das geht nicht mit rechten Dingen zu.«
Als er merkte, daß ihn auch der Doktor nicht einlassen werde, fluchte John Connors schrecklich.
»Gott steh uns bei«, murmelte der Doktor hinter dem Fenster, der Johns laute Flüche dort vernahm, »seine Seele muß verdammt sein, denn wäre sie jetzt im Fegefeuer, so würde sie nicht fluchen und schwören, sondern beten, was das Zeug hält. Er ist verdammt. Die Leute in diesem Nest werden noch ihr blaues Wunder erleben. Ich bleibe nicht länger hier. Morgen packe ich meine Sachen und reise ab.«
John ging nun zu dem Haus des Priesters, denn er dachte sich: wenigstens der Herr Pfarrer wird doch vernünftig sein. Die Haushälterin öffnete ihm. Doch als sie sah, wer da vor ihr stand, schrie sie auf und rannte davon. Doch ließ sie wenigstens die Tür hinter sich offen stehen, wenn auch nicht mit Absicht sondern vor Schreck. Als sie zur Treppe stürzte, fiel sie hin, und der Lärm erregte die Aufmerksamkeit des Priesters, der nachsehen kam, was da geschehen sei.
»O Vater«, schrie die Haushälterin, »John Connors' Geist ist in die Küche eingedrungen, und er hat nichts an als ein Laken!«
»Das kann nicht sein«, erwiderte der Priester, »noch keiner ist aus dem Jenseits zurückgekommen.«

Er hatte den Satz kaum vollendet, als der Geist auch schon vor ihm stand. »Im Namen Gottes«, sagte der Priester, »bist du tot oder lebendig? Du mußt tot sein, denn ich habe in deinem Haus eine Totenmesse gelesen. Der offene Sarg stand auf dem Tisch, und ich war auch bei deinem Begräbnis dabei.«
»Wie könnt ihr nur so närrisch sein wie all die anderen Leute im Dorf. Ich lebe...«, rief John Connors, »wer sollte mich denn getötet haben?«
»Gott, der jedem Leben einmal ein Ende setzt. Und wenn du nicht tot bist, wie konnte ich dann zu deinem Begräbnis gerufen werden?«
»Das war alles ein Mißverständnis«, erklärte ihm John, »wenn ich tatsächlich tot wäre, wie könnte ich dann mit Euch reden?«
»Aber wenn du lebendig bist, wo sind deine Kleider?«
»Das weiß ich auch nicht. Sie sind mir abhanden gekommen.«
»Geh in die Küche«, sagte der Priester, »ich werde dir Kleider bringen, und dann wirst du mir erzählen, was geschehen ist.«
Als er wieder wie ein Mensch gekleidet war, erzählte John Connors seine ganzen Erlebnisse von Anfang an.
»Ah«, sagte der Priester, »nun beginne ich zu begreifen. Das war Daniel O'Donoghue, der Prinz von Loch Lein. Er hat dir diesen Streich gespielt. Warum hast du auch keinen Paten aus unserem Kirchspiel genommen? Für den Rest deines Lebens wird dir das eine Lehre sein, und du wirst Sohn und Tochter gleich achten, hoffe ich. Du warst wohl nicht zufrieden mit dem Willen Gottes, obwohl es doch jedes Menschen Pflicht ist, alles so hinzunehmen, wie Gott es fügt. Vor drei Wochen hat man deine Leiche zu Grabe getragen, und zu all dem ist es nur gekommen, weil du stolz und hochmütig warst.«
»Ach... und deshalb wollte mich meine Frau nicht hereinlassen. Bitte, Hochwürden kommt doch mit mir und redet ihr gut zu, damit sie mir die Tür auftut.«
Der Priester und John Connors gingen zu dem Haus und klopften an, aber die Antwort war nur ein Gebet. Der Priester ging ans Fenster und machte der Frau ein Zeichen, sie solle öffnen.

Frau Connors öffnete die Tür, als sie jedoch ihren Mann hinter dem Priester sah, schrie sie auf und fiel in Ohnmacht, und auch die kleinen Mädchen, die um sie standen, sanken bewußtlos zu Boden. Als sich die Frau erholt hatte, versuchte der Priester, sie davon zu überzeugen, daß ihr Mann noch am Leben sei, aber sie wollte es so lange nicht glauben, bis er sie bei der Hand faßte. Dann betastete sie sein Gesicht und sein Haar und war endlich überzeugt.

Als der Priester alles aufgeklärt hatte, ließ er die Familie allein. Und nie mehr später – sofern das noch nötig war – ist John Connors in ein anderes Dorf gegangen, um einen Paten für eines seiner Kinder zu suchen.

Wofür John Connors bestraft wird – für die Mißachtung der weiblichen Kinder, für den Bruch mit der alten Sitte, den Taufpaten aus dem eigenen Dorf zu nehmen – sagt die Geschichte scheinbar recht deutlich. Aber der groteske Erzählstil, der die Situationskomik weidlich auskostet und am Ende auf die Moralpredigt aus dem Mund des Priesters nicht verzichtet, verdeckt, daß es hier »hinter den Kulissen« um etwas sehr Ernstes geht. Wovon die Geschichte tatsächlich handelt, sind die Probleme eines Menschen, der sich mit dem Wilden und mit der Wildnis eingelassen hat oder von ihr überwältigt worden ist, und der danach seine liebe Not damit hat, daß die zivilisierte Welt, die mit dem Wilden, der »Welt jenseits des Zaunes«, also der umfriedeten Ordnung, nichts zu tun haben will, ihn zurückweist. Der Zeitsprung dient hier lediglich dazu, diesen Bezug wenigstens unterschwellig anzudeuten. Verräterischer sind Sätze zu Anfang der Geschichte, in denen davon die Rede ist, daß John Connors selbst bei einem so wichtigen Ereignis, wie sie die Geburt eines Kindes darstellt, nicht heimkommt, sondern draußen auf dem Feld bleibt. Und daß die Mißachtung der Mädchen, die ihm geboren werden, mehr und anderes ist als ein hochmütiges Aufbegehren gegen den unerforschlichen Willen des Gottes der Christen, wird der Leser begreifen, wenn er das letzte Kapitel dieses Buches gelesen hat. Connors ist neugierig auf die

Anderswelt, setzt sich ihr aus. Er verstößt mit der Ablehnung der Mädchen und dem Bruch einer alten Sitte zugleich auch gegen Traditionen der Anderswelt. Er gerät gewissermaßen zwischen Borke und Baum. So ist diese Geschichte, löst man sich von dem ausdrücklich Gesagten, das Psychogramm eines Menschen aus der irischen Landbevölkerung, in dessen Bewußtsein das Heidnisch-Vorchristliche noch rumort, während ihn die neue, mit dem Christentum etablierte Ordnung nicht voll befriedigt, weshalb er sich an ihr stößt, aneckt. Aus Angst, nirgends mehr dazuzugehören, macht er schließlich durch Vermittlung des Priesters seinen Frieden mit Gesetz und Ordnung.

Für die Kelten war die Zweiteiligkeit aller Dinge – und somit auch der Zeit – von großer Bedeutung. Im Wechsel von Tag und Nacht, von Hell und Dunkel manifestierte sich, wie freilich auch bei anderen Völkern, für sie ein Grundprinzip des Seins überhaupt.

Wie die 24 Stunden in eine dunkle und eine helle Hälfte zerfallen, so auch das Jahr. Am 1. Mai vegann die helle Hälfte, am 1. November die dunkle. Der Sommer, beginnend mit dem Mai, war die Jahreszeit, in der man die Winterwohnungen gegen die Sommerwohnungen vertauschte, die Herden höher hinauf auf Hügel und Berge getrieben wurden und man sich im Freien vergnügte. Am 1. November (Samain) kehrte man heim, verbrachte den Winter vor dem Herdfeuer, hörte Geschichten. Alle Freizeitbeschäftigungen spielten sich nun im Haus ab. Auch die Fianna war nur von Beltaine (1. Mai) bis Samain (1. November) auf der Jagd oder auf Kriegszügen und quartierte sich über den Winter bei der Bevölkerung ein, sofern sie nicht an einen Königshof gerufen wurde.

»Winter ist die dunkle Seite des Jahres. Die Natur schläft. Die Erde ist wüst und unwirtlich. Noch heute wird der Januar in Wales ›der schwarze Monat‹ genannt. November, als Beginn der Winterhälfte, gilt in Schottland, Cornwall und in der Bretagne als dunkel oder schwarz. Die Schotten bezeichnen den tiefsten Winter als ›an Dùdlachd‹, was soviel bedeutet wie das Zwielichtige, Unheimliche. Es ist die Jahreszeit des Todes, der Todeslustbarkeit, bei der ein König mit geschwärztem Gesicht präsidiert, dessen Amtsembleme ein Schwert, eine Sense oder eine Sichel waren. Nun gab es aber bei den Kelten noch

eine größere Zeiteinheit, nämlich einen Fünfjahresabschnitt, der aus 60 Monaten bestand, plus zwei interkalendarischen Monaten: Der eine am Beginn des Zyklus, der andere in seiner Mitte.
Es entstanden so zwei Abteilungen von jeweils zweieinhalb Jahren. Die erste Hälfte des Fünfjahreszyklus begann mit dem Winter (Samon), die zweite mit dem Sommer (Giamon). Also auch hier wieder die anfangs erwähnte Zweiteilung.*
Sie setzte sich fort bei den Monaten: Sechs hatten 30 Tage und galten als mat (irisch: maith und walisisch: mad) = gut; die anderen sechs hatten nur 29 Tage und wurden mit anmat (nicht gut) bezeichnet.
Auch der Monat war zweigeteilt in eine helle und eine dunkle Hälfte von jeweils fünfzehn bzw. vierzehn Tagen.
Die Trennungslinien zwischen zwei Zeitperioden galten als unheimlich und ungeheuer oder anders ausgedrückt: sie hatten eine besonders starke magische Besetztheit.
Zu Samain taten sich nicht nur die Feenhügel auf, weil ja auch die Wesen der Anderswelt nun ihre Winterquartiere beziehen mußten; da die schwarze, die Totenzeit begann, kehrten die Toten in die Welt zurück und wurden sichtbar. Selbst die Trennungslinie zwischen den Geschlechtern war für die Samainzeit vorübergehend aufgehoben. In Schottland verkleideten sich zu Samain Jungen als Mädchen und Mädchen als Jungen.
»›Zwischen den Zeiten‹, wenn die alte Zeit vergangen und die neue noch nicht angebrochen ist, stehen die Dinge außerhalb der Normalität, die Ordnung ist verkehrt und zugleich auch in ihrer Weiterexistenz bedroht.«
Ein freilich sehr schwacher Abglanz solcher Vorstellung spiegelt sich noch heute in der Art wie wir Silvester feiern.
In der Samainnacht versuchte man zu erkennen, wer im kommenden Jahr sterben und wer wen heiraten werde. Haselnuß- und Apfelbaumzweige, also Teile von Pflanzen, die mit der Unterwelt in Beziehung stehen, werden dabei zu den verschiedensten Praktiken des Weissagens benutzt. Die kosmische Unordnung, die an den Zeiträndern entsteht, macht verständlich, warum in der Samainnacht Pflüge, Karren und Gartentore verschleppt und versteckt werden.

Man stellt selbst eine abgeminderte Form des Chaos her, damit nicht ein noch viel mächtigeres Chaos über einen hereinbricht.
Begann mit Samain die dunkle Hälfte des Jahres, so war der Maiabend der Anfang der hellen Hälfte. Wo jemand am Maitag noch auf Wesen der Anderswelt stieß (Kapitel 2, »Das gebückte Mütterchen«), wurde er ein Opfer der immer vorhandenen Gefahr an den Bruchstellen. Im übrigen galt der Maitag als günstiger Zeitpunkt, um sich gegen Zauber und magische Einflüsse zu sichern, beispielsweise, indem man an die Frontwand der Stallungen Ebereschenzweige nagelte.
Die sexuellen Freizügigkeiten, die sich noch bis in die Neuzeit hinein unter dem Maibaum abzuspielen pflegten, scheinen sich schlecht mit der Vorstellung der Römer zu vertragen, daß es Unglück bringe, im Mai zu heiraten. Für viele Länder Mitteleuropas gilt der Aberglaube, Ehen, im Mai geschlossen, hielten nur einen Sommer. Und ein frühes irisches Gesetzbuch schreibt Beltaine als das ordnungsgemäße Datum für eine Scheidung vor.
Noch im 16. und 17. Jahrhundert wetterten Moralprediger in England immer wieder über die Maivergnügungen, bei denen junge Burschen und Mädchen im Wald miteinander schliefen, um am nächsten Morgen mit Birkenzweigen geschmückt heimzukommen. Ein solcher Sittenrichter nannte den Maibaum ein »zum Himmel stinkendes Idol« und empörte sich darüber, daß von hundert Mädchen, die an solchen Festlichkeiten teilnähmen, höchstens ein Drittel am anderen Morgen noch unschuldig sei – und dieses Drittel rekrutierte sich aus den Häßlichsten.*
Der scheinbare Widerspruch zwischen den Warnungen vor einer Ehe im Mai und überschwenglich fröhlich praktizierter Sexualität zu Beltaine erklärt sich wohl daraus, daß der Mai-Tag und Mai-Abend ein Liebesfest war, aber eines der freien Liebe. In vielen Mailiedern drückt sich Spott und Verachtung gegenüber der Ehe als einer Institution aus, in der die Liebe sterbe. Und in einem provenzalischen Gedicht erklärt eine Ehefrau, der ihr Mann Vorwürfe macht, weil sie auf dem Maifest mit anderen Männern flirtet: Schweig und fort mit dir, denn in meinen Armen liegt Kalenda Maya – der erste Mai. Verhöhnt wurden denn am ersten Mai auch nicht die Ledigen, sondern die Spröden oder jene,*

die nicht wahrhaben wollten, daß die Sexualität dem Menschen Freude macht.
In Wales schmückten die jungen Burschen das Haus des Mädchens, in das sie verliebt waren und mit dem sie schlafen wollten, am Maitag mit Blumen und Bändern, vor die Tür einer Prüden nagelten sie einen Pferdeschädel oder sie stellten eine männliche Strohpuppe auf.
(Bezeichnend für die vielfältigen Beziehungen von Mythen und solchen jahreszeitlichen Bräuchen ist die Tatsache, daß Esyllts [Isoldes] Ehemann, dem sie mit Tristram oder Tristan – übrigens auch bei einer Art Maifest – davonläuft, den Namen March oder Mark, nämlich Pferd trägt!) Es gab aber nun neben Samain und Beltaine noch zwei weitere wichtige Fixpunkte im Jahresablauf der Kelten, nämlich den 1. Februar (St. Brigit's Nacht)*, der den eigentlichen Winter vom Frühjahr abteilt und den 1. August, das Fest Lugnasad, den Trennpunkt von Sommer und Herbst. St. Brigit, das christliche Fest, fiel zusammen mit Imbolc, einem alten heidnischen Frühlingsfest. Lugnasad war das Fest der ersten Früchte, des Erntens, fast ebenso wichtig wie Beltaine und Samain. Bis zum 1. November mußten in Irland alle Ernten in der Scheuer sein. Was auf dem Halm oder am Ast blieb, war für den Pooka bestimmt.*
Zusammenfassend läßt sich sagen, daß somit die Einteilung des keltisch-gälischen Jahres vor allem am Ablauf des Vegetationszyklus, der Aussaat und der Ernten orientiert war.
Fragen wir abschließend, worin nun eigentlich die Anderszeit besteht? Wie sich aus zahlreichen Zeugnissen archaischer Kulturen belegen läßt, kannte die frühere Menschheit »eine Perspektive der Wahrnehmung, in welcher ein Ereignis ist, was es ist, ohne Beachtung des Zeitpunktes, an dem es sich befinden mag«.
Für diesen Zustand hat die Volkskunde den Begriff der »Traumzeit« geprägt.
Jene Formel, mit der zahlreiche Märchen beginnen, definiert sie durch Umschreibung so:
»Es war einmal zu einer Zeit, und eine gute Zeit war es, aber es war nicht meine Zeit, noch deine Zeit, noch irgend jemandes Zeit.«
»Anderszeit« entsteht nun offensichtlich durch den immer noch im

Menschen vorhandenen Wunsch, sich der rational abgeleiteten, aber als mechanisch-monoton empfundenen Uhrzeigerzeit, durch deren Einsetzung manche jener Erlebnisgehalte verlorengehen, die in der magischen Traumzeit erfahren wurden, zu entziehen. So genommen scheint das Verlangen nach »Anderszeit«, wie es sich in den voranstehenden Geschichten ausdrückt, ein nicht zu unterdrückender Urwunsch menschlichen Seins.

MÄRCHEN-ERZÄHLER UND MÄRCHEN-SAMMLER

»Du verstehst, mein Junge, das Leben des Menschen ist von Natur aus in drei unterschiedliche Perioden unterteilt. In der ersten plant und denkt er sich alle Arten von Bosheiten und Teufeleien aus: das ist die Zeit der Jugend und der Unschuld. In dem zweiten Abschnitt seines Lebens setzt er all diese Schandtaten, die er sich ausgedacht hat, in die Tat um: das sind die besten Mannesjahre. Im dritten und letzten Abschnitt seines Lebens beschäftigt er sich mit seiner Seele und bereitet sich auf die Anderswelt vor: das nennt man dann die Zeit der Altersschwäche.«

»Er taugte für nichts anderes auf Erden als sich unter einen Busch zu setzen, Tabak zu rauchen und zu seufzen, bis man sich wunderte, wo er all den Atem dazu hernahm. Man kann eher den Vögeln das Fliegen ausreden oder einem Stern anbefehlen, er solle vom Himmel fallen und geradewegs in den Hut, den man aufhält, als jemanden zur Vernunft bringen, den die Liebe überkommen hat und der davon birst. Es gibt nichts, was sich damit vergleichen ließe. Selbst bei Zahnweh und Kolik wäre ein Mensch noch eher bereit, auf vernünftige Argumente zu hören als im Zustand der Liebe. Die Liebe befähigt einen lediglich zu Verrücktheiten. Sie ist stärker als Whiskey, denn ein Tropfen davon macht dich krank für ein Jahr, was sag ich, für eines: für zehn, verdammt! Sie ist stärker als die See, denn sie wird dich um die Welt tragen und dich nie untergehen lassen in Sonne oder in Sturm, und wahrlich, sie ist stärker als der Tod selbst, denn sie fürchtet sich nicht vor ihm, sondern fordert ihn heraus in jeglicher Gestalt. Aber auch Liebende haben manchmal Streit, und wenn sie streiten, könnte man fast meinen, daß sie einander hassen wie Mann und Frau ...«

Unbekannter irischer Geschichtenerzähler

Thomas Crofton Croker

1798–1854

Thomas Crofton Croker kam am 15. Januar 1798 als Sohn eines britischen Armee-Offiziers in einer anglo-irischen Familie zur Welt, die sich schon zur Zeit der Ersten Elizabeth in Irland in der Gegend von Cork angesiedelt hatte. Er verließ Irland mit zwanzig Jahren und ging nach England. Von Jugend an hegte er eine große Vorliebe für die Bauern und Tagelöhner des ländlichen Irlands. Er besaß eine beträchtliche künstlerische Begabung, aber die Notwendigkeit, eine Familie zu ernähren, ließ ihn ein Staatsamt in England annehmen. Er brachte es als Beamter bis zum Obersten Sekretär der Admiralität. Auf diesem Posten wurde er 1850 pensioniert. Er war mit Schriftstellern wie Thomas Moore und Walter Scott und auch irischen Autoren, die in England lebten, sowie zahlreichen anderen Künstlern befreundet.

Croker bezeichnete seine Beschäftigung mit der mündlichen Überlieferung Irlands als »Vergnügen«. Er kam öfter von England nach Irland, um »alten grauen Aberglauben aufzuspüren und einzusammeln«. Sein »Vergnügen« – heute würden wir sagen, sein Hobby – war nicht ungewöhnlich, sondern beeinflußt von der Zeitmode einer bestimmten gebildeten Gesellschaftsschicht, in der damals das Aufspüren von »Altertümern« in England im Schwange war. Seine Reisen beschreibt Croker als »Abenteuer in Höhlen und auf Bergen, unter Schuhmachern, Schmugglern, Zollfahndern, Honoratioren, Mördern und Pilgern«.

Wenn er zunächst über seine mündlichen Quellen keine Angaben machte, so liegt das daran, daß es für die Präsentation solcher Stoffe noch keine Regeln und Muster gab.

Crokers erstem großen Werk »Researches in the South of Ireland«, das 1824 erschien, ist der Einfluß zweier zeitgenössischer Literaturformen deutlich anzumerken: des Reiseberichts und der mal mehr wissenschaftlich, mal mehr populär gehaltenen Beschreibung von archäologischen Funden. Es war damals nicht üblich, folkloristische Stoffe »als solche« zu veröffentlichen. Allerdings geht Croker in dem Kapitel »Fairies and Supernatural Agencies« auf die Ähnlichkeit der Ursprünge irischer und schottischer Überlieferungen ein. Auf zwanzig Seiten gibt er die erste umfassende Darstellung des irischen Feenglaubens. Der Begriff »Folklore«, der nicht unbedingt mit dem deutschen Wort »Volkskunde« gleichgesetzt werden kann, sondern eher noch mit »Volksgut« zu übersetzen wäre, war damals auch in der angelsächsischen Welt noch nicht geprägt. Dennoch wurde Croker zum ersten »Folkloristen« in Irland und England. 1825 und 1828 erschienen seine zwei Folgen der »Fairy Legends«, 1839 ein Buch mit »Popular Songs of Ireland«. Die Sammlung »Fairy Legends and Traditions of the South of Ireland« 1825 war ein erster Versuch, Texte dieses Genres nach seinen eigenen Vorstellungen selbständig zu präsentieren, also mündlich überlieferte Stoffe festzuschreiben und in gedruckter Form zu publizieren.

Croker gab die Geschichten, die er von mündlichen Erzählern gehört hatte, nicht wortwörtlich, sondern in seinem eigenen Stil wieder: eingebaut in einen geistreichen Essay oder als amüsante Anekdote. Man kann davon ausgehen, daß eine beträchtliche Diskrepanz bestanden hat zwischen Crokers Bildungsstand und Diktion und der seiner Erzähler, die einfache Leute waren. Dieser Bildungsunterschied wird manchmal ganz bewußt betont. Naive Vorstellungen oder Formulierungen werden übernommen, um so einen humoristischen Effekt zu erzielen.

Außer dem »sketch«, einem Genre, das man als eine Mischung von Essay und Erzählung bezeichnen könnte, entwickelte Croker aber auch eine andere, authentischere Form der Übertragung mündlichen Erzählens. So beginnt der Text von »The Crooked Back« in »The Fairy Legends« mit einer Mitteilung über den Stil der Erzählerin, Peggy Barrett, die »wie alle erfahrenen mündlichen Erzähler, ihre Geschichten in Länge und Thema der Zuhörerschaft und der jeweiligen Situation anpaßte«. Ein klarer, von keinen Zwischenbemerkungen des aufschreibenden Autors unterbrochener Text folgt. Dann wird angemerkt: »Nun trat eine Pause ein.« Anschließend versucht Croker, die Reaktionen der Zuhörerschaft zu beschreiben.

Zu dem Text »The Capture of Bridget Purcell« notierte er: »Diese Erzählung wurde wörtlich von den Lippen eines armen Häuslers am 22. April 1825 im County Limerick durch Miss Maria Dickson niedergeschrieben.«

Von nun an gibt es für die Übernahme mündlichen Erzählens in geschriebene bzw. »gedruckte« Form zwei Alternativen: entweder die Geschichte in Stil und Dramaturgie mehr oder weniger der jeweils herrschenden literarischen Zeitmode anzupassen oder sie streng »wortwörtlich«, gewissermaßen als eine Transkription des Mündlichen durch das geschriebene oder gedruckte Wort, wiederzugeben.

Auf den ersten Blick ist Crokers Methode ein Moment der »Verfremdung« gegenüber dem vorstellbaren Original anzumerken. Es ist aber auch darauf hinzuweisen, daß die frühen Sammler, wenn sie die oralen Stoffe in »sketches« umwandelten, wichtige Informationen über die Erzähler, ihre Persönlichkeit und ihr soziales Umfeld mitüberliefert haben, die sonst verlorengegangen wären. Bei Crokers Art der Notierung ist schon die Einsicht vorhanden, daß gewisse Einzelheiten, die nicht unmittelbar zur Handlung der Geschichte gehören, manchmal ebenso wichtig sein können wie die Handlung selbst, weil sie etwas von der Bedeutung des mündlichen Erzählens für die Menschen vergangener Zeiten verraten.

Nach all dem begreift man gut, daß Wilhelm und Jacob Grimm in Th. Crofton Croler einen ihren Methoden und Ansichten verwandten Sammler gefunden zu haben meinten. So wählten sie aus den 38 Texten der Croker'schen Sammlung »Fairy Legends and Traditions of the South of Ireland« 27 aus, übersetzen sie und ließen sie bereits 1826 unter dem Titel »Irische Elfen Märchen« bei Fleischer in Leipzig erscheinen.

Alle hier folgenden Texte von Crofton Croker erscheinen zum ersten Mal in deutscher Übersetzung. Sie sind seinem Band »Fairy Legends and Traditions of the South of Ireland«, London 1825, entnommen.

Die Geschichte Knocksheogowna

Bei Tipperary findet sich einer der merkwürdigsten Hügel der Welt, was seine äußere Form angeht. Sein Gipfel gleicht einer Nachtmütze, die dir jemand unbekümmert über den Kopf gestreift hat, als du am Morgen aufgewacht bist.

Eben an dieser Stelle steht eine Hütte, wo im Sommer die Dame, welche sie erbaut hat, mit ihren Freunden vergnügliche Feste feiert; aber das war lange nach den Zeiten der Feen, und heute steht sie, glaube ich, leer und verlassen da. Zu jener Zeit aber, ehe dieses Gebäude dort errichtet wurde, zog sich nahe der Hügelkuppe eine große Weide hin, auf der ein Hirte Tag und Nacht bei seinem Vieh zubrachte. Der Platz war ein alter Feengrund, und das gute Volk war zornig darüber, daß der Schauplatz ihrer leichten und lustigen Vergnügungen zertrampelt werde durch die rohen Hufe der Rinder. Das Muhen der Rinder klang traurig für ihre Ohren, und die Königin der Feen dieses Hügels beschloß, die Eindringlinge zu vertreiben. Und was sie sich ausgedacht hatte, setzte sie auch in die Tat um.

Als die Nächte der Erntezeit herankamen und der Mond hell über dem Hügel stand, als das Vieh dösend und ruhig dalag und der Hirte, eingehüllt in seinen Mantel, über die funkelnde Pracht der Sterne nachdachte, die er über sich sah, erschien sie plötzlich und tanzte vor ihm. Sie nahm mal diese, mal jene Gestalt an, aber immer war ihre Erscheinung häßlich und furchterregend. So erschien sie einmal als ein großes Pferd mit Adlerschwingen und dem Schwanz eines Drachen. Sie zischte laut und spuckte ins Feuer, im nächsten Augenblick aber schon verwandelte sie sich in einen lahmenden Mann mit einem Stierschädel, dessen Gesicht von zuckenden Flammen umtanzt wurde, dann wieder in einen großen Affen mit Entenbeinen und dem Schwanz eines Truthahns.

Ich würde den ganzen Tag damit zubringen, wenn ich all die Gestalten aufzählen wollte, die sie annahm.

Sie brüllte, seufzte, zischte, jaulte oder heulte, wie man noch nichts auf Erden jaulen, heulen, brüllen oder stöhnen gehört hatte. Der arme Hirte pflegte sich dann seinen Umhang über den Kopf zu ziehen und rief alle Heiligen um Hilfe an, aber das hatte gar keinen Zweck. Mit einem Atemzug blies sie in die Falten seines großen Mantels und wirbelte das Kleidungsstück fort, und kein Heiliger im Himmel dachte daran, sich des Hirten zu erbarmen. Was noch schlimmer war: er konnte sich nicht bewegen. Nein, er konnte nicht mal die Augen schließen. Er saß da, festgehalten von einer Gewalt, die er nicht kannte, starrte die schreckliche Erscheinung an, bis die Haare auf seinem Kopf alle wie Streichhölzer aufgerichtet dastanden und seine Zähne so klapperten, daß man befürchten mußte, er würde sie sich ausschlagen dabei. Die Rinder jagten herum wie verrückt, als seien sie von einer giftigen Fliege gestochen worden, und das alles dauerte an, bis die Sonne über dem Hügel aufging.

Das arme Vieh magerte ab, weil es nie mehr zur Ruhe kam, und das Futter war verschwendet. Außerdem kam es unter den Rindern ständig zu Unfällen. Keine Nacht verging, ohne daß nicht eines von ihnen in eine Grube gestürzt und verletzt worden wäre oder sich dabei gar das Genick gebrochen hätte. Einige stürzten auch in den Fluß und ertranken. Mit einem Wort: des Unglücks war kein Ende. Es kam dahin, daß sich einfach kein Hirte mehr fand, den man bewegen konnte, dort auf dem Berg Nachtwache zu halten. Ein Besuch der Feen trieb den kaltblütigsten Burschen in schieren Wahnsinn. Der Besitzer der Weiden wußte sich keinen Rat mehr. Er bot doppelten, dreifachen, vierfachen Lohn, aber niemand ließ sich finden, der gegen Geld bereit gewesen wäre, dem Schrecken, den die Feen verbreiteten, zu trotzen.

Die Feenkönigin triumphierte und wurde nicht müde, sich immer neue Streiche auszudenken. Die Herde nahm mehr und mehr ab, und da keine Menschenseele über Nacht dort ausharren mochte, kamen die Feen zurück, tummelten sich so ausgelassen wie früher, schlürften Tau aus Eichelbechern und benutzten großhütige Pilze als Tanzflächen.

Was nun geschehen sollte, darauf sann der verstörte Bauer vergebens. Er konnte nur feststellen, daß es immer weniger Rinder wurden, daß von den Hirten sich keiner mehr hinaufgetraute und daß der Tag, an dem der Pachtzins fällig wurde, immer näher rückte. Kein Wunder, daß er traurig dreinblickte und mit sorgenvoller Miene auf der Straße dahinging.
Nun wohnte in diesem Teil der Welt ein Mann mit Namen Larry Hoolahan, der den Dudelsack besser spielen konnte als jeder andere Musikant im Umkreis von fünfzehn Kirchspielen. Ein verwegener Bursche war dieser Larry, der nichts im Himmel und auf Erden fürchtete. Man hätte ihm nur genügend zu trinken geben müssen, und er wäre selbst gegen den Teufel angetreten. Er wäre einem wildgewordenen Stier entgegengetreten und hätte sich ohne zu zögern einem Feenwesen zum Zweikampf gestellt. Bei einem seiner Spaziergänge begegnete der Bauer dem Burschen und Larry fragte ihn, weshalb er so bekümmert dreinblickte. Da erzählte ihm der Bauer von seinem Mißgeschick.
»Wenn dies alles ist, was dich bedrückt«, sagte Larry, »dann brauchst du dir ab sofort keine Sorgen mehr zu machen. Und wenn auf Knocksheogowna so viele Feen wären wie Kartoffelblüten in Eliogurty, ich wollte es mit ihnen aufnehmen. Das wollen wir doch noch sehen, ob ich, der nie einen Mann gefürchtet hat, vor einem Feenwesen davonlaufen würde, das nicht größer als ein Daumen ist.«
»Larry«, sagte der Bauer, »an deiner Stelle würde ich nicht so lose Reden führen. Man kann nie wissen, wer uns zuhört, aber wenn du deine Worte wahr machst und eine Woche dort oben auf dem Berg bei meiner Herde wachst, kannst du bei mir essen, bis die Sonne nicht mehr Licht abgibt wie ein Glühwürmchen in den Binsen.«
Die Absprache wurde mit einem Händedruck bestätigt, und als der Mond aufging, machte sich Larry auf den Weg ... hinauf auf den Berg. Er war im Haus des Bauern eingekehrt und mit den Auszügen von Gerste geatzt worden. Oben setzte er sich auf einen großen Stein unter eine Höhlung im Abhang, wandte

dem Wind seinen Rücken zu und begann auf seinem Dudelsack zu spielen.
Er hatte noch nicht lange Musik gemacht, als er die Stimmen der Feen hörte wie eine leise Melodie. Dann brachen sie in lautes Lachen aus und Larry hörte die eine sagen: »Was ist das? Wieder ein Mensch im Feenkreis? Nimm ihn dir vor, Königin. Er soll für seine Unüberlegtheit büßen.« Dann flogen sie fort wie ein Schwarm Mücken. Als er kurz aufsah, erkannte er in der Luft vor dem Mond eine große schwarze Katze, die sich auf ihre Hinterpfoten erhoben hatte und ein Geräusch von sich gab wie es das Rad einer Wassermühle macht.
Die Katze wurde groß und größer, sie drehte sich um das linke Hinterbein, stürzte dann zu Boden und nahm dort die Gestalt eines Lachses an, der eine Krawatte um den Hals trug und dessen gespaltener Schwanz in einem Paar Stiefel steckte.
»Nur weiter, Herzchen«, rief Larry, »wenn du tanzen willst – ich spiele!«
Sie verwandelte sich in dies und das und Larry blies unverdrossen auf seinem Dudelsack. Schließlich aber verlor die Feenkönigin die Geduld, wie es bei Frauen gewöhnlich der Fall ist, wenn sie einen ausschimpfen und man sich nicht weiter darum kümmert. Sie nahm die Gestalt eines Kalbes an, milchweiß wie die Sahne aus Cork und mit Augen so mild wie die des Mädchens, das ich liebe. Sie kam heran, sanft und schmeichelnd, in der Hoffnung, seine Wachsamkeit so einzuschläfern und ihn dann dranzukriegen. Aber Larry war nicht so leicht zu täuschen; denn als sie unmittelbar vor ihm stand, ließ er sein Instrument fallen und sprang auf ihren Rücken.
Wenn man nun vom Knocksheogowna nach Westen blickt, sieht man den Shannon, der sich wie ein Meer ausnimmt und auf seinem Lauf die schöne Stadt Limerick durchfließt. In dieser Nacht, beschienen vom Mond, sah der Fluß aus der Entfernung und vom Hügel herab besonders herrlich aus. Fünfzig Boote waren flußauf und flußab unterwegs, und der Gesang der Fischer war weithin zu hören. Larry, wie gesagt, war auf den Rücken der

Feenkönigin gesprungen, und diese sprang vom Berg herab und setzte dann mit einem Sprung über den Fluß, der etwa zehn Meilen vom Fuß des Gebirges entfernt verläuft. Das geschah innerhalb einer Sekunde, und als sie am anderen Ufer aufkam, schlug sie mit den Fersen um sich und warf Larry auf dem weichen Torf ab. Kaum war das geschehen, als er ihr geradewegs ins Gesicht sah, sich den Kopf kratzte und rief: »Bei meinem Wort, bravo, das war kein schlechter Hüpfer für ein junges Kalb!«
Sie sah in voller Grimm an, dann nahm sie ihre wahre Gestalt an. »Larry«, sprach sie, »du bist ein frecher Bursch. Aber hast du auch Mut, die Reise noch einmal zu machen?«
»Mir recht«, sagte er, »wenn du mich wieder auf dir reiten läßt.«
Also verwandelte sie sich wieder in das Kalb, Larry stieg auf und mit einem Satz waren sie wieder auf dem Gipfel des Knocksheogowna. Die Fee nahm wieder ihre wahre Gestalt an und sprach: »Du hast Mut bewiesen, Larry. Solange du die Herden hier oben hütest, sollen die Tiere von den Meinen und mir nie mehr belästigt werden. Wenn der Tag anbricht, so geh hinunter zum Bauern und sag ihm das, und wenn du etwas brauchst, so laß es mich wissen und du wirst es bekommen.« Darauf verschwand sie, und sie hielt Wort. Nie mehr, solange Larry lebte, besuchte sie den Hügel, aber er kam ihr auch nie mit einer Bitte. Er spielte und aß und trank auf Kosten des Bauern, ließ es sich hinter dessen Ofen wohl sein und warf hin und wieder ein Auge auf die Herde. Schließlich starb er und liegt begraben im grünen Tal von Tipperary, aber ob die Feen nach seinem Tod auf den Hügel von Knocksheogowna zurückgekehrt sind, entzieht sich meiner Kenntnis.

Der kopflose Reiter

»Gott lasse deinen Weg kurz werden und eine sichere Reise durch die Nacht für dich, Charley«, stieß der Wirt des kleinen Gasthauses bei Ballyhooley hervor, als sich sein alter Freund und guter Kunde Charley Culnane endlich entschloß, sein Gesicht heimwärts zu wenden. Vor ihm lang noch ein anstrengender Ritt an den Ufern des Blackwater entlang.

Charley Culnane kannte die Gegend gut, außerdem war er ein kühner Reiter wie alle Männer aus Mallow, die sich an den alle vier Jahre in Drumrue stattfindenden Rennen beteiligten. Er war am Morgen in Fermoy gewesen, um dort einige Lebensmittel einzukaufen, die seine Frau für das Weihnachtsessen brauchte, aber auch um seine Eitelkeit zu befriedigen. Er hatte nämlich einen neuen Zügel passend zu seiner Trense gekauft, mit dem er auf seiner alten Mähre bei der bevorstehenden St. Stephens-Jagd zu glänzen gedachte.

Charley war in Fermoy erst spät losgekommen, denn wenn er auch, was die alltäglichen Ereignisse anging, jemand war, mit dem es sich gut auskommen ließ, galt er doch in allem, was mit Jagen, Reiten und Springpferden zusammenhing, wie der Sattler es nannte, als jemand, der darauf aus war, dem Teufel zu gefallen.

Ein Beispiel für seinen besonderen Geschmack wird damit erbracht, daß er, nur um einen Trensenzügel zu kaufen, einen so weiten Weg nicht scheute. Mallow lag ganze zwölf Meilen näher bei Charleys Gehöft (welches man sich dreiviertel Meilen unterhalb Carrick vorzustellen hat) als Fermoy; aber Charley war mit allen Sattlern in Mallow zerstritten, angefangen vom hart arbeitenden und ebenso hart trinkenden Tim Clancey bis hin zu Mister Ryan, der sich selbst als »Sattler des Duhallow Jagdrittes« bezeichnete, und keiner vermochte seine Ansprüche zufriedenzustellen außer dem ehrlichen Michael Twomey in Fermoy, der zu behaupten pflegte – und wer würde wagen, dies zu bezweifeln? – daß er bessere Sättel nähe als den, auf dem der

Lord-Lieutenant reite, der ja doch so etwas wie der König von Irland war.

Dieser Aufenthalt bei der Beschaffung des Trensenzügels erlaubte es Charley Culnane nicht, bei seinem alten Freund und Schwatzgenossen, Con Buckley, in der »Harfe von Erin« lange zu verweilen.

Con jedoch kannte den Wert von Zeit und bestand darauf, daß Charley guten Nutzen aus dem zog, was er erübrigen konnte. »Ich will dir nicht mit Wasser aufwarten, Charley, denn davon kommt noch genug über dich, ehe du daheim bist, also trink deinen Schnaps aus, Mann, damit ich nachschütten kann.«

Charley ließ sich das nicht zweimal sagen, er trank auf Cons Wohl und auf die Geschäfte in der gemütlichen »Harfe von Erin«, deren Wirtshausschild den Kopf einer ländlichen Schönheit und Saiten aus Goldhaar zeigte, auf noch bessere Freundschaft und so weiter aus der Tiefe seiner Seele, bis der Grund der Flasche ihn daran erinnerte, daß Carrick am Fuß eines Berges liegt, auf der anderen Seite von Castletown Roche, und daß er bisher auf dem Rückweg noch nicht weiter gekommen war als bis zum Schwatzen in Ballyhooley, nahe dem großen Tor von Convamore. Er griff nach seiner Ölzeugmütze, während Con Buckley zum Schrank ging und eine weitere Flasche herausholte. Er riß sich dann, wie er es nannte, regelrecht von der Gastfreundschaft des Freundes los, stürmte in den Stall, zog die Riemen noch einmal an und lenkte seine Mähre im Kanterschritt heimwärts.

Die Straße von Ballyhooley nach Carrick folgt fast ständig dem Lauf des Blackwater. Nur hin und wieder verläßt sie den Fluß und führt durch eine wilde Gegend, die im schroffen Gegensatz zu den schönen Herrensitzen am Ufer und deren Parks steht. Charley ritt munter dahin. Er kümmerte sich nicht um den Regen, der, genau wie sein Freund Con ihm vorhergesagt hatte, in wahren Sturzbächen herabkam. Die Johannisbeeren und die Rosinen für seine Frau waren wohlverwahrt in den Falten seines Freibauern-Umhangs, den Charley voller Stolz mit sich führte, da er ihn als ein Mitglied der »Royal Mallow Light Horse Volunteers« auswies. Wie immer lag der Mantel zusammengerollt vor ihm auf dem Sattel, denn sein Besitzer wollte nicht den militärischen Eindruck, den er so machte, dadurch verwischen, daß er ihn anzog. Er ritt und sang dabei wie eine Drossel:

Feiernd, lärmend, tanzend, trinkend
tollen wir durch Tag und Nacht.
Immer wüst und nie bedacht.
Immer frei und immer froh
wir, die Schurken von Mallow!

Geben's aus, eh's eingenommen,
werden in die Hölle kommen,
tollen dort auch unverdrossen
wie schon hier durch alle Gossen.
Immer lustig und immer froh.
Wir, die Schurken von Mallow!

Wenn auch der Besuch in der gemütlichen »Harfe von Erin« sein natürliches Wohlbefinden beträchtlich erhöht hatte, begann sich ihm der Ärger über das Feuchtwerden des neuen Zügels doch wie Mehltau auf die Seele zu legen, und dann folgte ein Schwall unliebsamer Gedanken, Ängste, schlimmer noch als der Gedanke an eine Niederlage bei dem Jagdritt am St. Stephens-Tag, die sein Ehrgefühl beträchtlich verletzen würde. Zu einem anderen Zeitpunkt, mit warmem Herzen und den Kopf nicht allzu sehr unterkühlt, hätte Charley seinen alten Gaul gegen Mr. Jepsons Fuchsfüllen Desdemona und hundert Pfund für seinen Sieg verwetten mögen. Aber nun verspürte er ein Unbehagen, wenn er an den Ausgang des Rennens dachte. Schon nicht mehr ganz so ausgelassen, fuhr er fort zu summen:

Mag der Teufel uns verführen,
haben doch nichts zu verlieren,
halten …

»Halten«, murmelte er, und die alte Mähre verfiel am Fuß des Killcummer Hügels in Schritt. Charleys Blicke fielen auf die alten Mauern, die in früheren Zeiten den Templern gehört hatten, aber die unheimliche Stille der Ruinen wurde nur durch das Geräusch schweren Regens, der sich auf die Grabsteine ausschüttete, unterbrochen. Er schaute zum Himmel, um festzustellen, ob sich vielleicht das Wetter bald bessern werde. Kaum hatte er seine Blicke wieder gesenkt, als etwas so Ungewöhnliches seine Aufmerksamkeit gefangennahm, daß er für einen Augenblick meinte, nicht recht bei Sinnen zu sein. Der Kopf eines weißen Pferdes mit kurzen gestutzten Ohren, großen geblähten Nüstern und riesigen Augen schien ihn zu verfolgen. Offenbar bestand keine Verbindung zu Rumpf, Beinen oder einem Reiter. Nur der Kopf kam immer näher. Offensichtlich war auch Charleys Klepper von dieser unnatürlichen Erscheinung beunruhigt, er schnaubte heftig und verschärfte seine Gangart, obwohl es bergauf ging. Der Schädel schob sich vor und überholte sie. Charley folgte unter Stirnrunzeln und überlegte, zu welchem Zweck dieser abgetrennte Schädel wohl durch die Luft sause. So nahm er den dazugehörigen Reiter erst wahr, als dieser sich unmittelbar neben ihm befand. Charley blickte zur Seite, um zu schauen, wen er da zum Weggefährten hatte, als sich ihm ein beispielloser Anblick bot.

Eine Gestalt, deren Größe (sofern sich das in der Dunkelheit der Nacht einigermaßen genau ausmachen ließ) ungefähr acht Fuß sein mochte, saß auf Rumpf und Beinen eines weißen Pferdes, das etwa achzehneinhalb Hand hoch war. Bei dieser Berechnung konnte Charley sich schwerlich täuschen, denn sein Pferd maß genau fünfzehn Hand hoch und der Rumpf, der da neben ihm trabte, war wenigstens drei und eine halbe Hand höher. Für Pferde hatte er einen sicheren Blick.

Nachdem das erste Erschrecken, das von dem Ausruf »Ich bin verratzt!« begleitet wurde, überwunden war, machte sich Charley mit dem Blick des Kenners daran, sich die ein so ungewöhnliches Pferd reitende Gestalt, die bis dahin völlig stumm geblieben war, näher anzusehen. Um herauszufinden, ob das Schweigen seines Gefährten von schlechter Laune, Mangel an Erfahrung in Konversation oder einer Abneigung gegen Wasser und von der Furcht herrührte, es könne ihm in den Mund regnen, zumal der Regen ihnen eben wieder in Böen ins Gesicht schlug, wagte es Charley, einen raschen Blick auf das Gesicht des Reiters zu werfen. Er sah aber nicht eben viel mehr als den Mantelkragen der Gestalt, die einen scharlachroten einreihigen Jagdrock trug, von sehr altmodischem Schnitt und mit zwei großen leuchtenden Knöpfen.

Ich sollte etwas mehr als nur das sehen, dachte Charley, wenn er auch auf einem hohen Roß sitzt wie das meines Cousins Darby, der letzte Woche Stallmeister des Barons geworden ist, sofern mich Cons Whiskey nicht völlig verwirrt hat. Aber viel mehr sah er auch dann nicht, als er so genau hinsah wie er nur konnte, und schließlich rief er in schierem Entsetzen aus: »Bei der großen Brücke von Mallow, der Kerl hat überhaupt keinen Kopf!«

»Schau noch einmal hin, Charley Culnane«, sagte eine rauhe Stimme, die von einem Fleck unter dem rechten Arm der Gestalt her zu ihm herüberdrang.

Charley sah wieder hin und nun zur richtigen Stelle, unter den besagten rechten Arm nämlich, wo er den Kopf, aus dem die Stimme hervorgekommen war, erblickte. Und was für ein Kopf war das: einer wie ihn kein Sterblicher je zuvor gesehen.

Er sah aus wie ein riesiger Sahnekäse, der mit schwarzbraunem Blutpudding garniert ist. Kein Fleck Farbe belebte die aschenfahle Bleiche der traurigen Gesichtszüge, das Kinn schien über eine unirdische Oberfläche ausgespannt. Es glich dem Fell, mit dem eine Trommel bespannt zu sein pflegt. Zwei wilde Augen von erstaunlichen Ausmaßen mit seltsamen und unregelmäßigen Bewegungen blitzten wie Meteore auf Charley hin und ein Mund, der von Ohr zu Ohr reichte, schaute hervor unter einem Durcheinander dichter Locken von blinkender Schwärze. Dieser Schädel, dessen Form bisher Charley verborgen geblieben war, kam nun in sein Blickfeld.

Charley, in der ganzen Grafschaft Cork bekannt als ein Mann von sprichwörtlichem Mut, sah sich denn doch etwas außer Fassung gebracht. Die gestutzten Ohren des gigantischen Pferdeschädels bewegten sich stetig vorwärts und waren immer sechs bis acht Yards voraus. Der Reiter, der keine Peitsche benutzte und wohl auch keine Sporen, denn sie baumelten nutzlos am Sattel, hielt Schritt mit der Gangart von Charleys Pferd. Sein furchtbarer Schädel war nun verborgen hinter dem Aufschlag seines Rockes und kam nur in all seiner Fürchterlichkeit zum Vorschein, wenn die Erschütterungen beim Ritt den Arm hin und her bewegten. Der Boden erzitterte unter dem Gewicht dieser übernatürlichen Last, und das Wasser der Pfützen spritzte auf, als die Hufe des Pferdes sie durchwühlten.
Voran ging's – Körper mit Schädel und Rumpf ohne Schädel. Das tödliche Schweigen der Nacht wurde nur durch das furchterregende Klappern der Hufe unterbrochen und durch das ferne Geräusch des Donners, der über dem mystischen Hügel von Cecaune a Mona Finnae grollte.
Charley war ein gutmütiger und redseliger Bursche, dem es zunächst die Sprache verschlagen hatte. Da er nun aber sah, daß sein Gefährte keine bösen Absichten gegen ihn zu hegen schien und er sich etwas mehr an die patagonischen Ausmaße des Reiters gewöhnt hatte, nahm er allen Mut zusammen und redete den Fremden so an: »Nun, ich muß schon sagen, Euer Ehren reiten recht gut auch ohne Sporen!«
»Humph«, gröhlte der Schädel unter des Reiters rechtem Arm hervor.
Das ist keine sehr höfliche Antwort, dachte Charley, aber es ist eben das, was er in einem dieser Reitställe gelernt haben wird. Wahrscheinlich denkt er sich nichts dabei, wenn seine Lederhosen mit einer Geschwindigkeit von zehn Meilen in der Stunde den Takt schlagen. Ich werde es mal anders mit ihm versuchen.
»Ahem!« sagte Charley, räusperte sich und fühlte sich bei diesem zweiten Versuch, eine Unterhaltung in Gang zu bringen, ziemlich eingeschüchtert. »Ahem! Das ist ein recht hübscher Rock,

den Eurer Ehren da anhaben, wenngleich etwas lang in der Hüfte bei der derzeitigen Mode.«

»Humph«, brachte der Schädel wieder hervor.

Diese zweite Entgegnung war für den armen Charley wie ein Schlag ins Gesicht, der sich nun überlegte, welches Gesprächsthema dem anderen genehm sein könnte.

Ein vernünftiger Schädel, dachte Charley, wenngleich ein häßlicher, ist es doch klar, daß er einem Mann gehört, der keinen Wert auf Schmeicheleien legt. Beim dritten Versuch war Charley entschlossen, ans Ziel zu kommen, und nachdem er fehlgegangen war in seinen Beobachtungen, was das Reiten und den Rock des Mitreisenden anging, war er nun entschlossen, eine Bemerkung über das wunderbare kopflose Pferd anzubringen, das unbeirrt neben seiner alten Mähre hertrottete. Und da Charley in Carrick als ein Pferdekenner bekannt und zudem auch noch bei den »Royal Mallow Light Horse Volunteers« eingeschrieben war, von denen ein jeder ein Pferd ritt, das einem echten Hessen alle Ehre gemacht hätte, war er auch guten Mutes über das Ergebnis seines dritten Versuchs.

»Ich möchte wetten, das ist ein braves Pferd, das Euer Ehren da reitet«, versuchte er es jetzt wieder.

»Das könnt Ihr mit Eurem häßlichen Mund gut sagen«, polterte der Schädel.

Charley fühlte sich nicht gerade geschmeichelt durch dieses Kompliment, immerhin aber lachte er in sich hinein, da er doch wenigstens eine Antwort bekommen hatte und fuhr so fort: »Vielleicht hätten Euer Ehren Lust zu einem Ritt querfeldein?«

»Willst du mich herausfordern, Charley?« sagte der Schädel mit einem unbeschreiblichen Ausdruck von Vergnügen.

»Genau das hatte ich vor«, erwiderte Charley, »ich fürchte nur, die Nacht ist zu dunkel dazu. Ich könnte meinen alten Klepper dabei zuschanden reiten und ich habe jeden Penny von hundert Pfund in ihn hineingesteckt.«

Charleys Mut war durch den Vorschlag des kopflosen Reiters keineswegs gedämpft worden, es gab kein Hindernisreiten, keine

Fuchsjagd, keinen Überlandritt, kein Springturnier in der Grafschaft, bei dem Charley nicht dabei und unter den ersten drei gewesen wäre.

»Du hast mein Wort für die Sicherheit deines Pferdes«, sprach der Mann, der seinen Kopf so behend unter seinem rechten Arm trug.

»Abgemacht«, erwiderte Charley, und auf ging's holterdiepolter über alle Hindernisse, ob Bach oder Mauer, hopp-hopp, hopp-hopp. Nie zuvor war die alte Mähre so scharf gegangen, nicht mal bei hellem Tageslicht, und Charley war seinem Gefährten gut voraus, als die rauhe Stimme ihm zurief: »Charles Culnane, Charley, Mann, halt ein, wenn dir dein Leben lieb ist, halt.«

Charley zog fest an.

»He«, sagte er, »Ihr würdet mich gewiß um Kopfeslänge schlagen, aber nur, weil dieser Schädel Euch immer um so vieles voraus ist; aber wenn die Wette für Hals an Hals gilt, und so lautet die Absprache für mein Rennreiten mit Desdemona, würde ich Sieger.«

Es schien so, als wisse der Fremde sehr genau, was Charley durch den Sinn ging, denn plötzlich wurde er direkt redselig.

»Charley Culnane«, sagte er, »du hast eine starke Seele in dir und bist jeden Zoll ein guter Reiter. Ich habe dich auf die Probe gestellt. Ich mußte es wissen. Du bist der Mann, auf den ich mein Geld setze. Vor hundert Jahren habe ich mir mit meinem Pferd in der Senke vor Kilcummer Hill den Hals gebrochen. Ich habe seither nach einem Mann gesucht, der es als Reiter mit mir aufnehmen würde und nie habe ich einen gefunden. Bleib so wie du bist, halt dich an das Rudel der Hunde, laß nie einen Graben aus noch mach an einer Steinmauer je kehrt, und der kopflose Reiter wird dich und dein Pferd nie im Stich lassen.«

Charley starrte voller Verwunderung auf den rechten Arm des Fremden. Er wollte ihm ins Gesicht sehen, um festzustellen, ob er auch ernst meinte, was er sagte, aber siehe da, der Kopf war nun artig in der gewaltigen Tasche des scharlachroten Reiterrokkes verschwunden. Der Schädel des Pferdes war senkrecht in die

Höhe gestiegen, und sein ungewöhnlicher Gefährte strebte ihm nach und war bald aus Charleys Gesichtsfeld verschwunden.
Charleys Gedanken schwankten, wie man begreifen wird, zwischen Wunder, Erschrecken und Überraschung.
Der peitschende Regen, der Pudding seiner Frau, das neue Halfter, selbst der Wettritt gegen Squire Jepson – all das war vergessen; Charley stand nichts anderes im Sinn, und er vermochte über nichts anderes zu sprechen als über den kopflosen Reiter. Er erzählte alles, kaum daß er daheim war, seiner Judy, er erzählte es am nächsten Morgen seinen Nachbarn, und er erzählte davon auf dem Jagdritt am St. Stephens-Tag, aber wie sehr er sich auch jeweils Mühe gab, anschaulich den Schädel, das Pferd und den Reiter zu beschreiben, alle schoben es auf den guten Whiskey seines Freundes Con Buckley.
Erzählt werden muß aber noch, daß Charleys alter Gaul Mr. Jepsons Fuchsfohlen Desdemona schlug und Charley glatte hundert Pfund einstrich, und wenn er nicht mit Hilfe des kopflosen Reiters gewonnen hat – ich wüßte keinen anderen Grund, aus dem es dazu gekommen wäre.

Der Traum des Tim Jarvis

Timothy Jarvis war ein anständiger, ehrlicher, besonnener, hart arbeitender Mann aus Balledehob.
Nun ist Balledehob ein kleiner Ort etwa vierzig Meilen von Cork entfernt. Er liegt auf dem Kamm eines Hügels und auch wieder in einem tiefen Tal, denn auf allen Seiten türmen sich Gebirge auf, eines hinter dem anderen und von schroffer Großartigkeit. Sie scheinen mit hochgezogenen Brauen auf das geschäftige kleine Dorf herabzuschauen, das sie müßig und hochmütig umgeben. Menschen wie Tiere sind aus ihnen geflohen. Nur für den Adler sind sie noch Herrschaftsgebiet. Würdevoll und entrückt kreist er über ihnen.

Auf der höchsten dieser Bergketten befindet sich ein, wie allgemein erzählt und angenommen wird, unendlich tiefer See, dessen einzige Bewohnerin eine gewaltige Schlange ist, die manchmal ihren riesigen Kopf aus dem Wasser streckt. Häufig auch hört man sie einen Laut verursachen, der die Felsen in ihren Grundfesten erschüttert.

Wie gesagt, alle kannten Tim Jarvis als einen anständigen, ehrlichen, ruhigen und hart arbeitenden Menschen, der es zu etwas gebracht hatte und in der Lage sein würde, seiner Tochter Nelly ein Vermögen von zehn Pfund zu hinterlassen. An Tim war auch sonst nichts auszusetzen, außer vielleicht, daß er manchmal einen Tropfen über den Durst trank. Am Zahltag hatte er immer ordentlich seinen Zins gezahlt. Sein Pachtherr mußte nie zu ihm sagen: »Tim Jarvis, du bist im Rückstand, Tim, du bist der Schwanz der Kuh.«

Nun geschah es einst, daß Tim vom Trinken einen schweren Kopf hatte und danach einschlief, und mit dem Schlaf kam der Traum, und er träumte die ganze Nacht und darauf auch die folgenden Nächte, und immer sah er im Traum Krüge voller Gold und Edelsteine. So tief träumte er, daß Norah Jarvis, seine Frau, ihn kaum dazu bringen konnte, bei Tag seine Arbeit zu tun, und auch in der Nacht wenig Freude an ihm hatte. Der graue Morgen sah Tim in einem Sumpfloch buddeln oder wie ein Schwein, das nach Trüffeln schnüffelt, an einer alten Steinmauer herumsuchen.

Schließlich träumte ihm, er habe einen riesigen Krug voller Gold und Silber gefunden – und was soll ich euch sagen wo? Auf dem Weg zu keinem andern Ort als zur London Bridge selbst! Er träumte es zum zweiten Mal, und schließlich hatte er es zum dritten Mal geträumt, und endlich beschloß er, nach London zu reisen, auf Pat Mahoneys Kutter – und das tat er denn auch.

Nun, er gelangte dorthin und fand ohne große Schwierigkeiten die Brücke. Schließlich ist sie groß genug und jedes Kind in der Stadt weiß, wo sie liegt. Jeden Tag nun ging er auf der Brücke auf und ab und hielt Ausschau nach dem Krug voller Gold, fand aber nie etwas dergleichen. Eines Tages jedoch, als er sich über das Brückengeländer lehnte und ins Wasser sah, blieb hinter ihm ein Mann stehen oder sagen wir besser ein Wesen, das aussah wie ein Mann, er hatte einen schwarzen Schnurrbart wie ein Hesse und einen schwarzen Mantel, der fast bis auf den Boden reichte. Er tippt ihm auf die Schulter und spricht: »Tim Jarvis, siehst du mich?«

»Gewiß doch, Herr«, sagte Tim, wunderte sich aber, daß ihn jemand hier in der Fremde kannte.

»Tim«, sagt der andere, »was führt dich hierher ins Ausland, so weit weg von deiner Hütte in Balledehob?«

»Bitte, Euer Ehren«, spricht Tim, »ich bin hier, um reich zu werden.«

»Du bist ein Narr deiner Besessenheit, Tim, wenn das der Grund für deinen Aufenthalt hier ist«, bemerkte der Fremde in dem schwarzen Mantel, »London ist ein Ort, um zu einem Vermögen zu kommen, soviel ist richtig, aber einfach wird das nicht sein.«

Nun ging Tim mit sich zu Rate und überlegte sich, daß der Fremde vielleicht den Krug voller Gold für ihn aufspüren oder aber ihn zu dem Ort führen könne, an dem der Schatz lag, und er entschloß sich, ihm das ganz offen zu sagen.

»Da kommen wahrscheinlich viele hierher, die es gleich mir darauf abgesehen haben, reich zu werden«, sagte Tim.

»Wohl wahr«, erwiderte der Fremde.

»Aber«, fuhr Tim fort und blickte auf, »der wahre Grund, weshalb ich meine Frau, Nelly und die Jungen alleingelassen habe und so weit gereist bin, ist, daß ich mich nach einem Krug voller Gold umschauen wollte, der sich hier irgendwo finden soll.«

»Und wer hat das behauptet, Tim?«

»Nun, Herr. Das kann ich Euch nicht so genau sagen ... weil ich nämlich davon nur geträumt habe.«

»Ho, ho, ist das alles, Tim?« sagte der Fremde lachend. »Ich hatte auch einen Traum, aber mir träumte, ich würde einen Krug voller Gold auf dem Fortfeld auf Jerry Driscolls Acker bei Ballede-

hob finden. Dort muß es eine Grube geben, die nahe bei einem großen Ginsterbusch liegt, der in voller Blüte steht.«
Tim kannte Jerry Drsicolls Acker recht gut, mehr noch, er kannte das Fortfeld so gut wie seinen eigenen Kartoffelacker, er sah auch ganz deutlich den Ginsterbusch am nördlichen Rand des Feldes vor sich, und so rief er aus:
»Bei all den Feldern auf einem Damebrett ... hab ich mir doch immer gedacht, daß auf diesem Feld Gold liegt!«
Als er diesen Satz hervorgestoßen hatte, war der Fremde verschwunden. Tim Jarvis wunderte sich, daß all dies ausgerechnet ihm zustieß, und als er sich genug darüber gewundert hatte, machte er sich auf den Weg zurück nach Irland.
Norah, wie man sich denken kann, hatte nicht gerade ein warmes Willkommen für ihren davongelaufenen Ehemann, den träumerischen Schurken, wie sie ihn nannte, und so bald sie ihn erblickte, lief alles Blut in ihrem Körper in ihre Knöchel und sie wollte auf ihn einhämmern, aber Tim sah nach der langen Reise so fröhlich und zufrieden aus, daß sie es nicht übers Herz bringen konnte, den ersten Schlag zu führen, und wo kein erster Schlag ist, kann kein zweiter sein. Es gelang ihm, sie zu besänftigen, in dem er etwas von einem neuen Umhang und einem Paar Schuhen durchblicken ließ, die sie sich, um ehrlich zu sein, schon lange für den Kirchgang gewünscht hatte ... er erwähnte die Kleider für Nelly, die sie brauchte, wenn sie mit ihrem Liebsten zum Patron gehen und um die Eheerlaubnis nachsuchen wollte, die Kniehosen für die Jungen und die Samthosen für sich selbst.
»Es war nicht umsonst«, spricht Tim, »ich war im Ausland die ganze Zeit, und daraus wird sich schon noch einiges mehr ergeben. Hör auf meine Worte.«
Ein paar Tage später verkaufte Tim sein Haus und seinen Garten und kaufte das Fortfeld von Jerry Driscoll, das mit Disteln, alten Steinen und Brombeerbüschen übersät war. Alle Nachbarn waren davon überzeugt, er sei nun endgültig verrückt geworden.

In der ersten Nacht, in der Tim Zeit fand, schulterte er seinen Spaten und ging hinaus auf das Feld. Die ganze Nacht grub er neben dem Ginsterbusch, bis er auf einen großen Stein stieß. Er klopfte mit dem Spaten daran und es klang hohl, aber da es schon hell zu werden begann, die Nachbarn sich anschickten, ihr Tagwerk zu beginnen und Tim kein Aufsehen erregen wollte, ging er heim zu der kleinen Hütte, in der sich Norah und die Kinder auf einem Haufen Stroh zusammenkuschelten, denn er hatte, um Driscolls Feld zu erstehen, alles verkauft, was er besaß.
Es läßt sich unmöglich schildern, mit welchen Beschimpfungen und Vorwürfen die arme Frau über ihren Mann herfiel. Aber auf all solche Vorhaltungen pflegte Tim nur zu erwidern: »Norah, hast du dich schon nach einer Kuh umgeschaut, die du gern haben möchtest?« Oder: »Norah, Liebes, hat nicht Polly Deasy ein Federbett zu verkaufen?« Oder: »Norah, Schatz, hättest du nicht gern eine Silberschnalle so groß wie die von Mrs. Doyle?«
Sobald es wieder dunkel war, stand Tim neben dem Ginsterbusch. In dem Augenblick, als er hinab in die Grube sprang, hörte er ein seltsames Geräusch unter sich. Er legte das Ohr an den großen Stein, lauschte und hörte eine Unterhaltung mit an, die ihm die Haare auf dem Kopf wie Kanonenputzer zu Berge stehen ließen und ihn am ganzen Leib zittern machte.
»Was sollen wir mit Tim anfangen?« fragte eine Stimme.
»Ach, bringen wir ihn doch hinauf ins Gebirge und verfüttern wir ihn an die alte Schlange«, sagte eine zweite Stimme.
Tim zitterte wie eine Kartoffelblüte im Sturm.
»Nein«, sagte eine dritte Stimme, »werft ihn in den Sumpf, mit dem Kopf voran.«
Tim sah sich schon als ein toter Mann, und dem Erzähler fällt hier jenes Zitat aus dem 34. Gesang von Dantes Inferno ein:

»I' non mori, e non rimasi vivo:
Pensa oramai per te,s' hai fior d'ingegno
Qual io divenni d'uno e d'altro privo.«

»Halt!« rief eine vierte Stimme, aber Tim hörte sie nicht mehr, denn inzwischen war er ohnmächtig geworden, nach einer Stunde allerdings kehrten die Lebensgeister wieder, und er kroch zurück zu Norah.
Als die nächste Nacht kam, gewann die Hoffnung auf einen Krug Gold über seine Ängste die Oberhand. Er steckte sich eine Flasche *potheen* (schwarzgebrannter Schnaps) ein und ging wieder hinaus auf sein Feld. Er sprang in die Grube, nahm einen kräftigen Schluck aus der Flasche, um so Mut zu gewinnen und hob dann den Stein auf. Sofort riß ihn ein Sog hinab, und Tim fiel, tiefer und tiefer, bis er auf etwas aufschlug, das ihm wie ein mit Stecknadeln gespickter Boden vorkam. Er stieß einen Schmerzenslaut aus. Dann hörte er Gebrüll und ein Hurra und zahllose Stimmen riefen:

»Willkommen, Tim Jarvis, Bester.
Bis du's oder ist's deine Schwester?«

Obwohl Tims Zähne vor Angst klapperten wie der Schnabel einer Elster, antwortete er doch: »I-ch b-i-n's. Ich bin Ihnen allen sehr verbunden, daß Sie einen armen Fremden wie mich mit soviel Artigkeiten empfangen ...«
Es war ihm so vorgekommen, als seien die Geräusche über ihm zu hören gewesen, aber sehen konnte er nichts, denn um ihn war es stockdunkel. Dann faßte jemand Tim bei den Haaren und schleppte ihn mit sich fort. Er wußte nicht wie weit. Er spürte nur, daß es schneller ging als der Wind, denn der pfiff hinter ihnen drein und versuchte vergebens Schritt zu halten. Weiter, weiter und weiter flog er, bis die Bewegung plötzlich stockte, jemand vor ihn hintrat und sprach: »Nun, Tim Jarvis, wie hat dir dieser Ritt gefallen?«
»Mächtig gut, vielen Dank Euer Ehren«, sagte Tim, »und es war gewiß ein gutes Pferd, auf dem ich geritten bin.«
Gelächter war die Antwort, und dann hörte er wieder Flüstern und Wispern, und schließlich sagte jemand mit schwacher Stimme: »Schließ deine Augen und du wirst sehen, Tim!«

»Auf mein Wort«, sagte Tim, »das ist eine merkwürdige Art zu sehen. Aber ich bin nicht der Mann, um Euch zu widersprechen, also will ich tun, was Ihr von mir verlangt.«
Augenblicklich spürte er, wie eine kleine warme Hand ihm über die Augen fuhr mit einer Flüssigkeit, und im nächsten Augenblick sah er sich unter Tausenden von kleinen Männern und Frauen, alle etwa halb so lang wie seine Kniehosen und sie bewarfen einander mit goldenen Guineen und lilienweißen Thirteens (ein englischer Shilling hatte 13 Pence irischer Währung), so wie sich Kinder mit Schmutz bewerfen. Der Größte unter ihnen, der auch die schönsten Kleider trug, kam auf Tim zu und sagte: »Tim Jarvis, da du ein anständiger, ehrlicher, ruhiger, höflicher Mensch bist und wohl weißt, wie man sich in einer Gesellschaft mit Leuten, die einem nicht näher bekannt sind, zu benehmen hat, haben wir unsere Ansichten über dich geändert. Wir werden einen deiner Nachbarn an die Schlange verfüttern.«
»Oh, dann langes Leben Euch, Herr«, sagte Tim, »und kein Zweifel, daß es Euch geschenkt wird.«
»Was würdest du sagen, Tim«, fragte der kleine Bursche, »wenn wir dir die Tasche mit diesen gelben Klunkern hier auffüllen würden? Was würdest du damit anfangen?«
»Euer Ehren Ehr und Euer Ehren Ruhm«, antwortete Tim, »ich könnte einen Monat lang kein Gebet sprechen, ohne darin Euer nicht zu gedenken, und was ich damit tun würde ... ha, da gäbe es mehr als genug. Ich würde Norah als erstes wie eine große Damen kleiden ... sie ist mir immer eine gute Frau gewesen. Wir werden uns ein gutes Stück Schweinefleisch zum Abendessen kaufen, und vielleicht würde ich ein Glas, vielleicht auch zwei Gläser trinken, oder wenn gerade gute Freunde oder Bekannte da wären und wir ins Schwatzen gerieten, könnten es auch drei Gläser werden. Ich würde mir eine neue Hütte bauen, und für mich hätte ich gern ein frisches Ei jeden Morgen zum Frühstück, und vor dem Pachtherrn würde ich mit den Fingern schnalzen und seine Hunde durchprügeln, wenn sie durchs Feld laufen. Ich würde mir einen neuen Pflug anschaffen und Norah, Euer

Ehren, bekäme einen neuen Umhang, die Jungen neue Schuhe und Strümpfe und die Blagen von Biddy Leary, was meine Schwester ist, auch, und Nelly könnte Bill Long aus Affadown heiraten. Für mich, Euer Ehren, käme noch Samtstoff für eine Hose dazu und ein herrlicher Mantel mit blinkenden Knöpfen, ein Reitpferd, vielleicht auch zwei. Dann hätte ich alles, gut oder schlecht, was man im Leben für Liebe oder Geld bekommt ... Hurra, Wupp! – das würde ich tun.«

»Vorsichtig, Tim«, sagte der kleine Bursche, »wenn du so damit umgehst ... ich meine mit Hurra und Wupp.«

Aber Tim bedauerte nicht, so gesprochen zu haben, Haufen von Gold lagen da überall, und er füllte sich die Taschen seines Rocks und seiner Hosen prall auf. Er hielt sich für sehr schlau, weil er zudem auch noch eine Guinee in seine Bundhosen gleiten ließ. Als die kleinen Leute das sahen, riefen sie: »Heim mit dir, Tim Jarvis, und jetzt bist du ein Mann im Glück.«

»Ich hoffe, meine Herren«, sprach er, »wir scheiden in Frieden und nicht für immer, vielleicht ladet ihr mich mal wieder ein, dann will ich Euch genau darüber Rechenschaft geben, was ich mit Eurem Geld angefangen habe.«

Darauf erfolgte keine Antwort, nur Gebrüll: »Heim mit dir, Tim Jarvis. Fairness ist ein Juwel, aber schließe deine Augen, oder du wirst nie das Tageslicht wiedersehen.«

Tim schloß seine Augen, weil er jetzt wußte, daß er auf diese Weise besonders klar sehen werde und fort ging's.

Er rieb sich die Augen mit seinen zwei Daumen. Wo war er nur? Wo anders als in der Grube auf dem Feld, und oben stand seine Frau Norah mit einem Knüppel in der Hand. Er rief ihr zu, sie möge ihn nicht totschlagen und schob die Hände in die Taschen, um ihr das Gold zu zeigen, aber er zog nichts heraus als eine Handvoll kleiner Steine und ein paar Ginsterblüten. Der große Stein, den er aufgehoben hatte, lag da, als habe er ihn nie berührt, die Whiskeyflasche war leer bis auf den letzten Tropfen, und die Grube war gerade so tief, wie er sie mit seinem Spaten ausgehoben hatte.

Tim Jarvis folgte enttäuscht mit fast gebrochenem Herzen seiner Frau heim, und so merkwürdig es klingt, von dieser Nacht an war's aus mit dem Träumen und dem Trinken, mit dem Ausheben von Gruben im Moor und der Suche nach alten Höhlen. Er arbeitete wieder hart, und bald war er in der Lage, sein kleines Häuschen und den Kartoffelgarten zurückzukaufen und sich all die Sachen zu gönnen, die er sich von dem Feengold hatte kaufen wollen. Gebt Tim ein oder zwei Glas Whiskeypunsch (weder ein Freund oder Bekannter noch ein Schwatz wird ihn dazu verleiten, mehr zu trinken) und er wird Euch die Geschichte weit besser erzählen, als ich das hier tun konnte. Tatsächlich lohnt es sich, nach Balledehob zu gehen und sie sich von ihm erzählen zu lassen.

Er verbürgt sich, daß jedes Wort wahr ist, indem er zwei Finger kreuzt, und wenn er an die Stelle kommt, an der er über den Verlust des Geldes berichtet, vergißt er nie hinzuzufügen: »Wenn ich es behalten hätte, hätte es mir nie soviel Glück gebracht. Vater O'Shea hat mir gesagt, es sei gut gewesen, daß die Goldstücke verwandelt worden sind, denn wäre das nicht geschehen, so hätten sie mir Löcher in die Taschen gebrannt, und ich wäre sie so losgeworden.«

Ich werde nie seinen ernsten Gesichtsausdruck und den tiefen Tonfall seiner warnenden Stimme vergessen, wenn er ans Ende dieser Geschichte gekommen war und noch erzählte, daß am Tag nach seinem Ritt mit den Feen Mick Dowling verschwunden sei und daß er davon ausgehe, dieser sei statt seiner der Schlange vorgeworfen worden, da man seither nichts mehr von ihm gehört habe. »Den Segen der Heiligen für alle guten Männer und gegen ihr Leid«, war der letzte Satz in Tim Jarvis Erzählung, und er spritzte den letzten Schluck aus seinem Glas auf den grünen Rasen.

William Carleton

1794–1869

William Carleton wurde am 20. Februar oder am 4. März 1794 in Prillisk/Tyrone als Sohn einer armen katholischen, gälisch-sprechenden Bauernfamilie geboren. Als junger Mann zog er nach Dublin, konvertierte, auf gesellschaftliche Anerkennung bedacht, zum Protestantismus und wurde Schriftsteller.

Carleton schrieb Erzählungen und Novellen, die ihn als Kenner und trefflichen Schilderer des irischen Bauernlebens ausweisen. Die bekannteste seiner Geschichten, »Denis O'Shaghenessy Going to Maynooth«, ist ein kleiner Bildungsroman, von Goethes »Dichtung und Wahrheit« beeinflußt. Den romantischen Helden Manfred und Childe Harold aus den damals populären Werken Lord Byrons versucht Carleton einen komischen irischen Helden an die Seite zu stellen. In gewissem Sinn weist dieser Text, der zugleich auch ein aufschlußreiches soziales Dokument darstellt, schon voraus auf James Joyce' »A Portrait of the Artist as a Young Man«. Carleton ist Volksautor im besten Sinne des Wortes. Seine Tugend, so schreibt er selbst einmal, sei es, mit den einfachen Leuten in seiner Jugend getanzt, gelacht und getrunken zu haben. Er schreibt nicht zuletzt auch, um Anteilnahme für die irische Landbevölkerung zu erwecken. Seine Texte faßte er in den fünf Bänden der »Traits and Stories of Irish Peasantry« zusammen, die zwischen 1830 und 1833, einer frühen Blütezeit irischer Literatur, erschienen.

William Butler Yeats, der spätere Märchensammler und Nobelpreisträger, hat Carleton einen Romancier, Geschichtenerzähler und Histo-

riker genannt. Gemeint ist damit die für Irland typische Überblendung von Einflüssen literarischer Bildung aus der Hochkultur mit Volksgut, das durch die mündlichen Erzähler vermittelt wird. Und wenn bei Yeats das Stichwort vom »Historiker« fällt, so ist damit Carletons Fähigkeit gemeint, eine »Geschichte als Faktum aufzufassen, das des Bewahrens wert ist, weil es Nachrichten über Menschen enthält, die nicht mit dem Autor gleichzusetzen sind«. Carleton war an Literatur für den städtischen Salon und die Redaktionen literarischer Zeitschriften ebenso interessiert wie an dem drastisch-herzhaften mündlichen Erzählen in den Schankstuben und hinter der Schwarzdornhecke auf dem Land. Die Frage, auf was denn ein Kompilator mehr zu achten habe, auf die mündliche oder auf die an der Zeitmode orientierte literarische Form, stellte sich ihm nicht. Er war dem Volk nahe. Durch seine Unbekümmertheit konnte er, aus Elementen mündlicher Überlieferung schöpfend und dem Unterhaltungsbedürfnis eines gebildeten, städtischen Publikums entsprechend, etwas Neues, Eigenständiges entstehen lassen.

Wenn man so will, entdeckte er noch vor Synge, dem Begründer des irischen Volksstücks, die poetischen Qualitäten der Umgangssprache der irischen Landbevölkerung, deren Pathos romantische Begeisterung erweckt, in dem aber auch Pathologisch-Verrücktes aufblitzt. All seine Geschichten sind Burslesken, durchweht von einem unüberhörbaren Unterton von Traurigkeit und Melancholie. Für Carleton ist der Mensch ein possenreißendes, lächerliches Tier, das sich, eingezwängt in ein Tretrad, verzweifelt abmüht. Das Gelächter, zu dem Carletons Erzählen anstiftet, ist niemals hämisch und schadenfroh, sondern mitleidsvoll – und es ist vielleicht die einzige Art von Erlösung, an die er glaubte. Daneben schlägt aber auch immer wieder beißende Kritik an irischen Nationaltugenden durch. Viele seiner Geschichten kritisieren religiöse Unduldsamkeit, verhöhnen die masochistische Lust der Iren, auf verlorenem Posten den Helden zu spielen.

Wie eng seine literarisch brillierenden, mit Paradoxen gespickten Texte mit der mündlichen Überlieferung in Verbindung stehen, teilt sich nicht nur aus ihrem eigentümlichen Tonfall mit, der den Übersetzer vor manchmal schier unlösbare Probleme stellt.

Auch die Ergebnisse späterer Sammler bestätigen, daß seine Stoffe sich zumeist aus Volksgut herleiten.
Beispielsweise wurde die Vorlage zu einer seiner Geschichten, »The Three Taks or The Little House under the Hill«, die hier wegen ihres Umfanges (35 Druckseiten!) nicht aufgenommen werden konnte, 1908 in Tyrone mit dem Märchen von Jack und dem Schwarzen Pferd bei einem mündlichen Erzähler entdeckt.
In »Neal Malone« sieht der irische Herausgeber der Carleton-Gesamtausgabe die »Märchenversion einer Ehegeschichte zwischen einem kleinen schwachen Mann und einer starken Frau, angelegt in einem spottend-heroischen Stil, hier heruntergestimmt zur liebevoll gestalteten Anekdote und zur sanft-weisen Beispielerzählung«.
Das erzählerisch reizvolle, aber mit bitterem Humor getränkte Gesamtwerk Carletons, dessen Einflüsse bis zu James Stephens und Flann O'Brian reichen, harrt noch der Entdeckung und Übersetzung für ein deutsches Lesepublikum. Die nachfolgenden Texte stammen aus »Tales and Stories of the Irish Peasantry«, erschienen in Dublin 1846.

Lantrys neues Haus

Lantry M'Cluskey hatte eine Frau genommen, und natürlich mußte er nun auch ein Haus haben, um mit ihr irgendwo zu leben. Nun hatte sich Lantry ein Stück Bauernland gekauft, an die sechs Morgen, aber es stand kein Haus darauf. Da entschloß er sich, eines zu bauen; und weil es so komfortabel wie möglich sein sollte, suchte er als Bauplatz eine jener schönen grünen Erhebungen aus, von denen man sagt, sie seien die Tanzplätze der Feen.

Man warnte Lantry. Aber er war ein eigensinniger Mann und kannte keine Furcht. Er sagte, einen so hübschen Platz zum Hausbau werde er so bald nicht wieder finden, und wenn er alle Feen in ganz Europa gegen sich aufbringe, hier und nirgendwo anders wolle er seine vier Wände errichten. Er machte sich also ans Bauen und brachte es auch gut zu Ende. Und wie es üblich ist von alters her, lud er seine Freunde und Nachbarn darauf unter das neue Dach ein. Lantry hatte im Lauf des Tages seine Frau in das neue Haus geholt. Er hatte einen Fiedler bestellt und eine Menge Whiskey gekauft, und am Abend sollte getanzt werden.

Gut und schön. Dagegen war nichts einzuwenden. So gehört sich's!

Der Spaß und die Ausgelassenheit hatten alle Gäste erfaßt, als man, nachdem die Dunkelheit hereingebrochen war, ein merkwürdiges Geräusch vernahm.

Es hörte sich an, als zerbrächen langsam aber sicher die Dachbalken. Ein Krachen und Knarren, ein Zerren und Splittern war das, als seien Tausende kleiner Männer dabei, das Dach zum Einsturz zu bringen.

»Nur zu«, sagte eine Stimme, die in befehlendem Ton sprach, »legt euch ins Zeug: ihr wißt, ehe es Mitternacht wird, muß Lantrys Haus eingerissen sein!«

Das war eine unangenehme Neuigkeit für den guten Lantry. Er machte sich nun klar, daß er seine Feinde unterschätzt hatte.

Und wenn man das weiß, dann hilft nichts als zu kapitulieren. Also trat er vor die Feen hin und redete sie so an: »Meine Herren, ich bitte euch sehr untertänigst um Entschuldigung, daß ich auf einem Grundstück, das euch gehört, ein Haus habe errichten lassen. Wenn ihr aber so freundlich sein wolltet, mich heute nacht nicht weiter zu behelligen, so verspreche ich, es morgen abzureißen und anderswo wieder aufbauen zu lassen.«

Auf diese Rede folgte ein Geräusch gleich dem Klatschen tausend kleiner Hände und der Ruf wurde laut: »Bravo, Lantry! Bau auf halbem Weg zwischen den beiden Weißdornhecken und dem kleinen Hügel.«

Nach einem weiteren Freudenruf und dem Geräusch sich entfernender Schritte wurde es mucksmäuschenstill.

Die Geschichte aber ist hier noch nicht zu Ende, denn als Lantry die Grube für das Fundament des neuen Hauses aushob, fand er eine Kiste voller Gold, und also wurde er dadurch, daß er den Tanzplatz der Feen räumte, reicher als er es je auf andere Art und Weise geworden wäre.

Neal Malone

Nie hat es einen großmütigeren und tapfereren Schneider gegeben als den kleinen Neal Malone. Obwohl er nur vier Fuß hoch war, schritt er über die Erde dahin mit dem Mut und Selbstvertrauen eines Riesen; mehr noch, wenn man ihn so sah, hätte man meinen können, er fürchte nichts anderes, als daß der Boden, auf dem er schritt, unter ihm nachgäbe.
Maße sich keiner an, in Zukunft noch zu sagen, ein Schneider sei nur der neunte Teil von einem Menschen. Von dieser Behauptung ist die ganze x-beinige Zunft befreit worden durch niemand anderen als durch Neal Malone. Er hat dieses widerlegt, so wie man einen Fleck vom Kragen eines getragenen Mantels fortwischt; er hat diese Falte aus der lügenden Front aller alten Überlieferungen weggebügelt. Er hat diesem Beruf sein altes Ansehen wiedergegeben. Nein. Bei dem, der die Kniehosen für Götter machte – wie die Schotten halten sie nichts von Unaussprechlichen –, der Jupiters Winterhosen zuschnitt und sich durchbrachte mit dem Boden seines Fingerhuts, schwören wir, daß Neal Malone wahrlich mehr darstellte als nur den neunten Teil eines Mannes!
Wenn man die Patagonier aus dem Spiel läßt, wagen wir zu behaupten, daß zwei Drittel der sterblichen Menschheit in Neal enthalten war; und wir versteigen uns sogar zu der Feststellung, daß zwei Drittel von Neals Menschlichkeit gleichbedeutend waren mit sechs Dritteln von dergleichen bei einem anderen Menschen. Es ist sehr wohl bekannt, daß Alexander der Große, was seine Körpergröße angeht, ein kleiner Mann war, und wir hegen unsere Zweifel daran, ob jener Alexander, hätte er zum Schneider bestimmt das Licht dieser Welt erblickt, in der Lage gewesen wäre, sich so heldenhaft zu bewähren wie Neal Malone.
Neal stammte aus einer kämpferischen Familie. Sein Vater, sein Großvater und sein Urgroßvater waren alle gute Kämpfer, und dasselbe kann man von seinen Vorfahren insgesamt behaupten. Ahnherr der Familie soll Con von den Hundert Schlachten

gewesen sein. Kein Wunder, daß sich Neals Blut auflehnte gegen die Feigheit, die man seinem Beruf andichtete; kein Wunder, daß sich das Tapfere und Heroische, welches auch in einem friedfertigen Menschen angelegt ist, bei ihm besonders ausgeprägt fand.
Bisher noch unerwähnt blieb, daß Neal, obgleich er furchtlos war, nie selbst mit jemandem in einen Kampf oder eine Auseinandersetzung geraten war. Davon jedoch sollte man nicht auf mangelnden Mut seinerseits schließen. Wenn er nicht kämpfte, so nur deshalb, weil er überall auf Feigheit stieß. Kein Mensch wagte es, sich mit ihm anzulegen. Der Mut sah ihm vergebens aus allen Knopflöchern und sein Durst nach einer Schlägerei blieb ungestillt. Er konnte einfach keinen Feind finden. Man weiß, daß er die besten Stockfechter und Faustkämpfer im Kirchspiel herausforderte, Männer die vierzehn stones* wogen, daß er sich mit Todesverachtung den größten Raufbolden in den Weg stellte – vergebens. Etwas sagte all diesen Superhelden, daß eine Auseinandersetzung mit Neal sie ihrer Lorbeern berauben werde. Neal spürte die lässige Verachtung, er beklagte den Verfall der Sitten und empfand es als ein hartes Schicksal, daß er, der Nachkomme einer kämpferisch veranlagten Familie, so völlig friedlich durchs Leben schreiten mußte, während rings um ihn sich die schönsten Prügeleien und Handgemenge abspielten. Es ist schon schwer mitzuerleben, wie zahlreiche andere Leute sich den Schädel brachen, nur er nicht. Es macht traurig, zu beobachten, wie Nachbarn mit bandagierten Knochen herumlaufen, die offensichtlich gebrochen sind, und selbst nie dergleichen herzeigen zu können. Freunde hatten dann und wann schwarze und blaue Flecken, seine eigene Epidermis aber änderte nie ihre Einfärbung.
»Verflixt noch mal!« rief Neal eines Tages halb betrunken auf der Kirmes aus, »bekomm ich denn nie mal ein Kämpfchen auf den Hals? Gibt es denn keinen feigen Wanderarbeiter, der sich

* Englisches Gewicht = 6,3504 kg

Neal Malone stellt? Sei es wie es sei. Ich vergehe noch vor lauter Sehnsucht nach einer ordentlichen Prügelei. Ich entehre meine Ahnen durch das Leben, das ich führe. Kämpft denn keiner mal mit mir aus Liebe, um Geld oder für Whiskey ... Freund oder Feind, womit habe ich das verdient? Hätte nichts dagegen, wenn jemand aus bloßer Freundschaft sich mit mir raufen würde. Freund oder Feind, das wäre mir gleich ... ach, wenn es nur eine Schlägerei für mich gäbe!«

Dieser fabelhafte Heldenmut war gänzlich verschwendet. Neal vermochte auch nicht einen einzigen Gegner aufzutun. Er hätte sich schon selbst aufteilen müssen, wie es Hotspur getan, und eine Hand gegen die andere erheben, andere Chancen zu einer Rauferei zu kommen, gab es für ihn nicht. Niemand ließ sich hinreißen, dem Schneider den Gefallen zu tun. Im Gegenteil, jeder seiner Freunde – und das war jeder Mann im Kirchspiel – wollte ihm nur Gutes tun. Man klopfte ihm mit der Hand auf den Rücken, so fest, daß sich fast seine Knochen im Leib verrenkten und schüttelte seine Hand derart, daß seine Finger für eine halbe Woche danach kein Feingefühl für die Nadel mehr hatten.

Dies war ein bitteres Los, ein Zustand ständiger Heimsuchung. Jeder Mann war sein Freund, keiner sein Feind. Eine verzweifelte Lage für jeden, dem es so ergeht, ein doppeltes Unglück aber für einen martialischen Schneider ...

Viele Klagen ließ Neal über sein Mißgeschick laut werden, und was seine Pein noch erhöhte, war die unglückliche Tatsache, daß keine noch so heftige Herausforderung seinerseits einen Gegner auf den Plan brachte. Vergebens beschuldigte er sie aller Schuftereien und Untaten, die man sich nur ausdenken kann. Er log gegen sie an mit einer Verve und Originalität, angesichts derer ein moderner Romanschreiber mangels Einfällen, sofern er überhaupt noch so etwas wie Scham besaß, hätte erröten müssen. All das brachte rein gar nichts.

Die Welt war plötzlich erstaunlich christlich. Sie zahlte jeden Versuch der Kränkung mit reinster Nächstenliebe zurück.

Wenn Neal jemanden auf die eine Backe schlug, so streckte der Betreffende ihm die andere auch noch hin.
Es läßt sich vorstellen, daß Neal dies auf die Dauer unmöglich ertragen konnte. Mit der ganzen Welt in Freundschaft zu leben, ist für einen ehrlichen Menschen ohne Zweifel auch eine Heimsuchung. Nicht auf einen einzigen Feind im Leben verweisen zu können, würde die meisten Leute ganz ähnlich wie Neal Malone um viele angenehme Erlebnisse bringen. Was man empfindet, wenn einem etwas genommen wird oder einen eine Katastrophe trifft, hatte Neal nie durchlebt. Sie waren ja alle seine Freunde, und er betrübte sich weder im Kopf noch im Herzen über sie.
Himmel hilf uns! Es gibt keinen Mann ohne Schicksalsschläge. Und auch Neal, wie der Leser begreifen wird, konnte da keine Ausnahme machen. Was half es ihm, daß er immer einen Degenstock bei sich trug, um für eine Schlägerei gerüstet zu sein? Nichts tat's, wenn er die Stirn runzelte oder die Faust ballte im Angesicht des wildesten seiner kämpferisch gesinnten Freunde. In dem Augenblick, in dem Neal auftauchte, verwandelte sich dessen Stimmung in lautere Herzlichkeit. Neals Gegenwart war ein Signal des Friedens.
Man kann nicht erwarten, daß Neal, mit welchem Mut er auch seine anderen Leiden ertrug, solch einer Windstille auf die Dauer heldenhaft gewachsen gewesen wäre. Dies zu behaupten hieße einfach, falsch Zeugnis ablegen über seinen Charakter. Wo hat man je einen Helden gesehen, der einen Zustand von Stille und Ereignislosigkeit endlos ausgehalten hätte? Dieser Zustand beschwor das herauf, was Burton »eine windige Melancholie« nennt, was nichts anderes bedeutet als eine Ansammlung von Mut, der keine Möglichkeit findet, aus dem Gemüt zu entfliehen – sofern man in Zusammenhang von Mut von »entfliehen« reden sollte.
Neal saß unbehaglich auf seinem Schoßbrett. Statt sauber zu schneidern, bewegte er seine Schere, als stehe sie an der Spitze eines sich raufenden Haufens. Er vertat viel Kreide, um sein

Tuch an der falschen Stelle zu markieren und faßte in Gedanken mehr als einmal die heiße Gans, das Bügeleisen, ohne Handschuh an. Diese Symptome alarmierten seine Freunde, die ihn überredeten, einen Arzt aufzusuchen. Neal tat das, damit sie sich beruhigten, aber er wußte, daß kein Rezept zuwege bringen werde, ihm all seinen Mut auszutreiben – zuviel hatte sich davon in ihm angesammelt, als daß irgendeine von einem Apotheker hergestellte Medizin etwas dagegen vermocht hätte.
Seine Krankheit bestand einfach in dem Fehlen eines Feindes und in dem unermeßlichen Überfluß an Wohlwollen und Freundschaft. Was sollte ein Arzt dagegen verschreiben? Nichts. Der Arzt verschrieb einen Aderlaß, aber Blut auf friedliche Weise zu verlieren war nicht nur feige, sondern auch eine schlechte Kur bei Mut. Neal lehnte also ab …
Seine Freunde witzelten, daß er sich sein Blut lieber für heroischere Zwecke als für einen memmenhaften Aderlaß aufsparen wollte, aber guter Rat war nun teuer. Einer seiner wiederholten Ausrufe lautete: »Ich habe schon Schaum vor dem Mund vor Verlangen nach einer Rauferei!«
Sie taten alles, um ihm Mut zu machen und sagten, er werde schon noch einmal eine gehörige Schlägerei erleben. Sie erklärten ihm, dafür, daß er nun einmal unter eben diesem Übel leide, seien die Chancen auf Heilung in einem Lande wie Irland ausgezeichnet. Sie versprachen, alles nur Mögliche zu tun, um ihm einen oder zwei private Feinde herbeizuschaffen.
Das half für eine Weile, aber nachdem Tag um Tag verging und sich nichts ereignete, wuchs sein Mut selbstverständlich mehr und mehr an. Seine Seele war wie ein Schwert, das zu lange in der Scheide gesteckt hat. Sie wurde stumpf von Untätigkeit. Er schaute auf die Spitze seiner eigenen Nadel und auf die helle Schneide seiner Schere mit bitterem Kummer, wenn er daran dachte, wie sein Geist zu rosten begann. Er überlegte sich neue Beleidigungen, dachte sich neue Pläne aus und ersann die erstaunlichsten Strategien, um Streitigkeiten vom Zaun zu brechen, bis ihm all das aufs Hirn schlug, und er sich bei seinem

Handwerk mehr Schnitzer als je zuvor zu leisten begann. Manchmal schickte er jemandem einen Mantel, bei dem er ein Paar Hosenbeine als Ärmel angenäht hatte. Die Ärmel prangten statt dessen dort, wo die Hosenbeine hingehörten. Manchmal fertigte er Mäntel, die man nur auf dem Rücken zuknöpfen konnte. Häufig setzte er die Taschen ganz unten am Hemd auf, als wolle er den Taschendieben das Leben leichter machen. Dies war eine melancholische Situation, und seine Bekannten bemitleideten ihn entsprechend.

»Sei nicht traurig, Neal«, sagten sie, »deine Freunde nehmen Anteil, du armer Kerl.«

»Der Teufel hole meine Freunde«, erwiderte Neal, »soviel steht fest, nicht einer von ihnen ist Freund genug, um endlich mein Feind zu werden. Was soll ich nur tun? Ich habe Schaum vor dem Mund, so sehr sehne ich mich nach einer ordentlichen Schlägerei.«

Als sie nun merkten, daß ihr Trost verschwendet war, überließen sie ihn seinem Schicksal.

Nur Gott weiß, wie schwierig es ist, eine korrekte Vorstellung von einer Situation zu geben, die so paradox war wie jene, in der sich Neal befand. Er war nur noch Haut und Knochen, und das nur wegen der unumstößlichen Freundschaft aller Welt, was, wie auch der scharfsinnigste Leser zugeben wird, einem Wunder ziemlich nahe kommt.

Wir appellieren an das Gewissen eines jeden Menschen, der keinen Feind hat, bei sich zu entscheiden, ob auch er sich so abgemagert zeigt wie der Schneider. Wir zahlen ihm fünfzig Guineen, wenn er uns seine fleischige Wade zeigt. Er wird keine zeigen können. Der Schneider hatte keine, und das kam nur daher, weil er keinen Feind hatte. Kein Mann, der mit der ganzen Welt in Freundschaft lebt, hat fleischige Waden. Um nun in einem Paradox, für das wir das alleinige Urheberrecht in Anspruch nehmen, den Stand der Dinge zusammenzufassen, behaupten wir: Mehr Menschen auf der Welt haben es durch den Haß ihrer Feinde zu etwas gebracht als durch die Freundschaft ihrer

Freunde. Du magst dies, Leser, beziehen auf was du willst. Selbst wenn du es auf das Aufhängen beziehen solltest, bleibt der Satz unverrückbar wahr.

Eines Tages nun saß Neal mit unterschlagenen Beinen da, eben so wie ein Schneider zu sitzen pflegt, wenn er ein Paar Kniehosen bügelt. Seine Hände ruhten auf dem Griff der »Gans«, und sein Kinn auf seinem Handrücken. Seiner sorgenvollen Gesichtsfarbe nach zu urteilen hätte man meinen können, er sitze hier eher als Modell für ein Bild des Elends oder für heroisch ertragenen Kummer als zu dem Zweck, den Saum eines Kleidungsstückes zu bügeln.

In dieser Haltung saß also Neal, als Mr. O'Connor, dessen »Unaussprechliche« er zuvor zum dritten Mal gewendet hatte, die Werkstatt betrat. Auch Mr. O'Connor selbst bot wie der Schneider ein Bild des Elends. In seinem Gesicht war ein Zug geduldiger Unterwürfigkeit eingegraben, der auf Kummer hinwies.

Alles in allem und nach den äußeren Erscheinungen zu urteilen, schienen beide gleich elend dran. Sie waren vom Fleisch gefallen und schienen nicht mehr recht zu gedeihen.

»Mister O'Connor«, sagte der Schneider, als der Schulmeister eintrat, »setzt Euch doch bitte.«

Mr. O'Connor setzte sich, und nachdem er sich die Stirn abgewischt hatte, legte er seinen Hut auf das Schoßbrett, stopfte sein halbes Taschentuch in die Hosentasche und blickte den Schneider an. Der Schneider seinerseits blickte zu Mr. O'Connor hin, aber keiner von beiden sagte etwas. Neal, so schien es, war eingehüllt in sein Elend wie in einen Mantel, und Mr. O'Connor hatte auch sein Bündel an Kummer davon zu tragen.

Mr. O'Connor fragte schließlich: »Neal, sind meine Unaussprechlichen fertig?«

»Ich bin gerade dabei sie zu bügeln«, erwiderte Neal, »aber bei meiner Seele, Mr. O'Connor, es sind nicht Eure Unaussprechlichen, die mich beschäftigen. Ich bin nicht mehr der neunte Teil von dem, was ich war.«

»Könnt Ihr dann überhaupt noch einen Stecken tragen, Neal?«

»Ich habe eine leichte Haselrute, die ganz brauchbar ist«, sagte der Schneider, »aber was hat es für einen Zweck, sie immer mit mir herumzuschleppen, wenn ich doch niemanden treffe, der mit mir kämpft? Bestimmt beleidige ich meine Vorfahren durch das Leben, das ich führe. Ich werde noch ins Grab sinken, ohne je einen Mann so richtig verprügelt zu haben oder selbst von jemandem verprügelt worden zu sein. Das ist schon arg. Wenn ich doch, zum Teufel, je in meinem Leben einmal in eine Schlägerei verwickelt worden wäre. Ich habe schon Schaum vor dem Mund vor Verlangen danach. Aber wenn Ihr noch etwas Geduld...«

»Geduld«, sagte Mr. O'Connor und schüttelte seinen Kopf, der so schrecklich aussah, daß man ihn besser nicht ansah dabei, »Geduld ... ist das Wort ›Geduld‹ gefallen?«

»Ja«, sagte Neal, »und bei meiner Seele, wenn Ihr bestreitet, daß das Wort ›Geduld‹ fiel, schlage ich Euch den Schädel ein!«

»Aber Neal«, erwiderte der andere, »ich bestreite gar nichts ... denn obgleich ich tagaus tagein Philosophie und Mathematik unterrichte, lern ich doch selbst immer noch, was die Geduld angeht. Nein, Neal, ich habe aufgehört, etwas zu bestreiten. Ich habe mich außerhalb der Schule seit fünfzehn Jahren keines Widerspruchs mehr schuldig gemacht. Vor zwölf Jahren hatte ich manchmal noch den Schatten eines Zweifels, aber seither habe ich mir auch das gründlich abgewöhnt. Diese Zweifel waren der letzte verzweifelte Versuch, meine häusliche Autorität aufrechtzuerhalten ... ich habe seinerzeit teuer dafür bezahlt.«

»Nun«, sagte Neal, »wenn Ihr also ein bißchen Geduld habt, werde ich Euch berichten, was mir zugestoßen ist.«

»Ich habe Geduld«, sagte Mr. O'Connor und hörte den traurigen und zornigen Bericht des Schneiders.

»Ihr habt mir all das schon hundertmal erklärt«, sagte Mr. O'Connor, nachdem der Schneider geendet hatte, »Euer Geist ist zu martialisch für ein friedliches Leben. Wenn Ihr auf meinen

Rat hören wollt, wie sich der stille Strom Eurer Existenz mit kleinen Wellen beleben könnte – ich sage Euch: Ihr müßtet heiraten. Seit fünfundzwanzig Jahren gebe ich Unterricht in Philosophie und Mathematik ... auch in Ehedingen bin ich wohl beschlagen! Und so versichere ich Euch, es ist meine ehrliche und melancholische Meinung: sofern Ihr nur eine Frau nehmt, werdet Ihr innerhalb von drei Monaten aus Eurem elenden Zustand erlöst sein und Euch nicht mehr ob eines Überflusses an Frieden, ereignisloser Stille und darüber, daß sich nie jemand mit Euch zankt, bei mir beklagen müssen.«
»Wollt Ihr damit sagen, eine Frau könne mir Furcht einjagen?« fragte der Schneider und griff schon nach seinem Degenstock. »Denkt lieber noch einmal über Eure Worte nach, ehe ich Euch eine Tracht Prügel verpasse.«
»Neal«, sagte der Schulmeister schwach, »ich will mich nicht mit Euch schlagen. Ich bin zu oft unterlegen, um noch die Hoffnung auf auch nur einen einzigen Sieg zu hegen. Mein Geist ist längst verdunstet. Ich bin wie Eure Flecken, bloßer Abfall. Keiner weiß genauer als Ihr selbst, um wieviel allein in den letzten fünf Jahren meine Kleider enger gemacht werden mußten. Hört mich an, Neal und wertet meine Worte, als würden sie aus dem Mund eines Propheten kommen. Wenn ihr Euch den Luxus wünscht, unterdrückt zu werden – nun, dann heiratet eine Frau. – Bitte, schickt meine Hosen, wenn sie fertig sind, eilig zu mir herüber. Ich habe sie dringend nötig. Ihr versteht. Auf Wiedersehen!«
Nachdem er sich derart ausgesprochen hatte, ging Mr. O'Connor fort, und Neal stand mit dem Stockdegen in der Hand da und betrachtete die Tür, durch die er hinausgegangen war, mit einem Ausdruck wilder Verachtung.
Manchem Mann liegt das Glück vor der Nase, ohne daß es ihm bewußt ist. Der Schneider war bisher elend dran gewesen, weil er das Falsche gesucht hatte. Der Schulmeister aber hatte ihn nun auf einen Gedanken gebracht, den Neal mit allem Eifer seines ritterlichen Temperaments verfolgte. Es erstaunte ihn, daß der

Geist der Familie ihn lediglich zu dem Wunsch zu kämpfen inspiriert hatte und jeder Gedanke an Heirat unterdrückt worden war. Er konnte sich auch nicht daran erinnern, daß seine Verwandten in die Ehe wie in einen Kampf gegangen wären. Aber dies zu bezweifeln, hätte bedeutet, Schmutz auf das eigene Wappen zu werfen. Er fragte sich deswegen aufrichtig, wem er, wenn er nicht heiratete, seinen Mut vererben solle.

Er war ein Junggeselle, und wenn er starb, würde er seinen Mut mit ins Grab nehmen. Wenn er ihn als Erbschaft einem Freund hätte vermachen können, der bemerkenswert feige war, die Sache hätte sich anders dargestellt, aber das war ausgeschlossen. Es blieb ihm keine andere Möglichkeit, seinen Mut für die Nachwelt zu erhalten, als einen Nachkommen zu schaffen, der den Mut erben würde. Er sah auch voraus, daß es in dieser Welt Erschütterungen geben würde. Kriege, wie jeder wußte, konnten jederzeit ausbrechen; und war das nicht eine ausgezeichnete Gelegenheit, um einen Oberst zu zeugen oder vielleicht sogar einen General, der die Welt in Erstaunen setzen würde?

Die Veränderung, die in Neal nach dem letzten Besuch des Schulmeisters vor sich ging, erschütterte mit der Gewalt eines Donnerschlages alle, die ihn kannten. Die Kleider, die hastig enger gemacht worden waren, um für seinen schrumpfenden Wanst zu passen, mußten wieder weiter gemacht werden. Der Schneider dehnte sich aus vor neuem Mut; seine Augen blickten weniger wildwütig, dafür aber funkelten sie. Statt wie bisher martialisch, war er nun auf eine verzweifelte Art und Weise galant, aber irgendwie konnte er es nicht bewerkstelligen, gleichzeitig den Helden und den Liebhaber zu spielen. Er entschloß sich, all seine verfügbare Energie auf jene schöne Nymphe einwirken zu lassen, der er die Ehre antat, sie zu seiner Braut zu erwählen. Seinen Geist dranzugeben, um Kämpfe zu provozieren, wäre jetzt einer Ablenkung von seinem vordringlichen Ziel gleichgekommen.

Kaum hatte Neal begonnen, eine Neigung zur Ehe zu empfinden, als seine Freunde begriffen, daß sich nun seine Prinzipien

geändert hatten. Seine Person und sein ganzes Betragen zeugten dafür.
Bisher war sein Leben von Sturm und Hurrikan verdüstert gewesen. Die wilderen Tugenden hatten ihn beherrscht, jedes Wort war ein Donner gewesen, jeder Blick ein Blitz. Damit war es nun vorbei. Zuvor war er fortiter in re, nun aber suaviter in modo.
Seine Existenz war nun ganz und gar frühlingshaft. All die liebenswerten und sanfteren Eigenschaften begannen in seinem Herzen zu sprießen, eine wohltätige Wärme umgab ihn; seine Seele begann zu grünen. Jeder Tag war hell, und wenn sich eine Wolke zeigte, gleich war auch so ein Schurke von einem Regenbogen da, der sich über sie ausspannte und darauf saß eine schöne Iris, die herablachte und zu sagen schien: »Warum in aller Welt, Neal, nimmst du nicht endlich eine Frau?«
Neal konnte sich der göttlichen Eingebung nicht verschließen, die sich da auf ihn niedersenkte, ein etherisches Licht, so meinte er, ergoß sich über die Natur; die Farbe des Tuches, das er Tag für Tag zerschnitt, hatte für seine entzückten Augen die Farbe von Kupidus Schwingen – ganz purpurn leuchtete es; seine Visionen wären es wert gewesen, in Gold aufgewogen zu werden, um seiner Träume willen machte das Bett sich bezahlt, in dem er schlief. Seine Gefühle waren wie blinde junge Hunde, jung und voller Verlangen nach der Milch der Liebe und der Freundlichkeit, die sie aus seinem Herzen sogen.
Die meisten dieser Freuden entgingen den Beobachtungen durch andere, denn Neal, wie jeder wahre Liebende, war schüchtern und tat geheimnisvoll. Es fällt schwer zu sagen, wem er glich. Keine dunkle Laterne hatte je mehr Licht von sich selbst abgeschlossen als Neal in seiner Seele hatte, obwohl dies seinen Freunden nicht auffiel. Sie wußten, er hatte dem Mut den Rükken zugewandt, aber mehr eben wußten sie nicht.
Neal war einsichtig genug, um zu begreifen, daß das, was er fühlte, Liebe sein mußte. Nichts sonst hätte ihn so mit Glück erfüllen können, daß sich seine Seele licht und blasenhaft

anfühlte. Wie eine Auster sich öffnet, wenn sie die Flut erwartet, so dehnte seine Seele sich aus, wenn er über den Ehestand nachdachte. Arbeit hatte aufgehört, für ihn Mühe zu bedeuten. Er sang und nähte von früh bis spät. Er verbrannte sich nicht länger an seinem Bügeleisen, denn sein Herz war gleichermaßen weißglühend. Die Vibrationen des Kopfes bei jedem erfolgreichen Stich waren nicht länger traurig und melancholisch – es gab da eine strahlende Bewegung des Überschwangs, mit der er kundtat, daß seine Seele zufrieden und glücklich war.

Endlose Ehre über Neal Malone für die Originalität, mit der er dieser zärtlichen Empfindung nachhing. Er entdeckte nicht wie ihr, für die die Liebe eine Gemeinplatz ist, erst ein schönes Mädchen und verliebte sich darauf in sie. Nichts dergleichen. Er steigerte sich erst in die Leidenschaft hinein – er legte sie an, schnitt sie aus, richtete sie zu für das Mädchen, das dazu passen würde. Das heißt man, sich abstrakt zu verlieben, und maße sich niemand an, dererlei ohne Prozeß zu verurteilen, denn viele weitausholende Argumente könnten zur Verteidigung vorgebracht werden. Es ist immer falsch, ein Geschäft ohne Kapital anzufangen, und Neal begann mit einem guten Vorrat davon. Alles, was wir erbitten ist: der Leser möge all das nicht mit dem Platonismus dessen, der nie heiratet, verwechseln, doch hat er alles Recht, dabei von Sokratismus zu reden, denn da heiratete ja auch einer und litt entsprechend.

Möge keiner annehmen, daß Neal dem Schulmeister seine Freundlichkeit vergaß oder es unterließ, hinreichend dankbar zu sein. Mr. O'Connor war die erste Person, die er im Hinblick auf seine Leidenschaft konsultierte. Mit froher Seele wartete er auf diesen melancholischen und edlen Menschen, und mit allem Überschwang seines Herzens teilte er ihm mit, daß er verliebt sei.

»Verliebt, Neal«, sagte der Schulmeister. »Darf ich fragen in wen?«

»In niemand bestimmten noch«, erwiderte Neal, »aber letzthin gefallen mir die Mädchen im allgemeinen teuflisch gut.«

»Und das nennt Ihr verliebt sein, Neal?« fragte Mr. O'Connor.
»Nun, wie soll ich's denn sonst nennen?« erwiderte der Schneider. »Sie gefallen mir doch, oder?«
»Dann muß es das sein, was universale Leidenschaft genannt wird, Neal«, bemerkte Mr. O'Connor, »obgleich dies das erste Mal ist, daß ich ein lebendiges Beispiel davon zu Gesicht bekomme.«
»Ich wünschte, Ihr würdet mir raten, was ich tun soll«, sagte Neal. »Ich bin glücklich wie ein Prinz, seit ich mich über Mädchen freue, und ich denke an Ehe.«
Der Schulmeister schüttelte wieder den Kopf und schaute ziemlich elend drein. Neal rieb sich vergnügt die Hände und sah vollkommen glücklich aus. Der Schulmeister schüttelte abermals seinen Kopf und wirkte noch elender. Neals Glück nahm beim zweiten Händereiben offenbar noch zu.
Nun, um gleich von etwas Verborgenem zu reden: Mr. O'Connor hätte nicht so elend ausgesehen, wäre Neals Glück nicht so groß und strahlend gewesen, auch wäre Neal ohne Mr. O'Connors Elend kaum mit seinem Glück derart zur Geltung gekommen. Es war alles ein Ergebnis des Kontrasts, aber das wirst du, geneigter Leser, nur dann begreifen, wenn dir häufig moderne Romane in die Hände kommen.
Mr. O'Connor jedoch war ein Mann von Verstand, der um diesen Trick zeitgenössischer Autoren wußte: je länger er seinen Kopf schüttelte, desto elender würde er werden und desto mehr würde auch Neals Glück zunehmen. Er hatte nicht die Absicht, Neals Glück auf seine Kosten zu vermehren. Folglich unterließ er das dritte Kopfschütteln, weil er sich überlegte, daß reine Konversation denn doch überzeugender und wirksamer sei als das eloquenteste Nicken. »Neal«, sagte er, »könntet Ihr nicht, indem Ihr Eure Einbildungskraft zu Hilfe nehmt, Euch damit zufriedengeben, Eure Leidenschaft in der Einsamkeit zu pflegen und das andere Geschlecht aus der Ferne lieben?«
»Wie kann ich meine Leidenschaft so pflegen«, erwiderte der Schneider, »ich kann sie überhaupt nicht pflegen, solange ich

keine Frau habe. Und was die Einbildungskraft angeht, so hängt es doch von ihrer Konsistenz ab, ob sie sich ausdehnen läßt oder nicht. Ich erinnere mich nicht, daß ich je in meinem Leben einen Mantel daraus gemacht hätte.«

»Ihr versteht mich nicht, Neal«, sagte der Schulmeister, »als ich Euch die Ehe empfahl, versuchte ich bei Euch doch nur ein Übel mit dem anderen auszutreiben. Meint Ihr, wenn Ihr nun alle Gedanken an eine Frau aufgäbet, Ihr würdet wieder heroisch und die Lust zu kämpfen überkäme Euch wieder?«

»Das wäre ohne Zweifel der Fall!« rief der Schneider. »Wenn ich nicht bald eine Frau bekomme, wirbele ich einen solchen Staub im Kirchspiel auf, wie man das nie gesehen hat und Ihr werdet der erste Mann sein, der das zu spüren bekommt. Aber nun bin ich verliebt«, fuhr er fort, »und so sehe ich mich wohl besser nach einer Frau um.«

»Ach, Neal«, sagte der Schulmeister, »Ihr fordert das Schicksal heraus. Eure Tollkühnheit mit all ihren melancholischen Konsequenzen wird auf Euch selbst zurückfallen.«

»Nicht doch« rief der Schneider, »ich bin nicht hergekommen, um Euch das ›Lied von der alten Frau, die die Wiege schaukelt‹ singen zu hören. Ich wollte Euren Rat dazu hören, wie man es anstellt, eine Frau zu bekommen. Darum geht es.«

»Schaut auf mich, Neal«, sagte der Schulmeister ernst. »Ich bin in diesem Augenblick und während der letzten fünfzehn Jahre ein wandelndes Mahnmal gegen die Ehe. Neal, ich bin davon überzeugt, daß die Erde keinen größeren Luxus zu bieten hat als den des Junggesellenstandes. Neal, die alten Mönche waren glückliche Leute, sie waren alle fett und hatten ein Doppelkinn, und ich sage Euch, Neal, tatsächlich sind fette Männer im allgemeinen glücklich. Die Sorge dringt zu ihnen nicht so rasch durch wie bei den Dünnen. Bis sie sich durch die starken Vorwerke aus Fleisch und Blut hindurchgemüht hat, die einen dicken Menschen umgeben, hat die Sorge ihre ursprünglichen Absichten vergessen und schlägt sich auf die Seite der fröhlichen Geister, die sie im Inneren der Festung antrifft. Seht mich an, Neal, wie ausgezehrt, fleischlos und elend ich vor Euch stehe. Ihr wißt, meine Kleider mußten ständig enger gemacht werden. Erinnert Ihr Euch auch vielleicht noch, wie korpulent ich vor der Hochzeit war? Neal, ich beschwöre Euch, überlegt es Euch noch einmal, andernfalls besteht die große Gefahr, daß Ihr ein Nichts werdet wie ich.«

»Es kümmert mich nicht, was ich werde«, sagte der Schneider. »Ich kann mir nicht vorstellen, daß Ihr so unvernünftig seid, zu erwarten, daß ein Malone aus dieser Welt geht, ohne sich geprügelt oder geheiratet zu haben. Nehmt doch Vernunft an, Mr. O'Connor, und wenn Ihr mir zu einer Frau verhelfen könnt, so verspreche ich Euch auch, nicht einen Penny auf die Rechnung zu setzen, wenn Euer Mantel das nächste Mal geflickt werden muß.«

»Nun denn«, sagte Mr. O'Connor, »was hieltet Ihr von Biddy Neil, des Fleischers Tochter? Ihr seid immer blutdürstig gewesen, und hier könntet Ihr diese Leidenschaft auf unschuldige Art und Weise befriedigen, sollte es Euch wieder nach Blut verlangen. Gewiß, sie ist doppelt so groß wie Ihr selbst und dreimal so stark, aber gerade deswegen würde ich sie an Eurer Stelle heiraten. Große Tiere sind sanft, und der Himmel bewahre einen Junggesellen, dem er wohl will, vor einer kleinen Frau. Immer sind sie es, die im häuslichen Leben das Szepter schwingen und ihre Ehemänner mit eiserner Rute regieren.«

»Sagt nichts weiter, Mr. O'Connor«, erwiderte der Schneider, »sie ist genau das Mädchen, in das ich verliebt bin. Und ich bin sicher, ich werde ihr Herz gewinnen. Kommt mit in mein Haus, und wir werden erst einmal gut essen. Wer macht denn da solchen Krach?«

»Ach, Neal. Die Töne kenne ich ... sie sind so schrill, daß kein Irrtum möglich ist. Ade. Ich muß mich verabschieden ... Ihr habt gewiß einmal das Sprichwort gehört: Jene, die gebunden sind, müssen gehorchen! Der kleine Jack schreit. Ich muß ihn entweder füttern, seine Wiege schaukeln oder ihm ein lustiges Lied singen. Ihr wißt ja nicht, in welch trauriger Stimmung ich in letzter Zeit bin, wenn ich ›Begone Dull Care‹, ›Rakes of Newcastle‹ oder ›Peas upon a Trencher‹ singe. Neal, ich sage es noch einmal, überlegt's Euch gut, ehe Ihr den Sprung ins Dunkle tut. Ade!«

Neal jedoch hatte das Herz eines Iren und mied die Vorsicht als Eigenschaft von Feiglingen. Er hatte, so schien es, alle Absichten zu kämpfen aufgegeben, aber sein Mut hatte sich nun auf die Liebe übertragen. Infolgedessen legte er bei der Belagerung von Biddy Neils Herzen eine Geschicklichkeit und einen Mut an den Tag, die Marschall Gerald bei der Belagerung von Antwerpen gut angestanden hätten.

Unsere Meinung ist, daß die beiden einander durchaus ebenbürtig waren. Biddy war der Inbegriff von Kampfeslust und konnte schon so manchen Hieb austeilen. Ihre Tapferkeit hatte sie bisher nur im begrenzten Umkreis des Familienlebens erproben können; sollte es aber notwendig werden, sie in größerem Rahmen einzusetzen, so bestand für ihre Mutter, ihre Brüder und ihre Schwestern kein Zweifel, daß sie sie auch dann nicht verlassen werde.

Um eines brauchte sich der Schneider im Verlauf seiner Werbung gewiß keine Sorgen machen. Einen Rivalen hatte er nicht. Noch wurden seinem Verlangen durch ihre Freunde irgendwelche Hindernisse in den Weg gelegt. Sie waren im Gegenteil alle sehr darauf aus, daß die Verbindung zustandekam, und als alle Vorkehrungen getroffen waren, drückten sie Neal alle die Hand, allerdings mit Mienen, die mehr auf Beileid als auf Freude hindeuteten. Neal jedoch war zum Schneidern geboren worden und nicht für die Metaphysik; er konnte gut einen Mantel zuschneiden, aber einen Beweggrund aufzuspüren, das war nicht seine Stärke.

Über die Hochzeit ist nichts Außergewöhnliches zu vermelden. Mr. O'Connor wurde von Neal dazu eingeladen; aber er schüttelte den Kopf und erklärte, er habe nicht den Mut zu kommen noch die Neigung, Zeuge der Kümmernisse eines anderen zu werden. Er habe selbst schon genug davon. Er traf die Hochzeitsgesellschaft zufällig, und man erzählte sich, er habe, als sie an ihm vorbeizog, ausgerufen: »Ach der arme Neal! Er sieht aus wie eines der Rinder ihres Vaters, die zur Schlachtbank geführt werden. Weh mir, daß ich es gewesen bin, der dem Schneider zur Ehe geraten hat! Jetzt wird er nicht mehr lange sagen, er schäume vor Verlangen nach einer Prügelei. Die Fleischerstochter wird ihn hinstrecken, als sei er ein Ochse aus Kerry. Sein Blut wird über mich kommen und sein Unglück wird meinem Elend hinzugefügt werden.«

Am Abend des Hochzeitstages, gegen zehn Uhr, tanzte Neal, der ungewöhnlich guter Laune war, mit der Brautjungfer. Nach dem Tanz setzte er sich neben sie und wurde redselig beim Lob ihrer Schönheit. Man erzählte sich später auch, daß er ihr etwas ins Ohr geflüstert und mit beträchtlicher Galanterie ihr das Kinn gestreichelt habe. Dieses Tête-à-tête setzte sich einige Zeit fort, ohne bei den Leuten besondere Beachtung zu erregen – mit einer Ausnahme. Aber die Ausnahme war wichtiger als ein ganzes Kapitel aus den allgemeinen Regeln. Mrs. Malone stand auf und setzte sich dann wieder, sie leerte ein Glas vom Selbstgemachten. Sie stand ein zweites Mal auf. Sie war nun ganz Ehefrau. Sie näherte sich den beiden, und in einem Anfall von höchster Empfindsamkeit schlug sie die Brautjungfer nieder und versetzte dem Schneider einen Tritt voll liebendem Pathos. Die ganze Szene war auf beiden Seiten ergreifend. Der Schneider flog auf den Boden und landete dort auf allen Vieren, Mrs. Malone hob ihn ruhig auf, klemmte sich ihn unter den Arm, als sei er ein Schoßhündchen und stampfte mit ihm ins Brautgemach davon, wo für den Rest der Nacht alles sehr ruhig blieb.

Am nächsten Morgen stellte sich Mr. O'Connor ein und gratulierte dem Schneider zu seinem Glück. Als der Freund ihm die Hand schüttelte, spürte er von dem anderen her einen Druck, wie ihn ein Mann manchmal gebraucht, um versteckt seinen Sympathien Ausdruck zu verleihen. Der Schulmeister sah Neal an und meinte, er schüttelte den Kopf. In diesem Punkt aber war er sich nicht sicher, denn auch er schüttelte in diesem

Augenblick den Kopf, und so mochte es vielleicht zu einem Sehfehler kommen.
Wir wünschten, es stünde in unserer Macht, einen Schleier, Vorhang oder die Jalousie irgendeiner Beschreibung über die weitere Geschichte des Schneiders fallen lassen zu können, aber da es die Pflicht eines jeden gewissenhaften Historikers ist, die geheimen Ursachen der Erscheinungen bloßzulegen, welche die Welt im allgemeinen nicht versteht, so halten wir es nun für ehrlich fortzufahren, unparteiisch und aufrichtig, ohne uns vor der Verantwortung zu drücken, die häufig mit der Wahrheit verbunden ist.
Für die ersten drei Tage nach der Hochzeit fühlte Neal sich wie ein Mann, der in einen neuen und mehr Lebendigkeit atmenden Zustand der Existenz versetzt ist. Er hatte erwartet, daß, sobald dieses Ereignis stattgefunden habe, er sich sofort wieder dem Heroismus widmen und das Vergnügen einer Prügelei werde suchen können. Diesen Entschluß hielt er geheim – und erst viel später enthüllte er ihn einmal Mr. O'Connor. Er stellte sich vor, daß die Ehe nichts als eine bloße Parenthese in seinem Leben sein werde, ein nota bene für den Geist eines sterblichen Mannes. In Wahrheit war er, selbst noch unter dem Einfluß der Liebe und bis zum Tag seiner Hochzeit, weiterhin auf eine Schlägerei aus. Sein heroisches Wollen trug er weiter in seinem Herzen. Es war unverändert …
In der ersten Woche nach der Hochzeit fand ein Jahrmarkt im nächsten Marktflecken statt. Nach dem Frühstück holte Neal ein Bündel von shillelaghs (Eichenknüppel) hervor, um den besten davon auszuwählen. Seine Frau fragte nach dem Sinn und Zweck dieses Vorgangs, und Neal erklärte ihr, er habe sich entschlossen, an diesem Tag einen Kampf zu suchen, koste es, was es wolle.
»Die Wahrheit ist«, rief er aus und schritt, sich in die Brust werfend, durchs Zimmer, »daß ich dies die ganzen Jahre schon tun wollte und nur nie die Gelegenheit dazu gefunden habe.«
»Tu es nicht«, sagte seine Frau.

»Ich werde gehen«, sagte Neal mit Überschwang, »ich gehe, und sollte das ganze Kirchspiel versuchen, mich zurückzuhalten.«
Aber nach einer halben Stunde setzte sich Neal ruhig an seine Arbeit statt auf den Jahrmarkt zu gehen.
Viele Spekulationen könnten an diesen plötzlichen Sinneswandel des Schneiders geknüpft werden; aber was uns angeht, so ziehen wir es vor, mit unserer Erzählung fortzufahren, und es dem Leser zu überlassen, dieses Rätsel zu lösen, sofern er dies vermag. Unterdessen sagen wir nur soviel: Mögen jene, die sich keinen Reim darauf machen können, es der Tatsache zuschreiben, daß dieser Mann ein Schneider war, ein Schneider hat seine Geheimnisse, die niemand versteht – außer vielleicht eines Schneiders Weib.
In dieser Zeit seiner Ehe hatte Neal Bauch angesetzt, und mehr Fleisch hatte er nie zuvor auf den Rippen gehabt. Er und der Schulmeister hatten über längere Zeit hin vertrauten Umgang miteinander gepflegt, aber wir wissen nicht, wie es kam, daß bald darauf der Schulmeister ein scheues brauthaftes Zögern empfand, den von Kummer heimgesuchten Mann regelmäßig zu treffen.
Als sie sich nach längerer Zeit dann doch einmal wiedersahen, sagte der Schulmeister, der zwar weiter vom Fleisch fiel, den jedoch bei all dem seine Vorliebe für die Philosophie nie verließ: »Wie kommt's nur, Neal, da wir doch nur eines Standes sind, nämlich beides Ehemänner: du legst immer noch im Fleisch zu, und ich falle vom Fleisch.«
Der Schneider nahm solche Bemerkungen mit ungestümer Freude hin, während Mr. O'Connor nur den Kopf schüttelte und traurig auf seine Glieder sah, die nun in einem Überfluß von Kleidern steckten und darin einem dünnen Rinnsal Wasser in einem flachen Sommerbach ähnelten, fast ausgetrocknet, und das Rinnsal umgeben von einem unproportioniert weiten Bachbett.
Der vierte Monat nach der Hochzeit kam. Neal legte am Ende eines Tages seine besten Kleider an. Danach, als er sich den Rock

zuknöpfte, schüttelte er in der Art, wie das Mr. O'Connor tat, den Kopf. –

»Nun«, dachte er mit einem Seufzer, »dieser Rock paßt mir wirklich wie angegossen, es ist wirklich wunderbar wie Kleider sich ausdehnen.«

»Neal«, sagte seine Frau, die sah, daß er sich ankleidete, »wo willst du denn hin?«

»Wahrlich«, erwiderte Neal, »und wenn sich die Vorsehung dagegen verschwören sollte, so will ich doch ...«

Er machte eine Pause.

»Wohin willst du?« fragte seine Frau ein zweites Mal.

»Nun«, antwortete er, »ich will nur kurz auf den Tanz bei Jemmy Connolly. Ich werde bald wieder zurück sein.«

»Geh nicht«, sagte seine Frau.

»Ich gehe«, sagte Neal, »und wenn das ganze Land versuchen würde, mich zurückzuhalten. Donner und Blitz, Frau, wer bin ich?« rief er mit lauter, aber ziemlich unsicherer Stimme aus, »schließlich bin ich doch immer noch Neal Malone, der nie von einem Mann geschlagen worden ist. Nun: Vorsicht Frau – ich könnte wütend werden und den Teufel spielen! Was hab ich zu fürchten?«

»Geh nicht«, sagte seine Frau ein drittes Mal und warf Neal einen bedeutungsträchtigen Blick zu.

Eine halbe Stunde später saß Neal ruhig an seiner Artbeit statt bei Jemmy Connolly zu tanzen.

Nun wandte sich Neal wie viele Weise unter ähnlichen Umständen der Philosophie zu – das heißt, er begann über das Grundsätzliche seinen Kopf zu schütteln in der Art des Schulmeisters. Er hätte freilich gern der Flasche gegenüber dem Grundsätzlichen den Vorzug gegeben, aber an die Flasche kam er nicht heran, außer auf dem Umweg über seine Frau, und es stellte sich heraus, daß, bis sie an ihn gelangte, sich jeweils nur noch wenig Trost in ihr vorfand. Neal ertrug all dies schweigend, denn Schweigen, so hatte ihn sein Freund belehrt, sei ein Zeichen von Weisheit.

Bald darauf traf Neal eines Abends Mr. O'Connor auf einer Brücke, die über den Bach führt. Die Brücke war nur einen Fuß breit, so daß auf ihr gewöhnlich nicht zwei Leute aneinander vorbeigehen konnten. Wir finden keine Worte, um dem Unbehagen beider Ausdruck zu verleihen, als sie sahen, daß dies in ihrem Fall sehr wohl möglich war.
Beide blieben stehen und sahen jeweils den anderen ernst an, aber das Erstaunen war ganz auf der Seite von Mr. O'Connor.
»Nein!« sagte der Schulmeister, »bei allen Haushaltsgöttern, ich beschwöre Euch, redet, damit ich merke, daß Ihr noch lebt.«
Ein Anflug von Erröten kam über das Kirchhofsgesicht des Schneiders.
»Oh«, rief er aus, »warum zum Teufel habt Ihr mich dazu gebracht, eine Frau zu nehmen?«
»Neal«, sagte sein Freund, »antwortet mir einmal ganz ernsthaft, gebt Eurem Aussehen allen Ernst, der möglich ist, sprecht als stündet Ihr unter dem Galgen mit dem Seil schon um den Hals, denn die Frage – und ich weiß, wie delikat sie ist – lautet: seid Ihr immer noch so auf Schlägereien aus?«
Der Schneider sammelte sich zu einer Antwort, er streckte ein Bein aus – dasselbe Bein, das er im Triumph seinem Freund zu zeigen gepflegt hatte, aber o weh, wie war das Fleisch dahingeschmolzen. Er öffnete seine Jacke und legte sie sich in einer Weise um, daß er wie ein Wiesel auf den Hinterbeinen aussah. Dann stellte er sich auf die Zehnenspitzen und mit einem fürchterlichen Flüstern erwiderte er: »Nein, Teufel auch, ich bin kein bißchen mehr scharf auf eine Schlägerei.«
Der Schulmeister schüttelte auf die ihm eigene elende Weise den Kopf, aber ach, er stellte bald fest, daß der Schneider auch ein großer Adept des Kopfschüttelns geworden war. Ja er erkannte, daß eine katastrophale Verfeinerung, eine Zartheit des Ausdrucks in den Vibrationen des Schneiders lag, die sein eigen Nicken geradezu gewöhnlich wirken ließ.
Am nächsten Tag änderte der Schneider seine Kleider ab, und von nun an paßte er sie von Zeit zu Zeit den Ausmaßen seiner

vom Fleisch fallenden Gestalt an. Der Schulmeister und er, wann immer sie sich nur einen Augenblick freimachen konnten, hingen zusammen wie die Kletten. Mr. O'Connor ertrug alles etwas besser als Neal. Der letztere war gebrochen am Herzen und im Geist. Seine Gesichtszüge wurden scharf vom Elend, denn ein zanksüchtigs Weib ist der Wetzstein, auf den all das Elend eines Ehemanns, der unterm Pantoffel steht, vom Teufel gemalt worden ist. Er schritt nicht länger sich in die Brust werfend aus, wie er das zuvor getan hatte. Er schwenkte nicht länger seinen Stock in so herausfordernder Weise, als ob er die ganze Welt in die Schranken fordern wolle. Er war nun ein verheirateter Mann. Gebeugt und wie mit feigem Kriechen bewegte er sich, als bringe ihn jeder Schritt dem Galgen näher. Der Elendsmarsch des Schulmeisters ging langsamer vonstatten als der von Neal. Ehe drei Jahre vergangen waren, konnte der Schneider an einem windigen Tag nicht mehr draußen spazierengehen, ohne sich Gewichte in die Taschen zu stecken, um auf der Erde zu bleiben, über die er doch früher wie ein Riese dahingestampft war.

Er suchte wieder die Gesellschaft des Schulmeisters und war so oft wie nur möglich mit ihm zusammen. Hier war er sicher, verstanden zu werden, hier wurde er nicht enttäuscht. Dieser ehrenwerte, aber elende Mann und Neal zogen sich häufig aus jenem Umkreis zurück, wo ihre Frauen ihre Gespräche mit anhören konnten, und sie versuchten, einander dann Mut zuzusprechen. Oft hörte man sie in der Abenddämmerung hinter einer entlegenen Hecke eine melancholische Melodie singen: »Let us both be unhappy together!«

»Neal«, sagte Mr. O'Connor bei solchen Gelegenheiten, »hier ist ein Buch, das Ihr einmal durchschauen solltet. Es trägt den Titel ›Vademecum für den leidgeprüften Mann‹. Vielleicht könnt Ihr daraus Trost schöpfen.«

»Wahrlich«, sagte Neal, »ich bin Euch sehr verbunden, aber ich brauche es nicht. Ich habe das ›Vademecum des leidgeprüften Mannes‹ so häufig gelesen, daß ich auch nicht mehr einen

Schnaufer Trost daraus saugen kann. Ich besitze ein Exemplar. Aber zwei, das wäre zuviel. Der Titel allein schon ist mir ein Greuel.« Dann gingen sie auseinander.

Die Lebenskräfte des Schneiders müssen stark gewesen sein, sonst wäre er längst gestorben. Nach zwei Jahren konnten ihn seine Freunde nicht mehr von seinem eigenen Schatten unterscheiden. Mehrere drückten dem Schatten statt seiner die Hand. Es wurde immer schwieriger für den armen Schneider zu ertragen, was er fühlte. Es ist wahr, er ertrug es so lange wie er konnte, aber am Ende kamen ihm Selbstmordgedanken. Nach vielem Nachdenken machte er endlich einen Versuch, aber ach, er stellte fest, daß das Blut der Malone sich weigerte, bei einer so entehrenden Gelegenheit zu fließen. Was war da zu tun? Er entschloß sich, auf andere Weise ums Leben zu kommen. Das nächste, was ihm einfiel, war, sich zu erhängen. In düsterer Stimmung bereitete er einen Strick vor und warf ihn über einen Balken in seiner Werkstatt. Abermals machte er eine enttäuschende Erfahrung – er konnte sich nicht erhängen. Er war derartig abgemagert, daß sein Gewicht sich als ungenügend erwies, um ihm den Hals zu brechen. Der dritte Versuch war Ertrinken, aber er war zu leicht, um zu versinken – alle Elemente, all seine eigenen Energien verbanden sich, wie er meinte, in einer verfluchten Verschwörung, um ihm das Leben zu retten. Nachdem er jeden Weg der Zerstörung aufgesucht hatte und alles fehlgeschlagen war, kam er sich vor wie ein Mann, dem es bestimmt ist, für immer zu leben.

Von nun an schrumpfte er immer mehr zusammen, bis er im Lauf der Zeit so klein wurde, daß er für das menschliche Auge nicht mehr wahrzunehmen war. Dies jedoch konnte nicht immer so weitergehen. Obwohl noch immer am Leben, war er doch für all dessen Absichten und Zwecke nicht mehr brauchbar. Man konnte ihn nur noch hören, er war auf die reine Essenz reduziert – auf das bloße Echo der menschlichen Existenz.

Es trifft zu, daß der Schulmeister meinte, ab und zu noch Bilder von ihm zu erhaschen, aber das lag nur daran, weil auch er fast völlig spiritualisiert und sein visueller Strahl gereinigt worden war im Brennofen heimischer Heimsuchungen. Nach und nach ließ auch Neals Stimme nach, wurde schwächer und schwächer, ungenau. Schließlich war nichts mehr als ein undeutliches Murmeln zu hören, das sich kaum noch von einem Ohrensausen unterschied.

So verlief das schreckliche und geheimnisvolle Schicksal eines Schneiders, der, weil er ein Held war, natürlich nicht sterben konnte. Er löste sich wie ein Eiszapfen auf, er zerging ins Immaterielle, er schmolz dahin zu einem Zustand, der jenseits des Wahrnehmungsvermögens eines Sterblichen liegt. Mr. O'Connor ist noch am Leben, er erfreut sich wieder voller Stärke und ausgezeichneter Gesundheit.

Seine Ehefrau jedoch, wie wir noch eben anmerken wollen, ist schon seit zwei Jahren tot.

Jeremiah Curtin

1835–1906

Jeremiah Curtin wurde am 6. September 1835 in Detroit/Michigan als das älteste Kind von David Curtin und Ellen Furlong geboren. Sein Vater stammte aus dem County Limerick und war von dort nach Amerika ausgewandert. Auch die Mutter kam aus einer Familie irischer Emigranten, die 1822 aus Buttevant im County Cork nach Kanada gelangt waren. 1863 wurde Jeremiah Curtin Übersetzer und Dolmetscher im Dienst der amerikanischen Regierung, zwischen 1864 und 1870 lebte er in Rußland. 1871 kam er zum ersten Mal nach Irland. Er blieb für sieben Monate dort und kehrte in den Jahren 1872, 1887, 1891 und 1892 immer wieder auf die Grüne Insel zurück. Zwischen 1883 und 1891 gehörte er zum Mitarbeiterstab des Bureau of Ethnology des Smithonian Institute in Washington. Bei seiner Tätigkeit für diese Institution, die sich unter anderem auch mit der Sammlung von Volksgut der amerikanischen Urbevölkerung befaßte, waren seine guten Kenntnisse indianischer Sprachen, die er während seiner Kindheit und Jugend an der »frontier« erworben hatte, für seine Dienstherren von großem Wert. Curtin sprach sieben Sprachen. Er übersetzte unter anderem auch polnische Romane, darunter »Quo vadis«, ins Amerikanische. Er sprach etwas Gälisch, wenn auch nicht fließend. Sein Einfühlungsvermögen in fremde Kulturen war phänomenal.

Was Curtin dazu trieb, in Irland Märchen zu sammeln, hat er selbst bekundet: »Lange schon war ich von der Idee besessen, daß es eine Vielzahl von Mythen gibt, die unter dem Volk in Irland bekannt sind, dazu andere Sprachdenkmäler, die Licht auf die Geschichte des menschlichen Bewußtseins werfen, Fakten von hohem Wert für die Wissenschaft. Ich hoffte, in der Erinnerung von Menschen entlegener Gegenden Irlands viele Redewendungen zu finden, durch welche die Sprache der in der Irischen Akademie aufbewahrten Manuskripte besser verständlich wird, Mythen, durch die sich unser Fundus an aufgezeichneten Mythologien erweitert. Ich reiste nach Irland, um diese Vorstellungen zu verwirklichen.«

Im Unterschied zu Kennedy sammelte Curtin bei Erzählern, die noch des Gälischen mächtig waren. Er bediente sich zwar eines Dolmetschers, verstand aber genug, um bei einer Geschichte den ungefähren Verlauf der Handlung auch ohne Übersetzung zu begreifen. Im übrigen verfuhr Curtin, dem Stil seiner Zeit entsprechend, nicht sehr exakt. Er gestaltete die Texte nach eigenem Gutdünken. Er war selbst ein begabter Erzähler. Wenn er von »Mythen« spricht, so geht er dabei von den Arbeiten Max Müllers und Herbert Spencers aus – zwei Männer, die auf verschiedenen Wegen zu der Überzeugung gelangten, in solchen Geschichten spiegelten sich frühe Menschheitsideen wider.

In Curtins erstem Buch »Myth and Folk-Lore of Ireland« (1889), dessen Texte aus Kerry, Galway und Donegal stammen und dem alle drei der nachfolgend wiedergegebenen Geschichten entnommen sind, macht er keine Angaben über seine Quellen. Allerdings fanden sich in seinem Nachlaß Notizen über seine Sammeltätigkeit im Jahre 1887, und damit kommen zum ersten Mal die Umstände des Sammelns selbst und die Persönlichkeit der Geschichtenerzähler genauer ins Blickfeld. Von nun an wird die auf Authentizität bedachte »Schule« des Märchensammelns, der es vor allem darum geht, in systematischer Feldarbeit Material für die Erzählforschung zu sichern, auf zwei Dinge Wert legen: Einmal, die Geschichte in einer mit der oralen Version möglichst genau übereinstimmenden Weise schriftlich zu veröffentlichen, und zum anderen, auch authentisches Material über die Erzähler selbst, zumindest aber ihren Namen, ihr Alter, ihren Beruf und den Ort, an dem sie erzählten, zu sichern.

Am 13. Juni 1887 betraten Curtin und seine Frau in Queenstown irischen Boden. In Cork verbrachte er »den längsten Teil der Zeit von drei Tagen mit Dr. Sullivan, dem Präsidenten des Queens Colleges, einem der berühmtesten gälischen Gelehrten in Irland. Wir redeten über die politische Lage des Landes«.

Curtin reiste weiter nach Mallow und Tralee, wo er einige Märchen aufzeichnete und dann nach Ballybunion weiterfuhr. Er war stark beeindruckt von dem »beklagenswerten Zustand des Landes« und notierte: »Die Armut und die Unterdrückung, die die Menschen in Irland ertragen müssen, sind unvorstellbar.« Dann über den eigentlichen Zweck seiner Reise, das Märchensammeln:

»Ich war auf der Suche nach Personen, die Mythen kannten und Gälisch sprachen. Solche Männer fand ich in Ballybunion. In den meisten Fällen waren es Bauern aus Limerick, die, weil sie in ihrer Heimat nicht durchkamen, sich an der Küste niedergelassen hatten. Sie erzählten mir von seltsamen Abenteuern und von ihrem Aberglauben, aber auch ihre Mythen.

Einer meiner Mythenerzähler war O'Conner aus Limerick. Er kannte eine Geschichte von einer Schlacht, die in der Bucht von Bantry ausgetragen worden war und ein Jahr und einen Tag gedauert hatte. O'Conner glaubte an Feen. Er konnte mir viele Vorfälle erzählen, die er selbst beobachtet hatte. Von Ballybunion fuhr ich nach Listowel und nach Newcastle West. Durch einen glücklichen Zufall traf ich am Tag des Rindermarktes ein und hatte so die Gelegenheit, mit den Männern aus den umliegenden Ortschaften zu reden. Ich kam auf die Farm, die O'Conner gepachtet hatte. O'Conner bat einen alten Mann zu sich, einen ehemaligen Lehrer. Er brachte ein Manuskript mit, das hundertzwanzig Jahre alt war. Nachdem ich mir geduldig die lange Geschichte des Manuskriptes angehört hatte, fragte ich den Alten, ob er mir eine gälische Mythe erzählten könne. Seine Antwort war: ›Ich habe keine Lust, Lügen zu erzählen, die vom Vater auf den Sohn kommen. Ich kümmere mich nur um Dinge, die aufgezeichnet wurden und authentisch sind.‹ Ich sagte ihm, daß das Manuskript Mythen enthalte, die tausend und mehr Jahre weitergereicht worden seien. Aber es war ihm nicht beizukommen. Nur Schriftliches war in seinen Augen wahr.

Von Newcastle West nach Knockadarra, um die Kirchenbücher durchzusehen. Die alten Aufzeichnungen waren in Latein gemacht worden; die Tinte war durch das Alter ausgebleicht. Ich fand eine Ein-

tragung, die mich sehr interessierte: über die Geburt eines Kindes von Diametria Curtin und seiner Ehefrau Joanna geborene Cronen. Der Name meines Großvaters war Jeremiah, aber Diametria ist die lateinische Form für Jeremiah.

Ein paar Tage später befand ich mich in Dublin, im Imperial-Hotel, ich wollte gälische Gelehrte treffen: Professor O'Lunney, Mr. Gilbert, Mr. Fleming, Kanonikus O'Halon und andere. Ich wollte mir die gälischen Manuskripte ansehen. Diese Manuskripte füllen zweitausend Bände und werden in der Königlich Irischen Akademie und der Universität von Dublin aufbewahrt. Es ist dies die größte Sammlung von Mythen in Europa. Weder in alten noch in modernen Zeiten besaß eine Nation auf dem Festland eine solche Sammlung …

Am 25. Juli 1887 wurde in ganz Irland, mit Ausnahme einer Grafschaft, der Ausnahmezustand verhängt. Politisch war das eine interessante Zeit, aber ich war in Irland, um Gälisch zu lernen und Mythen zu sammeln.

Ich vermied die Politik, soweit das möglich war. Mehrere Stunden des Tages verbrachte ich in der Irischen Akademie oder mit alten Männern, die mir Mythen erzählten. An den Abenden kam Mr. Fleming und las mit mir Gälisch.«

Später stieß Curtin dann mit seiner Frau auf der Suche nach Volksmärchen bis nach Donegal vor. Er scheint hauptsächlich im Süden der Grafschaft im Kirchspiel Glen Columbkille fündig geworden zu sein.

»Von Donegal ging es über die Hügel und entlang der Bucht nach Kilbegs und von dort nach Carrick und Teelin Point. Dort fand ich einen Mann, Donald McBreaty, der eine ganze Anzahl von Mythen kannte, und später verbrachte ich viele Stunden bei ihm zu Hause … ich reiste nach Garrigan Head … ich traf einen alten Mann, Barror, der mir sehr gute Geschichten erzählte. In einem kleinen Haus am Fuß des Gebirges (Slieve League) fand ich einen Mann, James McLaughlin, der mir schöne Mythen erzählte. Ich verbrachte den ganzen nächsten Tag in seinem Haus und notierte, was er wußte. Ich arbeitete in einem kleinen Zimmer, wo ein Torffeuer brannte und die Hühner gakkerten. Das war sehr mühsam für jemanden, der an frische Luft und Licht gewöhnt ist.

Donald meinte, es gäbe alte Männer in Glen Columbkille, die etwas über die Feen wüßten, also ging ich dorthin ... während der einen Woche, die ich dort zubrachte, sprach ich mit den meisten alten Leuten des Ortes und erhielt ein paar ganz vorzügliche Geschichten. Ich besuchte die berühmte heilige Quelle. Von dort fuhr ich nach Kilcar. Wir verließen Carrick am letzten Augusttag.«
Nach einem Abstecher nach Dublin reiste Curtin wieder in den Westen nach Galway: »Der interessanteste Ort für mich war Claddagh. Bis vor kurzem hat es dort unter den Fischern eine Art von Selbstregierung gegeben. In alten Zeiten hatten sie einen König. Ich traf auf eine Ansammlung kleiner Steinhütten in den verschiedenen Stadien des Verfalls. Sie lagen nahe beieinander und waren unregelmäßig gebaut, und zwar immer dort, wo ein hinreichend großes Stück Land war. Der zweite Mann, den ich traf, war ein Matrose. Ich fragte ihn, ob er einen alten Mann wisse, der Geschichten erzählen könne. Er führte mich in ein Haus, wo ein alter Mann und eine alte Frau vor einem Torffeuer saßen. Ihr Frühstück bestand aus einer Tasse Tee und etwas Brot, das die Frau in der heißen Asche gebacken hatte. Sie hießen mich freundlich willkommen, und der alte Mann erzählte mir eine lange Mythe. (Gemeint ist wahrscheinlich ein Zaubermärchen oder eine Fianna-Geschichte.) Am folgenden Tag war Pferdemarkt. Der wurde auf dem Strand am Meer abgehalten. Leute aus Dörfern, die vierzig, ja sogar sechzig Meilen entfernt lagen, waren gekommen. Das war eine gute Gelegenheit, die verschiedenen Menschentypen in dieser Grafschaft in Augenschein zu nehmen. Unter den Leuten waren Männer, die in Kleidern wie vor hundert Jahren umhergingen, in Kniehosen und Schwalbenschwänzen mit Messingknöpfen; die Frauen trugen riesige Umhängetücher aus langflockiger Wolle.
Ich verbrachte eine Woche in Galway und schrieb immer weiter Geschichten auf, die mir die alten Männer in Claddagh erzählten. Die Schwierigkeiten beim Sammeln wurden noch größer durch das Elend und die schrecklichen Lebensbedingungen dieser Menschen.
Wir hielten uns nur drei Tage in Athenry auf ... ein Viehmarkt für Schafe war in vollem Gang als wir ankamen, und ich wurde mit ein paar alten Bauern bekannt. Es regnete heftig und der Schlamm stand

knöcheltief in den Straßen. Ich fuhr nach Ballinacrag und brachte einen alten Mann mit, der Mythen wußte. Unter den unerfreulichsten Umständen, denn im Nebenzimmer spielte sich ein Tumult ab, schrieb ich alles auf, was er wußte. Dann reiste ich weiter nach Limerick.«
Das Vorgehen von Curtin kommt einer systematischen »Feld«-Forschung schon recht nahe. Er besuchte auch noch Grange, eine Ortschaft an der Deal, jenes Dorf, in dem sein Großvater gelebt hatte, als er den Entschluß faßte, nach Amerika auszuwandern. Von Newcastle ging Curtin nach Killarney und »fand Mythen dort«, schließlich noch nach Mallow. Am 21. September 1887 schiffte er sich von Queenstown aus wieder nach New York ein.
Curtin kam, wie gesagt, Anfang der neunziger Jahre abermals nach Irland. Er veröffentlichte dann seine Funde in der Sonntagsbeilage der in New York erscheinenden Zeitung »Sun«, dessen Herausgeber ihn finanziell unterstützte. 1893 gab Curtin »Hero-Tales of Ireland« heraus. Hier nannte er nun seine Erzähler beim Namen. Er verglich in den Anmerkungen die irischen Sagen und Mythen mit den animistischen Geschichten der nordamerikanischen Indianer, die nach seiner Ansicht aus einer früheren Kulturepoche herrührten.
1895 erschienen »Tales of the Fairies and of the Ghost World, Collected from Oral Tradition in South West Munster«. Dieser Band enthält, wie der Titel schon sagt, Feen- und Geistergeschichten, die sich Curtin in einem Bauernhaus auf der Dinglehalbinsel von einem blinden Steinbrucharbeiter, der aus Amerika zurückgekommen war, einem Kutscher, einem Steinmetz und einem Kesselschmied erzählen ließ.
Die letzten Jahre seines Lebens verbrachte Curtin in den USA, in den Bergen in der Nähe von Bristol im Bundesstaat Vermont. Dort starb er am 14. Dezember 1906.
James H. Delargy erhielt im Oktober 1936 die Erlaubnis, sechzehn bis dahin nur in der »Sun« veröffentlichte Geschichten in einem Band »Irish Folk-Tales« zusammenzufassen, der dann 1944 herauskam. Darin wurden auch zum ersten Mal Curtins Notizen über seine Sammelfahrt des Jahres 1887 der Öffentlichkeit zugänglich gemacht. Delargy war es gelungen, noch einen Mann aufzuspüren, der als zehnjähriger Junge Curtin bei seiner Sammeltätigkeit erlebt hatte. Es war dies

Padraig, der Sohn von Maurice Lynch. »Als ich ihn 1932 traf«, berichtet der Sammler Delargy, »war er schon alt und schwach, erinnerte sich aber noch an eine Unzahl mündlicher Überlieferungen. Er war willens, jene Geschichte zu erzählen, die er und sein Vater dem Jeremiah Curtin vor vierzig Jahren erzählt hatten. In diesem Zusammenhang ist interessant, daß, wie Padraig mir berichtete, er die Geschichten erzählte und sein Vater sie für Curtin und dessen Frau übersetzte. Sie hielt sie in Stenographie fest. Padraig konnte nämlich kein Englisch, sehr wohl aber Muiris, sein Vater. Muiris Ó Loingsigh (Maurice Lynch) starb mit 95 Jahren 1905.«
Die nachfolgenden Texte stammen aus »Myths and Folk Tales of Ireland«, erschienen 1890 in Boston.

Die drei Töchter des Königs O'Hara

Da war einmal ein König in Desmond, der hieß Coluath O'Hara und hatte drei Töchter. Eines Tages, als der König nicht daheim war, fiel es der ältesten Tochter ein, daß sie heiraten wolle. Sie ging hinauf zum Schloß, hüllte sich in den Mantel der Finsternis, den ihr Vater besaß, und wünschte sich den schönsten Mann unter der Sonne. Ihr Wunsch ging in Erfüllung. Kaum hatte sie den Mantel der Finsternis wieder abgelegt, da erschien in einer goldenen Kutsche mit vier Pferden, zwei schwarzen und zwei weißen, der schönste Mann, den sie je zu Gesicht bekommen hatte, und holte sie fort.

Als die zweite Tochter sah, was da geschah, legte sie auch einmal rasch den Mantel der Finsternis um und wünschte sich den nächstbesten Mann auf der Welt. Sofort erschien eine goldene Kutsche mit vier schwarzen Pferden, und der Mann, der darin saß und sie mit sich fortnahm, war fast so schön wie der erste.

Als nächste legte die dritte Schwester den Mantel an. Sie wünschte sich den schönsten weißen Hund auf der Welt. Auf der Stelle war er da und mit ihm ein Mann in einer goldenen Kutsche, der führte die jüngste Schwester fort.

Als der König nun heimkam, erzählte ihm der Stalljunge, was geschehen war. Am meisten ärgerte ihn, daß sich die jüngste Tochter einen weißen Hund gewünscht hatte und mit ihm davongelaufen war.

Als der erste Mann seine Frau heimgeführt hatte, fragte er: »Jetzt sag mir, welche Gestalt ich bei Tage annehmen soll. Willst du mich so sehen, wie ich jetzt vor dir stehe, oder so wie ich bei Nacht ausschaue?«

»So, wie du jetzt aussiehst.« Also hatte die erste Schwester bei Tage einen richtigen menschlichen Mann, bei Nacht aber war er ein Seehund.

Der zweite Mann stellte der mittleren Schwester dieselbe Frage, und sie antwortete nicht anders. Auch er wurde nachts stets ein Seehund.

Als die dritte Schwester an den Ort kam, wo der weiße Hund lebte, fragte er sie: »Wie hättest du mich denn nun gern? So wie ich jetzt aussehe oder in meiner nächtlichen Gestalt?«
»So, wie du jetzt aussiehst.«
So blieb der weiße Hund bei Tage ein Hund, aber bei Nacht war er der schönste von allen Männern. Nach einiger Zeit bekam die dritte Schwester einen Sohn. Und eines Tages, als ihr Mann auf die Jagd ging, warnte er sie, sie möge keine Träne vergießen, wenn dem Kind etwas zustoße.
Während er fort war, kam eine große graue Kuh, die sich in der Gegend herumzutreiben pflegte, und trug das Kind, das erst eine Woche alt war, davon. Die Frau erinnerte sich der Warnung und vergoß keine Träne darüber. So ging alles weiter, bis ihr noch ein Sohn geboren wurde. Der Ehemann ging jeden Tag auf die Jagd, und immer wieder schärfte er ihr ein, sie solle nur keine Träne vergießen, was immer auch geschehen möge.
Als das Kind eine Woche alt war, kam eine große alte Krähe und trug es fort. Aber die Mutter weinte auch diesmal nicht eine Träne. Alles ging so weiter, bis eine Tochter geboren wurde. Als die eine Woche alt war, kam abermals die graue Krähe und verschleppte sie. Diesmal ließ die Mutter eine einzige Träne in ein Taschentuch fallen, und das steckte sie dann wieder fort.
Als ihr Ehemann von der Jagd heimkam und hörte, was geschehen war, fragte er seine Frau: »Und du hast wieder keine Träne vergossen?«
»O doch«, sagte sie, »aber nur eine einzige.«
Da wurde er sehr zornig, denn er wußte, daß ihr ein Leid zustoßen werde deswegen.
Bald darauf lud ihr Vater die drei Schwestern ein, ihn zu besuchen und an einem großen Fest teilzunehmen, das er ihnen zu Ehren geben wollte. Alle drei sagten zu. Der König war sehr erfreut darüber, seine Kinder wiederzusehen. Aber die Königin war traurig und fand, es sei eine Schande, daß ihre jüngste Tochter mit einem weißen Hund als Gemahl heimkommen werde. Der weiße Hund befürchtete, der König werde ihn gar nicht zu

der Gesellschaft zulassen, man werde ihn in den Schloßhof sperren und dort würden gewiß die anderen Hunde über ihn herfallen und ihm gehörig das Fell zerzausen.
Die jüngste Tochter tröstete ihn. »Hab keine Angst«, sagte sie. »wo immer ich bin, wirst auch du sein, wohin du auch gehst, werde ich dir folgen und nach dir schauen.«
Als nun alles bereit war für das Fest auf dem Schloß und die Gäste versammelt waren, wollte der König den weißen Hund hinausschicken. Aber die jüngste Tochter hörte nicht auf ihren Vater. Sie mochte den weißen Hund nicht aus den Augen lassen. Er mußte neben ihr sitzen und sie teilte ihr Essen mit ihm. Als nun das Fest herum war und die Gäste gegangen, zogen sich die drei Schwestern in ihre Zimmer zurück. Spät am Abend nahm die Königin den Koch mit und machte sich auf, um nachzusehen, wer sich da im Zimmer ihrer Töchter befinde. Zu dieser Zeit schliefen alle anderen Leute schon. Und wen sah sie da im Zimmer ihrer jüngsten Tochter – den schönsten jungen Mann, der ihr je im Leben unter die Augen gekommen war.
Sie schaute auch bei den anderen beiden Töchtern herein, und bei ihnen fand sie statt der beiden Männer, die mit auf dem Fest gewesen waren, zwei Seehunde. Darüber erschrak die Königin sehr. Als die Königin und der Koch zurückkamen, stießen sie auf das Fell des weißen Hundes, sie nahmen es auf, trugen es in die Küche und warfen es dort ins Feuer. Es hatte keine fünf Minuten dort gelegen, als es einen Knall tat, der alle im Schloß und im Umkreis von fünf Meilen weckte. Der Ehemann der jüngsten Tochter sprang auf. Er war sehr zornig und traurig und sagte: »Wenn ich drei Tage unter deines Vaters Dach hätte bleiben können, wäre mir wieder meine frühere Gestalt zurückgegeben worden. Aber so ist alles vorbei. Jetzt kann ich nicht mehr, wie ich es erhofft hatte, Tag und Nacht Mann bleiben. Ich muß gehen.«
Er stand aus dem Bett auf und rannte so rasch ihn seine beiden Beine trugen, und den überholte er, und jener blieb hinter ihm zurück. Er hielt nicht inne in dieser Nacht und auch nicht am

folgenden Tag. Aber er konnte seine Frau nicht abschütteln, denn sie war ihm vom Schloß aus Tag und Nacht gefolgt und verlor ihn nie aus den Augen. Am Nachmittag wandte er sich um und sagte ihr, sie solle zu ihrem Vater zurückgehen, aber sie wollte nicht auf ihn hören. Als die Nacht hereinbrach, kamen sie zum ersten Mal, seit sie das Schloß verlassen hatten, an ein Haus. Wieder wandte er sich um und sagte: »Geh dort hinein und bleib dort drinnen bis zum Morgen. Ich werd die Nacht hier draußen verbringen.«

Die Frau tat wie ihr geheißen. Drinnen erhob sich die Hausherrin, hieß sie herzlich willkommen und stellte ihr ein gutes Essen hin. Sie war noch nicht lange im Haus, als sich ein kleiner Junge ihr auf den Schoß setzte und sie »Mutter« nannte. Die Frau des Hauses hieß das Kind in sein Zimmer gehen und nicht wieder hinauskommen.

»Hier ist eine Schere«, sagte die Frau des Hauses zu der Königstochter. »Sie wird dir sehr nützlich sein. Wann immer du zerlumpte Leute siehst, schneide einen Fetzen von ihren Lumpen ab, und im selben Augenblick werden sie neue Kleider aus Goldstoff anhaben.« Am nächsten Morgen, als sie heraustrat, sprach ihr Mann zu ihr: »Besser, du gingest heim zu deinem Vater.«

»Ich werde nicht heimgehen, denn dann müßte ich dich ja verlassen«, sagte sie.

Er ging weiter und sie folgte ihm. Sie waren den ganzen Tag über unterwegs, bis die Nacht anbrach. Dann sahen sie wieder ein Haus am Fuß eines Hügels. Abermals blieb der Mann stehen und sagte: »Geh hinein. Ich will hier draußen bleiben.«

Die Frau des Hauses hieß sie herzlich willkommen, und nachdem man gegessen und getrunken hatte, kam ein kleiner Junge angesprungen, setzte sich auf ihre Knie und nannte sie »Mutter«, die Hausherrin aber schickte den Jungen abermals weg und hieß ihn auf seinem Zimmer bleiben. Am nächsten Morgen, als die Prinzessin vor ihren Ehemann hintrat, hatte sie einen Kamm bei sich, den ihr die Hausherrin geschenkt hatte. »Wenn du jemanden triffst, der krank ist oder Kopfschmerzen hat, und du fährst ihm mit diesem Kamm dreimal durchs Haar, wird er wieder gesund sein, und es werden ihm die schönsten goldenen Haare wachsen, die man je gesehen hat.« Sie hatte den Kamm genommen und war zu ihrem Ehemann hinausgegangen.

»Laß mich jetzt«, sagte er, »und kehre jetzt zu deinem Vater zurück.«

»Das werde ich nicht«, sagte sie, »ich werde dir nachfolgen, solange ich noch Kraft dazu habe.«

So gingen sie also weiter den ganzen Tag, wie schon an den beiden Tagen zuvor. Als die Nacht hereinbrach, kamen sie an ein drittes Haus am Fuß eines Hügels, und auch dort wurde die Prinzessin freundlich aufgenommen. Nach dem Essen kam ein kleines Mädchen mit nur einem Auge angesprungen, setzte sich auf ihre Knie und nannte sie »Mutter«. Beim Anblick des Kindes begann die Prinzessin zu weinen, denn sie dachte nicht anders, als daß sie die Schuld an allem trage, und die Frau des Hauses schickte die Kleine zu Bett. Am nächsten Morgen, als die Königstochter fort wollte, gab ihr die Hausherrin eine Pfeife und sprach: »Wenn du diese Pfeife in den Mund steckst und sie bläst, kommen die Vögel aus allen Himmelsrichtungen herbei. Gib gut acht auf die Pfeife, du wirst sie noch gut gebrauchen können.«

»Geh heim ins Schloß deines Vaters«, sagte der Ehemann, als sie zu ihm kam, »denn jetzt muß ich dich verlassen.« Sie gingen noch ein Stück und auf einem grünen Hügel setzten sie sich hin. Und er sagte zu seiner Frau: »Deine Mutter steht zwischen uns. Wäre sie nicht, wir könnten immer zusammen leben. Wenn ich drei Tage mit dir im Haus deines Vaters geblieben wäre, hätte ich meine menschliche Gestalt bei Tag und Nacht wieder erhalten. Die Königin des Landes der Jugend hat mich verzaubert. Und der Spruch lautet, sofern ich nicht drei Nächte mit einer Frau unter deren Vaters Dach in Erin verbringe, muß ich jeweils die Hälfte meiner Zeit die Gestalt eines weißen Hundes annehmen. Wenn aber das Fell des Hundes verbrannt wird, ehe die drei Nächte vorbei sind, muß ich ins Reich der Königin ziehen und

sie selbst heiraten. Und deswegen bin ich unterwegs. Es steht nicht in meiner Macht zu bleiben, ich muß dorthin. Adieu.«
Er ließ sie dort im Gras zurück, tat ein paar Schritte, riß ein paar Kanonenputzer ab und verschwand darauf in einer Öffnung zwischen den Binsen. Da saß sie nun und weinte bis zum Abend und wußte nicht, was sie tun sollte. Endlich aber faßte sie sich ein Herz, ging auch zu den Binsen hin, riß eine von ihnen ab und folgte ihrem Mann. Sie hielt nicht eher inne, bis sie auch in die Unterwelt gelangt war. Nach einer Weile kam sie an ein kleines Haus nahe einem prächtigen Schloß. Sie trat ein und fragte, ob sie über Nacht bleiben könne. »Aber gewiß doch. Herzlich willkommen«, sagte die Frau des Hauses. Am nächsten Tag wusch die Frau Kleider und damit verdiente sie sich ihren Lebensunterhalt. Die Prinzessin half ihr bei der Arbeit, und gerade an diesem Tag wurde die Königin aus dem Land der Jugend und der Mann der Prinzessin ein Paar.
Nahe dem Schloß, nicht weit von der Hütte der Wäscherin, lebte die Hennenfrau mit zwei kleinen Töchtern. Sie trugen zerfetzte Kleider. Eine der Töchter kam herüber ins Haus der Wäscherin, um dort zu spielen. Das Kind sah ärmlich aus. Seine Kleider waren zerrissen und schmutzig. Da empfand die Prinzessin Mitleid und schnitt ein Stück von den Kleidern mit der Schere ab. Im gleichen Augenblick verwandelten sich die Kleider in solche aus goldenem Tuch, wie man sie nie bei einer Frau oder einem Kind im ganzen Königreich gesehen hatte. Das Kind rannte zu seiner Mutter, der Hennenfrau, zurück, und die fragte sogleich: »Wo hast du das Kleid her?«
»Eine freundliche Frau wohnt da drüben in dem Haus«, sagte das kleine Mädchen und deutete auf die Hütte der Wäscherin.
Die Hennenfrau ging auf der Stelle zur Königin des Landes der Jugend und sprach: »Da ist eine fremde Frau herbeigewandert, die es auf Euern Mann abgesehen hat. Und wenn Ihr sie nicht auf der Stelle verbannt, so wird Euch das teuer zu stehen kommen, denn sie hat eine Schere, die sich von jedem anderen Werkzeug dieser Art im ganzen Land unterscheidet.«

Als die Königin das gehört hatte, schickte sie jemanden zur Prinzessin und befahl, ihr die Schere ohne Verzögerung auszuliefern, andernfalls werde man ihr den Kopf abschlagen. Die Prinzessin sagte, die Schere könne sie haben, aber dafür müsse sie ihr erlauben, eine Nacht bei ihrem Mann zu verbringen. Was blieb der Königin anderes übrig. Sie willigte ein. Die Prinzessin kam, gab ihr die Schere und ging zu ihrem eigenen Ehemann. Aber die Königin hatte ihm einen Schlaftrunk gegeben, und er wachte erst wieder auf, als die Prinzessin am Morgen schon wieder gegangen war.

Am nächsten Tag ging eine andere Tochter der Hennenfrau in das Haus der Wäscherin spielen. Sie sah elend aus, und von Kopf bis Fuß hatte sie Narben und einen Schorf. Die Prinzessin fuhr mit dem Kamm dreimal über den Kopf des Kindes, da war es geheilt und hatte nun wieder wunderschönes goldenes Haar. Was tut das kleine Mädchen? Es springt heim und erzählt seiner Mutter, von wem sie das goldene Haar hat. Und die Hennenfrau ist gleich bei der Königin und spricht: »Dieses fremde Weib hat einen Kamm mit Wunderkräften. Es heilt jede Krankheit, und es wachsen einem goldene Haare. Seht Euch vor. Wenn Ihr diese Hexe nicht verbannt, wird sie Euch noch den Ehemann stehlen.«

Die Königin ließ die Prinzessin kommen und sagte zu ihr: »Gib mir den Kamm oder ich nehme dir das Leben.«

Die Prinzessin erwiderte, den Kamm könne sie haben, sofern sie nur noch einmal eine Nacht bei ihrem Mann verbringen dürfe. Die Königin war damit einverstanden, und wieder gab sie ihrem Mann einen Schlaftrunk. Als die Prinzessin kam, schnarchte er schon und wachte nicht auf, solange sie am Morgen noch im Schloß war.

Am dritten Tag gingen die Prinzessin und die Wäscherin spazieren, und die erste Tochter der Hennenfrau war auch dabei. Als sie außerhalb der Stadt waren, setzte die Prinzessin die Pfeife an ihre Lippen und begann zu pfeifen. Im Augenblick kamen Vögel aus allen Himmelsrichtungen angeflogen und unter

ihnen befand sich auch der Vogel der Neuigkeiten und der neuen Lieder.
Die Prinzessin beriet sich mit einem der Vögel.
»Was soll ich tun«, fragte sie, »um meinen Mann zurückzubekommen? Vielleicht sollte ich die Königin töten, aber wie soll ich das nur anstellen?«
»Es wird schwierig sein sie zu töten«, sagte der Vogel. »Im ganzen Land ist keiner außer ihrem Ehemann, der ihr das Leben nehmen könnte. Aber vor dem Schloß steht eine Steineiche. In der Steineiche sitzt ein Wildschwein, in dem Wildschwein steckt eine Ente, in der Ente ein Ei, und dieses Ei eben ist ihr Herz und Leben. Keiner im ganzen Land, außer ihrem Ehemann, kann den Baum fällen.«
Da blies die Prinzessin wieder auf der Pfeife. Ein Fuchs und ein Falke kamen herbei. Sie fing die beiden Tiere, sperrte sie in zwei Körbe, die die Wäscherin bei sich hatte und nahm sie mit nach Haus.
Als die Tochter der Hennenfrau an diesem Tag heimkam, erzählte sie der Mutter von der Pfeife.
Auf der Stelle lief die Hennenfrau zur Königin und sprach zu ihr: »Die fremde Frau besitzt eine Pfeife, mit der kann sie alle Vögel aus der Luft herbeirufen, und Euren Mann wird sie Euch auch noch fortnehmen, wenn Ihr ihr nicht den Kopf abschlagen laßt.«
»Ich werde ihr auf jeden Fall die Pfeife abnehmen«, sagte die Königin. Und sie schickte jemanden, um sie holen zu lassen. Die Prinzessin ließ ihr ausrichten, die Pfeife könne sie haben, aber dafür verlangte sie abermals, daß sie eine Nacht bei ihrem Mann schlafen könne. Die Königin war einverstanden, und der Mann bekam wieder seinen Schlaftrunk. Als die Prinzessin kam, schlief er bereits wieder fest. Aber diesmal ließ die Prinzessin bei einem Diener einen Brief für ihn zurück, in dem erfuhr er, daß sie ihm ins Land der Jugend gefolgt war. Sie berichtete ihm auch, wie sie die Schere, den Kamm und die Pfeife hatte hingeben müssen für die drei Nächte bei ihm und wie die böse Königin

ihn immer mit einem Schlaftrunk betäubt hatte. Sie ließ ihn wissen, daß das Leben der Königin in einem Ei eingeschlossen sei, das eine Ente in ihrem Bauch trage. Die Ente habe ein Wildschwein verschlungen und das Wildschwein sei eingesperrt im Stamm jener Steineiche, die vor dem Schloß stehe. Kein Mann außer ihm könne den Baum spalten.

Kaum hatte der Mann den Brief gelesen, so ergriff er eine Axt und ging zu der Steineiche. Dort aber traf er die Prinzessin und bei sich hatte sie zwei Körbe mit dem Fuchs und dem Falken darin. Er spaltete den Baumstamm mit zwei mächtigen Axthieben. Heraus sprang das Wildschwein. Es rannte zwanzig Schritt, aber dann hatte der Fuchs es eingeholt und biß ihm den Bauch auf. Aus dem Bauch flatterte die Taube hervor. Die Taube machte fünfzehn Flügelschläge, als der Falke sie fing, sie tötete und das Ei aufschlug.

Kaum war das geschehen, da fiel die Königin aus dem Land der ewigen Jugend tot um. Der Mann küßte und umarmte seine treue Frau. Er gab ein großes Fest, und als das Fest vorüber war, ließ er die Hennenfrau mitsamt ihrem Haus verbrennen, für die Wäscherin aber baute er einen Palast.

Er und die Prinzessin blieben im Land der Jugend und waren dort glücklich und zufrieden. Und wenn sie nicht gestorben sind, so leben sie noch heute.

Kil Arthur

Es war einmal vor langer Zeit, und wer heute lebt, der hat damals nicht gelebt. In jener Zeit gab es ein Gesetz auf der Welt, das bestimmte, wenn ein junger Mann um eine junge Frau warb und ihre Verwandten wollten sie ihm nicht geben, so war die junge Frau nach dem Gesetz des Todes. Nun war da ein König in Erin

zu dieser Zeit, der hatte eine Tochter und auch einen Sohn, der wurde Kil Arthur genannt.
Nicht weit vom Schloß des Königs aber lebte ein Kesselflicker. Und eines Morgens sprach er zu seiner Mutter: »Stellt mein Frühstück vor mich hin, Mutter.«
»Was hast du vor?« fragte die Mutter. »Du siehst so entschlossen drein.«
»Heut hol ich mir eine Frau.«
»Und wo?«
»Ich werbe um die Tochter des Königs von Irland.«
»Ach Sohn, willst du dich ins Verderben reiten? Das kann den Tod bedeuten, um des Königs Tochter zu freien, und du bist doch auch nur ein Kesselflicker.«
»Das kümmert mich nicht«, sagte er.
Also ging der Kesselflicker zum Königsschloß. Sie saßen gerade bei Tisch, als er hereinkam, und der König fing an zu zittern, als er ihn sah. Obwohl sie bei Tisch saßen, trat der Kesselflicker einfach ein.
Der König fragte: »Was willst du denn hier, jetzt?«
»Ich will Eure Tochter heiraten.«
»Leben und Kraft sollen mich verlassen, wenn du je meine Tochter zum Weib bekommst. Lieber würde ich sie töten, als sie einem Kesselflicker zu geben.«
Nun kam Kil Arthur, des Königs Sohn, herein, griff sich ihn, hängte ihn an der Fassade des Schlosses auf, und als er tot war, zerstückelte er die Leiche in sieben Teile und warf sie ins Meer. Dann ließ der König eine Kiste machen, so fest, daß kein Wasser hereinkonnte, und in die Kiste kam ein Sarg. Und als sie ein Bett und etwas zu essen und zu trinken in den Sarg gestellt hatten, brachten sie des Königs Tochter, legten diese auf das Bett, verschlossen die Kiste und warfen sie ins Meer. Die Wellen führten die Kiste hinweg, und lange Zeit schwamm sie im Meer umher. Wo sie an einem Tag war, da war sie nicht mehr am nächsten. Immer wirbelten sie die Wellen herum, Tag und Nacht, bis sie endlich in ein anderes Land kam.

Nun, in diesem anderen Land gab es einen Mann, der seine Zeit damit herumbrachte, immer wieder an den Strand zu gehen, bis er ganz arm war und sagte: »Jetzt bleibe ich zu Hause. Ich habe einmal meinen Vater sagen hören, wenn ein Mann immer zeitig aufsteht und am Strand entlanggeht, kann er allein dadurch ein Vermögen machen.«

Eines Morgens, sehr zeitig, ging dieser Mann aber doch wieder einmal über den Strand. Da fand er die Kiste, holte sie an Land, öffnete sie und nahm den Sarg heraus. Und als er den Sargdeckel aufschlug, fand er die Frau drin noch am Leben.

»Oh«, sagte er, »du bist mir lieber als eine Kiste voller Goldstücke.«

»Ich würde denken, daß du mit Gold besser fahren würdest«, meinte die Frau.

Er nahm die Fremde in sein Haus und gab ihr zu essen und zu trinken, und dann malte er ein großes Kreuz auf den Boden, faßte die Frau an der Hand, und sie sprangen beide über das Kreuz in der Richtung, in der die Sonne wandert. So heiratete man in dieser Gegend. Sie lebten zusammen in Freuden. Sie war eine gute Frau. Sie arbeitete fleißig für ihren Mann und brachte ihm großen Reichtum, so daß er im Lauf der Zeit reicher war als jeder andere.

Als er einmal allein spazieren ging, sagte er zu sich: »Jetzt könnte ich eigentlich einmal ein Essen für den König unter den Wellen, den Großen Räuber geben, der Männer, Frauen und alles Vieh besitzt.« Er ging heim und lud Rí Fohin* zum Mahl. Der kam mit all seinen Männern, Frauen und Tieren, und der Zug bedeckte eine Strecke von sechs Meilen. Das Vieh wurde draußen abgefüttert, aber die Leute kamen ins Haus. Als nun das Essen vorbei war, fragte der Mann Rí Fohin: »Habt Ihr je ein Haus so schön und reich gesehen, ein Mahl so gut und wohlschmeckend wie das, das Euch heute vorgesetzt wurde?«

»Das habe ich nicht«, sagte Rí Fohin.

* Eigentlich Ri fo thuinn = König unter der Welle

Dann ging der Mann zu jedem der Gäste hin, und alle gaben dieselbe Antwort in dem Sinn, daß sie noch nie in einem so schönen Haus gewesen und so ein gutes Essen gegessen hätten. Er fragte dann auch seine Frau, und die sagte: »Mein Lob zählt hier nicht. Aber was ist das schon gegen das Haus und ein Fest bei meinem Vater, dem König von Erin.«
»Warum hast du das gesagt?« fragte der Mann, und dann kniff er seine Frau mit dem Daumen ins Ohrläppchen und sagte: »Warum wünschst du nicht meinem Haus Glück? Warum gibst du ihm einen schlechten Namen?«
Da begehrten die Gäste auf: »Es ist schandbar, wenn man die eigene Frau auf einem Fest züchtigt.«
Nun wurde der Mann zornig und ging aus dem Haus. Es fing an, dunkel zu werden, aber er sah einen Kämpfer auf einer schwarzen Stute zwischen Himmel und Erde, und dieser Reiter war niemand anders als Kil Arthur, sein Schwager, der ihn beim Kragen packte und ihn entführte auf das Schloß des Königs von Erin. Als sie dort ankamen, saß der Hofstaat auch zu Tisch, und der Mann speiste mit seinem Schwiegervater. Nach dem Essen ließ der König von Erin Karten bringen und fragte ihn: »Hast du je mit diesen Karten gespielt?»
»Nein, ich habe noch nie mit diesen Karten gespielt.«
»Nun, dann mische sie«, sagte der König. Der Mann mischte, und es waren verzauberte Karten. Und wer immer sie in der Hand hielt, der verlor nie ein Spiel, er wurde zum besten Kartenspieler der Welt, auch wenn er noch nie zuvor Karten gespielt hatte. Der König sagte: »Steck sie in die Tasche. Du wirst sie gebrauchen können.« Dann gab ihm der König eine Fiedel und fragte: »Hast du je schon einmal auf einem solchen Instrument gespielt?«
»Das habe ich nicht«, sagte der Mann.
»Nun, dann spiele«, sagte der König. Der Mann begann zu fiedeln, und noch nie in seinem Leben hatte er solche Musik gehört. »Behalte die Fiedel«, sagte der König, »solange du sie nicht aus der Hand gibst, bist du der beste Musikant auf Erden.

Und nun will ich dir noch etwas schenken. Hier ist ein Becher, in dem ist immer das Getränk, das du dir gerade wünschst. Und wenn alle Männer der Welt daraus trinken sollten, so wird der Becher doch nie leer werden. Nimm die drei Geschenke, aber erhebe nie mehr deine Hand gegen deine Frau.« Darauf gab der König von Erin ihm seinen Segen auf den Weg, und Kil Arthur setzte ihn wieder auf seine Stute und fort ging's zwischen Himmel und Erde nach dort, wo der Mann zu Haus war.

Nun hatte Rí Fohin unterdessen die Ehefrau des Mannes und alles was er besaß, davongeschleppt. Als er das sah, lief des Königs Schwiegersohn auf die Straße und rief: »Ach, was soll ich nur tun, was soll ich nur tun?«

Und wieder erschien Kil Arthur auf seiner Stute und sagte: »Schweig! Ich werde dir dein Weib und deinen Besitz zurückholen.« Kil Arthur ritt fort. Er tötete Rí Fohin samt seinem ganzen Volk und allen Tieren – nicht einen ließ er am Leben. Dann brachte er seine Schwester ihrem Mann zurück und blieb bei ihnen drei Jahre. Eines Tages sprach er zu seiner Schwester: »Ich werde dich jetzt verlassen. Ich weiß nicht, wieviel Kraft ich habe, aber ich will über die Erde wandern, bis ich einen Mann treffe, der so gut kämpft wie ich.«

Am nächsten Morgen verabschiedete er sich von ihr. Mit seiner schwarzen Stute überholte er den Wind vor sich und ritt dem Wind hinter sich davon. Er reiste rasch, bis es Abend wurde, verbrachte die Nacht in einem Wald, und am zweiten Tag eilte er weiter wie am ersten.

Die zweite Nacht verbrachte er auch im Wald. Als er sich am Morgen erhob, stand vor ihm ein Mann, ganz mit Blut befleckt und mit zerfetzten Kleidern. »Was ist dir denn zugestoßen?« fragte Kil Arthur.

»Ich habe die ganze Nacht hindurch Karten gespielt. Und wo willst du hin?« fragte ihn der Fremde.

»Ich ziehe in der Welt herum und suche jemanden, der so gut kämpfen kann wie ich.«

»Komm mit mir«, sagte der Fremde, »ich werde dir einen Mann

zeigen, der nicht seinesgleichen traf, bis er zum Kampf gegen das größte aller Meere antrat.« Kil Arthur ging mit dem zerlumpten Fremden, bis sie an einen Ort kamen, von dem aus sahen sie einen Riesen, der stand im Ozean und schlug auf die Wellen mit einer Keule ein. Kil Arthur stieg hinauf zu des Riesen Schloß und er schlug mit seinem Schwert an den Kampfpfahl, und der Riese hörte das Geräusch draußen im Meer, denn es war lauter als das Geräusch der Keule, mit der er auf die Wellen einschlug.
»Was willst du?« fragte der Riese im Meer.
»Komm an Land«, rief Kil Arthur ihm zu, »und kämpfe gegen einen, der besser ist als du.«
Der Riese kam an Land und stellte sich in der Nähe seines Schlosses auf. Dann sagte er zu Kil Arthur: »Was hättest du lieber als Waffe? Graue Steine oder ein scharfes Schwert?«
»Graue Steine«, sagte Kil Arthur.
Sie gingen aufeinander los und trugen den schrecklichsten Kampf aus, den je einer von ihnen bis auf diesen Tag erlebt hatte. Am Ende stieß Kil Arthur den Riesen bis zu den Schultern in feste Erde. »Zieh mich wieder heraus«, rief der Riese, »und ich will dir mein Lichtschwert geben, mit dem jeder Schlag trifft, meinen druidischen Zauberstab und meinen Heiltrank, der jede Krankheit und jede Wunde heilt.«
»Nun gut«, sagte Kil Arthur, »fangen wir mal mit dem Schwert an.« Er ging zum Schloß des Riesen und holte dort das Schwert, den Stab und den Heiltrank.
Als er zurückkam, sagte der Riese: »Probier das Schwert einmal an einem Baum aus.«
»Oh«, sagte Kil Arthur, »der beste Baum ist dein Nacken.«
Und damit hieb er dem Riesen den Kopf ab. Er nahm den Schädel und ging damit seines Weges, bis er an ein Haus kam. Er legte ihn auf den Tisch, aber im selben Augenblick war er vom Tisch und lief ohne Körper davon. Statt dessen standen Essen und Trinken da. Als Kil Arthur sein Mahl verzehrt hatte, wurde der Tisch wie durch Zauber abgeräumt. Der Kopf des Riesen polterte wieder auf die Tischplatte und mit ihm ein Spiel Karten.

Vielleicht will der Schädel mit mir spielen, dachte Kil Arthur und fing an, die Karten zu mischen. Tatsächlich nahm der Schädel die Karten in den Mund, so wie sie andere Leute in die Hände nehmen. Er gewann immer, aber nur durch Betrug. Da dachte Kil Arthur, dem will ich ein Ende machen. Er nahm die Karten und zeigte dem Schädel, wie fünf Stiche bei ihm lagen, die er gar nicht gemacht hatte. Da stürzte sich der Schädel plötzlich auf ihn, Kil Arthur aber bekam ihn zu fassen und warf ihn ins Feuer.

Kaum war das geschehen, da stand plötzlich eine wunderschöne junge Frau vor ihm und sagte: »Du hast neun meiner Brüder getötet, und dies war der beste unter ihnen. Ich habe acht weitere Brüder, die ziehen jeden Tag aus und kämpfen mit vierhundert Männern und töten sie alle. Aber am nächsten Morgen sind die vierhundert Männer wieder am Leben und der Kampf muß von neuem beginnen. Meine Mutter und diese acht Brüder müssen bald hier sein. Sie werden ihre Knie beugen und dich verfluchen, weil du meine neun Brüder getötet hast. Und ich fürchte, du wirst in Zorn geraten, wenn du die Flüche hörst, die sie ausstoßen, und dann wirst du auch noch die acht andern töten.«

»Ach«, sagte Kil Arthur, »ich werde mich einfach taub stellen, wenn die Flüche ausgestoßen werden. So werde ich sie nicht hören.« Und dann legte er sich auf ein Ruhebett. Kurz darauf kamen die Mutter und die acht Brüder herein und sie verfluchten ihn mit allen Flüchen, die sie kannten. Er wartete, bis sie fertig waren, sagte selbst aber kein Wort. Am nächsten Morgen stand er zeitig auf, legte sich sein neunkantiges Schwert um und ging zu der Stelle, an der die acht Brüder mit den Vierhundert kämpften. Er sprach zu ihnen: »Setzt euch nur hin. Ich erledige das schon für euch.« Er trat den Vierhundert entgegen und kämpfte ganz allein gegen sie. Und genau zu Mittag waren sie alle tot.

»Nun wird ja wohl jemand kommen«, sagte er, »der sie wieder zum Leben erweckt. Ich will mich zwischen die Toten legen, um herauszufinden, wer das ist.«

Bald kam da ein altes Weib mit einer Bürste in der Hand und einem offenen Kessel um ihren Hals gehängt, und als sie das Schlachtfeld betrat, tauchte sie die Bürste in den Kessel und spritzte von der Flüssigkeit, die er enthielt, etwas über die Leichen der Männer. Da erhoben sie sich wieder und gingen hinter ihr her.

»Pech für dich«, sagte Kil Arthur. »du machst sie also immer wieder lebendig.« Er packte sie am Hals und würgte sie, bis kein Leben mehr in ihr war.

Als sie starb, sagte sie: »Ich verhänge über dich den Spruch, solange diese Straße zu ziehen, bis du zu dem Widder von den Fünf Felsen kommst. Und ihm sage, du habest die Alte von den Höhlen und all ihren Anhang getötet.«

Er zog zu dem Ort, an dem der Widder von den Fünf Felsen lebte und schlug mit seinem Schwert vor dem Schloß an den Kampfpfahl. Heraus kam der Widder und kämpfte, bis Arthur ihn ergriff und gegen die Felsen schleuderte. Dann zog er zu dem Schloß der schönen Frau, deren neun Brüder er getötet hatte, und für deren acht Brüder er die Vierhundert erschlagen hatte.

Als er dorthin kam, frohlockte die Mutter, die acht Brüder segneten ihn und gaben ihm ihre Schwester zur Frau. Und Kil Arthur führte die schöne Frau auf das Schloß seines Vaters in Erin, und dort lebten sie glücklich und in Freuden.

Die Geburt des Finn mac Cumaill

Cumaill Macart war ein großer Recke im Westen von Erin, und ihm ward prophezeit, wenn er je heirate, werde er in der ersten Schlacht darauf den Tod finden. Aus diesem Grund hatte er keine Frau und ließ sich über lange Zeit hin auch nicht mit Frauen ein.

Doch eines Tages sah er die Tochter des Königs, die so schön war, daß er alle Furcht vergaß und sie im geheimen heiratete. Am Tag darauf kam Nachricht, daß eine Schlacht geschlagen werden müsse. Nun hatte ein Druide dem König prophezeit, der Sohn seiner Tochter werde ihn um sein Königreich bringen. Deswegen behielt er seine Tochter genau im Auge und sah darauf, daß kein Mann in ihre Nähe kam. Ehe er in die Schlacht zog, erzählte Cumaill alles seiner Mutter. Ich meine, er erzählte ihr, wie es mit ihm und der Königstochter stand. Er sprach: »Am Tag der Schlacht werde ich getötet werden, so hat es der Druide prophezeit. Und ich fürchte, wenn meine Geliebte einen Sohn zur Welt bringt, läßt der König ihn töten, weil ihm prophezeit worden ist, daß er sein Königreich an den Sohn seiner Tochter verlieren werde. Bekommt also des Königs Tochter einen Sohn, so versteck ihn und zieh ihn auf, wenn du kannst. In dir liegt seine einzige Hoffnung und sein Beistand.«

Cumaill fiel in der Schlacht, und ehe ein Jahr vergangen war, hatte des Königs Tochter einen Sohn. Auf Befehl des Großvaters wurde das Kind aus dem Schloßfenster in einen Teich geworfen, damit es noch am Tag seiner Geburt ertrinke. Der Junge versank, aber nach einer Weile kam er wieder an die Wasseroberfläche und wurde an Land getrieben. In der Hand hielt er einen lebendigen Lachs. Die Großmutter des Jungen, Cumaills Mutter, stand am Ufer und beobachtete all dies. Und bei sich selbst sprach sie: »Er ist mein Enkel, der wahre Sohn meines eigenen Kindes.« Und sie nahm den Jungen auf und rannte mit ihm fort, ehe sie des Königs Männer daran hindern konnten. Als nun der König vernahm, daß die alte Frau mit dem Sohn seiner Tochter entkommen sei, überkam ihn großer Zorn und er befahl, daß alle männlichen Kinder, die an diesem Tag im Königreich das Licht der Welt erblickt hatten, getötet werden sollten. So hoffte er, auch seinen eigenen Enkel umzubringen und die Krone für sich zu retten.

Nachdem sie von den Ufern des Teiches fortgerannt war, lief die alte Frau, Cumaills Mutter, in einen dichten Wald, wo sie die

Nacht, so gut es ging, verbrachte. Am nächsten Tag kamen sie zu einem großen Eichenbaum. Sie mietete sich einen Mann und hieß ihn, eine Kammer in den Baum hauen. Als das alles fertig war, fand sich da ein hübsches Zimmer in der Eiche für sie, ihren Enkel und einen Welpen, genau so alt wie der Junge, den sie aus dem Schloß mitgebracht hatte. Sie sagte zu dem Mann: »Gib mir die Axt, die du in der Hand hältst. Ich brauche sie, um noch etwas zu richten.« Der Mann gab ihr die Axt in die Hand, und augenblicklich hieb sie ihm den Kopf ab und sprach: »Jetzt kann niemand mehr diesen Ort verraten.«

Eines Tages aß der Hund von den feinen Holzsplittern, die der Zimmermann aus dem Baum herausgeschlagen hatte. Da sagte die alte Frau: »Von nun an sollst du Bran (Holzsplitter) heißen.« Die drei lebten nun in dem Baum zusammen, und die Alte ließ ihren Enkel erst ins Freie, als er fünf Jahre alt war. Da er noch nicht laufen konnte, mußte er immer drinnen bei ihr sitzen. Als die alte Großmutter dem Jungen das Laufen beigebracht hatte, führte sie ihn eines Tages auf einen Hügel. Es gab dort einen langen Abhang. Sie nahm eine Peitsche und sagte: »Jetzt renn hier hinab. Ich werde dir folgen und dich mit dieser Peitsche hauen. Und wenn du wieder hinaufläufst, laufe ich vor dir her. Dann darfst du mich schlagen, so oft du kannst.« Als sie das erste Mal hinunterliefen, schlug die Großmutter noch viele Male, und bergauf schlug er sie kein einziges Mal. Bei jedem Mal, da sie wieder zu Tal liefen, schlug sie ihn seltener, und jedesmal, daß sie bergan rannten, bekam sie von ihm mehr Schläge. Sie rannten bergab und bergauf drei Tage lang, und danach konnte sie ihn kein einziges Mal mehr schlagen, aber er schlug sie bei jedem Schritt, den sie machte. So war er zu einem guten Läufer geworden.

Als er nun fünfzehn Jahre alt war, ging die alte Frau mit ihm zu einem Hockey-Spiel zwischen den Leuten seines Großvaters und denen des Königs aus dem Nachbarland. Beide Parteien waren sich an Geschicklichkeit gleich, keine konnte gewinnen, bis der Junge gegen die Mannschaft seines Großvaters spielte.

Von da an gewann er jedes Spiel. Der alte König wurde sehr zornig, als er sah, daß seine Mannschaft unterlag; und als er erkannte, welche Rolle dabei jener Junge mit dem weißblonden Haar spielte, rief er aus: »Wer ist dieser finn cumaill (Weißschopf)?«

»Sehr gut«, sagte die alte Frau, »Finn werden wir ihn rufen, und Finn mac Cumaill soll er heißen.«

Der König befahl seinen Leuten, den jungen Mann zu ergreifen und auf der Stelle hinzurichten. Sofort war die alte Frau an seiner Seite. Sie entkamen aus der Menge und fort ging's mit einem Sprung über einen Hügel, mit dem nächsten Sprung über ein Tal, und mit jedem Sprung legten sie zweiunddreißig Meilen zurück. Sie rannten so lange, bis Finn müde wurde. Dann nahm ihn die alte Großmutter auf ihren Rücken und steckte die beiden Beine in die zwei Taschen ihres Kleides und rannte mit derselben Geschwindigkeit wie zuvor weiter. Einen Sprung über den Hügel, den nächsten Sprung über ein Tal, und zweiunddreißig Meilen bei jedem Sprung. Nach einiger Zeit spürte die alte Frau, daß ihnen jemand nachkam, und sie sagte zu Finn: »Schau dich um und sag mir, was du siehst.«

»Ich sehe«, sagte er, »ein weißes Pferd mit einem Recken im Sattel.«

»Das hat nichts zu bedeuten«, sagte sie. »Ein weißes Pferd hat keine Ausdauer. Es kann uns nicht einholen, von ihm haben wir nichts zu befürchten.« Und sie rannte weiter. Nach einer Weile war es ihr wieder so, als komme ihnen jemand nach, und wieder hieß sie Finn ihr zu sagen, was er sehe.

»Diesmal sehe ich einen Krieger auf einem braunen Pferd.«

»Keine Angst«, sagte die alte Frau, »das ist kein braunes Pferd, sondern nur Schwindel. Damit kann er uns nicht einholen.« Als sie aber Finn zum dritten Mal aufforderte sich umzusehen, sagte er: »Ich sehe einen schwarzen Krieger auf einem schwarzen Pferd. Und er kommt uns rasch nach.«

»Kein Pferd kann so schnell reiten wie das schwarze Pferd«, sagte die Großmutter. »In diesem Fall gibt es kein Entkommen, mein

Enkel. Einer von uns beiden muß sterben. Ich bin alt, meine Zeit ist fast herum. Ich werde sterben, und du und Bran, ihr beide sollt am Leben bleiben. (Muß ich euch noch erzählen, daß Bran die ganze Zeit mit dabeigewesen ist?) Vor uns ist ein tiefer Sumpf. Springe von meinem Rücken und versuche dich davonzumachen. Ich werde bis zum Hals mich in den Sumpf versinken lassen, und wenn die Leute des Königs kommen, will ich ihnen sagen, du seiest im Sumpf verschwunden und ich hielte nach dir Ausschau. Da mein Haar und deines dieselbe Farbe haben, wird es ihnen nichts ausmachen, wenn sie dem König nur meinen Kopf bringen. Sie werden ihn mir abschlagen, um die Wut des Königs zu besänftigen.«

Und so geschah es. Als der schwarze Reiter heran war, fragte er die alte Frau: »Wo ist Finn?«

»Er ist hier vor mir im Sumpf versunken, und ich versuche ihn zu finden.«

Als die Reiter Finn nicht finden konnten, schlugen sie tatsächlich der alten Frau den Kopf ab und sprachen beieinander: »Der König weiß ja nicht, wessen Kopf das ist«, und ritten fort.

Finn aber und Bran gingen weiter, bis sie zu einer großen Höhle kamen, in der sie eine Ziegenherde antrafen. Hinten in der Höhle brannte ein Feuer. Dort legten sich die beiden nieder und ruhten sich aus. Aber Stunden später kam ein Riese mit einem Lachs in der Hand in die Höhle. Der Riese war unerhört groß, aber er hatte nur ein Auge. Das saß ihm mitten auf der Stirn und war so groß wie die Sonne am Himmel. Als er Finn sah, rief er: »Hier, nimm den Lachs und brat ihn mir. Aber paß auf! Wenn es auch nur eine einzige Blase gibt, schlag ich dir den Kopf ab. Ich habe diesen Lachs drei Tage und drei Nächte ohne Unterlaß verfolgt. Ich habe ihn nie aus den Augen gelassen, denn es ist der wundervollste Lachs auf der Welt.«

Der Riese legte sich mitten in der Höhle zum Schlafen nieder. Finn aber steckte den Lachs an ein Holz und hielt ihn über das Feuer. Kaum hatte der Riese das eine Auge zugemacht, da begann er laut zu schnarchen. Jedesmal, wenn der Riese einatmete, sog er Finn, den Spieß mit dem Lachs, Bran und die Ziegen bis nahe vor seinen Mund, und jedesmal, wenn er ausatmete, schob der Wind seines Atems einen jeden wieder an seinen Platz. Finn fürchtete, daß er einmal ganz und gar im Hals des Riesen verschwinden werde. Als der Lachs fast gar war, warf sich auf seiner Haut eine Blase auf. Finn drückte sie mit dem Finger ein, damit der Riese sie nicht sähe, aber er verbrannte sich den Daumen, und um seinen Schmerz zu lindern, steckte er ihn zwischen seine Zähne. Er nagte von der Haut auf das Fleisch, vom Fleisch auf den Knochen und vom Knochen bis ins Mark, und als er auf dem Mark war und davon etwas kostete, erhielt er Wissen von allen Dingen.

Im nächsten Augenblick wurde er vom Atem des Riesen bis an dessen Gesicht herangezogen, und da er nun alles wußte, was es zu wissen gibt, stieß er den heißen Spieß in das Auge des schlafenden Riesen und blendete ihn so. Im Nu war der Riese auf den Beinen. Er stand am Eingang der Höhle mit einem Fuß auf jeder Seite der Öffnung und brüllte: »Hier kommst Du nicht mehr lebendig heraus.« Nun tötete Finn den größten Bock der Ziegen, häutete ihn ab, so schnell er konnte, warf sich die Haut über und dann trieb er die Herde bis zu der Stelle, an der der Riese stand; die Ziegen gingen eine nach der anderen zwischen seinen Beinen hindurch, und als der große Ziegenbock kam, packte ihn der Riese bei den Hörnern. Finn ließ rasch die Haut fallen und rannte hinaus. »Oh, du bist mir entkommen!« brüllte der Riese. »Aber ehe wir scheiden, will ich dir noch ein Geschenk machen.« »Ich habe Angst, dir nahezukommen«, sagte Finn. »Wenn du mir etwas schenken willst, dann lege es hierhin und zieh dich dann zurück.« Der Riese legte einen Ring auf den Boden und ging dann. Finn aber nahm den Ring auf und steckte ihn an seinen kleinen Finger, an das erste Glied. Dort saß er so fest, daß niemand auf der Welt ihn hätte abnehmen können.

Da rief der Riese: »Wo bist du?«

»An Finns Finger«, rief der Ring. Und sofort stürzte sich der Riese auf Finn und wollte ihn zermalmen. Finn konnte sich gerade noch durch einen Sprung retten. Wieder fragte der Riese: »Wo bist du?«

»An Finns Finger«, antwortete der Ring. Wieder machte der Riese einen Satz und landete unmittelbar vor Finn.

Viele Male rief er so, und viele Male gelang es ihm fast, Finn zu fangen. Weil der Ring doch an Finns Finger saß während des Kampfes, bei dem Finn nicht entkommen konnte, sprang plötzlich Bran herbei und fragte: »Warum saugst du nicht an deinem Daumen?« Da biß Finn in seinen Daumen bis an das Mark, und dann wußte er, was zu tun war. Er nahm ein Messer, jenes, mit dem er den Ziegenbock abgehäutet hatte, schnitt sich das erste Fingerglied des kleinen Fingers ab und warf es mit dem Ring fort. Es fiel in einen tiefen Sumpf nahebei. Wieder rief der Riese: »Ring, wo bist du?« Und der Ring antwortete: »An Finns Finger.« Da sprang der Riese geradewegs dorthin, von wo er die Stimme gehört hatte, sank bis an die Schultern im Sumpf ein und saß fest.

Finn ging mit Bran weiter. Sie kamen in einen dichten, tiefen Wald, wo Hunderte von Pferden Bauholz zogen. »Was ist das?« fragte Finn den Aufseher der Arbeiter.

»Oh, wir bauen ein Schloß für den König. Wir bauen es Tag für Tag, aber jede Nacht brennt es jemand nieder. Der König hat nur eine Tochter. Die will er gern dem zur Frau geben, der ihm sein Schloß rettet. Und wer das schafft, kriegt auch noch sein Königreich nach seinem Tod. Wer es aber nicht schafft, der zahlt dafür mit seinem Leben. Die besten Ritter des Landes haben es schon versucht und sind alle gescheitert. Sie sitzen nun im Kerker, eine ganze Armee, und warten darauf, daß der König seinen Spaß dabei hat, wenn er ihnen an einem Tag allen den Kopf abschlagen läßt.«

»Warum saugst du nicht an deinem Daumen?« fragte Bran. Finn tat wie ihm geheißen. Da erkannte er, daß am östlichen Rand der Welt eine alte Frau lebte. Die hatte drei Söhne, und immer wenn es Abend wurde, schickte sie den jüngsten und ließ das Schloß des Königs abermals niederbrennen.

»Ich werde das Schloß des Königs retten«, sagte Finn.
»Nun«, sagte der Aufseher, »das haben sich noch ganz andere Leute vorgenommen und sich um Kopf und Kragen gebracht.«
»Ach«, sagte Finn, »ich fürchte mich nicht. Ich tu es für die Tochter des Königs.«
Nun, Finn folgte Bran und dem Aufseher, der führte sie zum König. »Ich höre, du hast dem Mann deine Tochter versprochen, der dein Schloß rettet.«
»So ist es«, sagte der König, »aber wer es nicht rettet, wird einen Kopf kürzer gemacht.«
»Gut«, sagte Finn, »ich riskiere meinen Kopf für deine Tochter.«
Der König gab Finn zu essen und zu trinken, und nach dem Essen gingen sie zu dem Schloß.
»Saug an deinem Daumen«, bellte Bran, »dann wirst du wissen, was zu tun ist.«
Das tat Finn. Bran hockte sich auf das Dach und wartete auf den Sohn der alten Frau. Die hieß ihren Jüngsten eiligst mit seinen Fackeln das Schloß niederbrennen und dann rasch heimkommen, denn der Eintopf stand schon auf dem Herd, und sie wollte auftragen. Er ergriff also die Fackeln und schoß durch die Luft mit wunderbarer Geschwindigkeit. Kaum erblickte er des Königs Schloß, da warf er die Fackeln auf das Strohdach und setzte es wie gewöhnlich in Brand. In diesem Augenblick gab Bran den Fackeln einen Schubs mit der Schulter, da fielen sie in den Bach, der um das Schloß floß und gingen aus.
»Wer ist das?« rief der jüngste Sohn des alten Weibes. »Wer wagt es, meine Lichter auszulöschen und mich um mein Erbrecht zu bringen?«
»Ich«, sagte Finn und trat vor ihn hin. Und dann begann ein furchtbares Gefecht zwischen Finn und dem Sohn der alten Frau, und Bran kam vom Dach herab Finn zu Hilfe. Er verbiß sich in den Nacken des Feindes und riß ihm die Haut ab vom Kopf bis zu den Fersen. Am Ende schlug Finn seinem Gegner den Kopf ab, aber ohne Bran hätte er ihn nie bezwungen.
Als der Sohn nicht zum Essen zurückkam, wurde die alte Frau

ungeduldig und sagte zu ihrem zweiten Sohn: »Nimm Fackeln und sieh eilig, warum dein Bruder ausbleibt. Ich werd's ihm heimzahlen, wenn er kommt. Aber sei vorsichtig und begeh nicht dieselbe Dummheit wie er. Beeil dich, denn der Eintopf kocht schon im Kessel.«

Er brach also auf und kam genauso wie sein Bruder ums Leben, nur daß es noch ein längerer und erbitterterer Kampf war. Und wäre nicht Bran gewesen, so hätte Finn in dieser Nacht bestimmt sein Leben verloren.

Die alte Frau war nun äußerst zornig, und sie sprach zu ihrem ältesten Sohn, der seit Jahren nicht aus dem Haus gegangen war. Nur in ganz besonderen Notfällen schickte sie ihn. Er hatte einen Katzenkopf und hieß »Puß aus der Ecke«. Er war der älteste und stärkste von allen Brüdern. »Nimm Fackeln und sieh, wo deine Brüder stecken. Sie können sich auf was gefaßt machen, wenn sie heimkommen.«

Der älteste Bruder schoß also durch die Luft, kam zum Schloß des Königs und warf seine Fackeln auf das Dach. Sie sengten aber das Stroh nur ein ganz klein wenig an, dann stieß Bran sie hinab und sie fielen in den Bach und gingen aus. »Wer ist das?« schrie Katzenkopf. »Wer wagt es, mich um mein Erbrecht zu bringen?«

»Ich!« rief Finn. Und dieser Kampf tobte noch wilder als der mit dem zweiten Bruder. Nachdem sie lange gekämpft hatten und Finn schon ganz erschöpft war, riet ihm Bran wiederum, doch an seinem Daumen zu saugen. Da sah er, daß sich nun die alte Frau selbst auf den Weg gemacht hatte, um das Schloß zu verbrennen, und sie hatte eine Flüssigkeit mit, die ihre Söhne wieder zum Leben erwecken konnte. Er erkannte aber auch, daß er allein mit dem Blut der alten Frau Katzenkopf endgültig werde überwinden können. Er hatte ihm unterdessen den Kopf abgeschlagen, aber der fauchte und brüllte. Und was immer auch Finn tat, das Leben wollte nicht aus dem riesigen Schädel weichen.

Nach Mitternacht schoß die Alte durch die Luft heran. Von

Ferne warf sie ihre Fackeln auf das Dach des Schlosses, aber Bran war auf der Hut und beförderte sie wieder in den Bach. Nun kreiste die alte Frau in der Luft und hielt nach ihren Söhnen Ausschau. Finn war schon sehr schwach geworden, denn Katzenkopf hatte ihn immer wieder in die Brust gebissen. Da rief Bran: »Aufgepaßt, Finn! Nimm all deine Kraft zusammen oder wir sind verloren. Wenn die alte Hexe einen Tropfen der Flüssigkeit auf die Leichen ihrer Söhne fallen lassen kann, erwachen sie wieder zum Leben und mit uns ist es aus.«
Die Alte stieß einen Schrei aus, den man in aller Welt hörte. Sie stieß zur Erde herab, und nun folgte ein Kampf, wie es ihn vor dieser Nacht nie gegeben hatte auf dieser Welt. Quellen sprangen aus grauen Felsen hervor, Kühe warfen Kälber, auch wenn sie gar nicht trächtig waren, scharfe Binsen wurden weich in der entferntesten Ecke von Erin – so verzweifelt tobte der Kampf zwischen Finn und der alten Hexe. Und Finn hätte ihn nicht überlebt, wäre da nicht Bran gewesen. Gerade als das erste Tageslicht kam, hieb Finn der Alten den Kopf ab, nahm etwas von ihrem Blut und rieb es Katzenkopf ins Gesicht. Da brach der abgeschlagene Schädel leblos zusammen. Finn aber rieb seine Wunden mit dem Blut der Alten ein, und sie heilten auf der Stelle. Er rieb auch Blut auf die Stellen, an denen sich Bran durch die Fackeln versengt hatte. Dann legte sich Finn auf die Erde und schlief auf der Stelle ein.
Während er noch schlief, kam der Haushofmeister des Königs, und als er das Schloß unversehrt fand, Finn aber am Boden liegend und schlafend, begriff er sofort, was geschehen war. Bran versuchte, Finn zu wecken, aber der war viel zu müde. Der Haushofmeister ging zum König und sagte: »Ich habe das Schloß gerettet und verlange die Belohnung.« – »Du sollst sie haben«, antwortete der König, und gleich wurde der Haushofmeister als Schwiegersohn anerkannt und Befehl gegeben, die Hochzeit vorzubereiten.
Bran hatte all das ausgekundschaftet, was da vor sich ging, und als sein Herr zu Mittag erwachte, erzählte er ihm, was sich im

Schloß des Königs abgespielt hatte. Finn ging zum König und sagte: »Ich habe Euer Schloß gerettet. Ich erhebe Anspruch auf die Belohnung.«

»Oh«, sagte der König, »mein Haushofmeister beansprucht die Belohnung auch.«

»Er hat keinen Finger krumm gemacht. Ich war es, der das Schloß gerettet hat. Laßt ihn herkommen, ich will ihn mir ansehen«, sagte Finn. Der Haushofmeister kam.

»Du hast also das Schloß des Königs gerettet?« fragte Finn.

»Das habe ich«, sagte der Haushofmeister.

»Das stimmt nicht, du lügst«, sagte Finn. Und mit der Kante seiner Hand hieb er ihm den Kopf vom Leib, daß dieser bis zur anderen Seite des Zimmers sprang.

»Du bist der Mann«, sagte der König zu Finn. »Du hast das Schloß gerettet, dir gebührt die Belohnung. Alle Recken, die gescheitert sind und im Kerker sitzen, bekommen den Kopf abgeschlagen, ehe die Hochzeit stattfindet.«

»Ich möchte sie mir ansehen«, sagte Finn.

»Bitte«, sagte der König.

Also ging Finn zu ihnen und er fand die vortrefflichsten Recken von Erin in diesem Kerker.

»Werdet ihr mir immer gehorchen, wenn ich eure Leben rette?« fragte Finn.

»Das werden wir«, sagten sie.

Da ging Finn zum König und fragte: »Würdet Ihr mir statt Eurer Tochter zur Frau das Leben all dieser Recken von Irland schenken?«

»Meinetwegen«, sagte der König. So wurden alle Recken befreit und gingen fort. Und seitdem gehorchen sie Finn, und das war der Anfang der Fianna in Irland.

Materialien

1. Schwarzdornhecke

Schwarzdorn (Schlehen) und Weißdorn sind beides Pflanzen, die besonders häufig mit der Anderswelt und den Feen in Zusammenhang gebracht werden.
Zunächst für botanisch nicht versierte Leser hier eine Beschreibung des Schwarz- oder Schlehdorns:
Im April, manchmal auch schon im März, blüht er weiß an Wald- oder Wegrändern. Die stachligen, schwarzen Äste sind dann noch ohne Blätter. Sie tragen als Blüten fünfstrahlige kleine Sterne. Im Gegensatz dazu blüht der Weißdorn immer erst dann, wenn der Strauch schon mit Blättern begrünt ist.
Die nahezu undurchdringlichen Schwarzdornhecken sind nicht nur in Irland wertvolle natürliche Schutzräume für brütende Vögel und daher für die Aufrechterhaltung des ökologischen Gleichgewichts von Bedeutung. Dies ist wahrscheinlich der rationale Kern jener Vorstellung, daß Schwarzdorngebüsche Feenwohnungen seien und die Bauern gut daran tun, sie auf ihren Äckern stehenzulassen, auch wenn sie scheinbar nutzlos, ja sogar hinderlich sind.
In der volkskundlichen Überlieferung ist Schwarzdorn (lat. bellicum) ein Unglück verheißender Strauch. Seine Äste dienen den Hexen als Wanderstab. Die Berührung mit dem Schwarzdorn verursacht bei den Frauen angeblich Fehlgeburten. Das verweist auf die symbolische Bedeutung der Pflanze, die sich von mythologischen Vorstellungen aus der Frühzeit Europas

herleitet – einem Bewußtsein, bei dem sich Leben und Tod nicht als voneinander geschiedene Bereiche gegenüberstanden, sondern als Teile einer Einheit, nämlich des Vegetationsprozesses, aufgefaßt wurden.

Der Schwarzdornstecken hatte also wohl ursprünglich etwa die Bedeutung eines Zauberstabes, des Zepters der Todesgöttin. Diese wurde zwar als grausam, aber nicht als böse aufgefaßt. Jedenfalls ist sie es, die der Pflanze die Aura des Geheimnisvollen verleiht. Durch sie wird Schwarzdorn mit den Dingen in Zusammenhang gebracht, die dem unmittelbaren Anblick entzogen sind. Als Signum der Göttin verweist er auf die »andere Welt«, das Geschehen hinter dem Vorhang, als deren Schutzmacht die Göttin aufgefaßt wird.

Ein anderer Bedeutungszusammenhang ist dieser: Der Strauch, häufig auch als Zaun oder zum Schutz der Saaten gegen das Wild gebraucht, bildet so die Grenze zwischen zivilisiertem Bereich und der Wildnis. Die Göttin des »Draußen« war die Artemis-Diana, die »wilde Mutter der Vegetation«, wie Hans Peter Duerr schreibt. Zwar hat Zivilisation die Ausgrenzung der Wildnis zur Voraussetzung, aber zur Erfahrung des Lebens in seiner ursprünglichen Ganzheit gehört dann wieder das Erlebnis von Leben *und* Tod, von Zivilisiertheit *und* der Wildnis, von Diesseits *und* Jenseits.

Wenn wir hören, daß aus Schwarzdorn traditionell jene Knüppel waren, mit denen sich streitlustige irische Kesselflicker auf den Jahrmärkten zu prügeln pflegten, so vermögen wir uns vorzustellen, daß solche Stöcke zuvor einmal die Ruten oder Waffen jener Züge der Nachtfahrenden, des wilden Heeres, gewesen sind.

Prügeleien, an denen in der Erzählung von Carleton der Schneider Malone nur zu gern teilnehmen würde, um seine Männlichkeit zu beweisen, gehen zurück auf eine Art von »Außersichsein«, das ja das angestrebte Erlebnis der »Nachtfahrenden« darstellt.

In den »Nachtbuben«, die in der Schweiz nachts auf dem Friedhof Geschrei erheben und mit Trommelklang und Hörnerschall durch die nächtlichen Gassen ritten, sieht Duerr Nachfahren jener »Bünde ... deren Mitglieder einstmals als Kinder in der Wildnis sterben mußten, um als Erwachsene in die Ordnung wiedergeboren zu werden, und die zwischen den Zeiten außerhalb des Gesetzes lebten.« – Also auch hier der Assoziationszusammenhang zur Erfahrung dessen, was jenseits der mehrdeutig verstandenen »Grenze« liegt.

Die Schlehenfrucht mit ihrem den Mund zusammenziehenden Geschmack gehört nach alter keltischer Vorstellung zu den sogenannten 8 Häuptlingsbäumen, deren Ausreißen nach einem Text aus der Brehan-Gesetzessammlung (IV, 147) unter besonders strenge Strafe gestellt war.

In der druidischen Dichtung wird die Pflanze – wohl eben wegen des Geschmacks ihrer Früchte – mit der Satire in Verbindung gebracht.

Von seiner Blütezeit her ist der Schwarzdornstrauch ein Emblem der Frühjahrsgestalt der Weißen Göttin. Er steht für die junge schöne und grausame Frau, die über die Zeit zwischen Winter und Sommer herrscht.

Schwarz- und Weißdornhecken säumen in Irland häufig Felder und Straßen. Hinter solchen Hecken, die sich manchmal mit Mauern aus Natursteinen verbinden, wurden zu jener Zeit, da Irland unter englischer Oberhoheit stand und die Strafgesetze (Penal Laws) gegen die irische Kultur Geltung hatten, heimlich Schulstunden abgehalten (Heckenschulen), freilich wohl auch die einheimischen Märchen erzählt.

Somit ist die Schwarzdornhecke ein natürliches Symbol, in dem sich Vorstellungen alter Vegetationsmythen mit Feenglauben und der Tradition eines sich im Untergrund behaupteten irischen Kulturbewußtsein überblenden.

Genau dies aber hat Richard Dadd (1817–1886) in seinem phantastischen Gemälde »Das Meisterstück des Zauberlehrlings« (manchmal auch »Das Glück des Zauberwaldes«) intuitiv zwingend ins Bild gesetzt.

2. Sammler und mündliche Erzähler

Den Gattungen Mythe, Märchen und Sage sind die meisten der mündlich überlieferten Geschichten, die in diesen Band aufgenommen wurden, zuzuordnen. Daneben aber tauchen andere Gattungen auf, für die der Begriff »Volkserzählung« zutreffend erscheint.

Carleton beispielsweise hat für die Aufzeichnung mündlich erzählter Geschichten die Form der novellenhaften Erzählung gewählt. Ähnliches trifft für William Butler Yeats' Texte in »The Celtic Twilight« zu.

Das aufeinanderbezogene Paar des mündlichen Erzählers und des Sammlers steht am Anfang der Begegnung zwischen mündlich überlieferter und geschriebener bzw. gedruckter Literatur. Als das Interesse an Märchen und Sagen zu Beginn des 19. Jahrhunderts in Irland beginnt, ist es für lange Zeit vor allem der Sammler und Herausgeber, der mit seiner Tätigkeit literarischen Ruhm erntet. Er hat die Strapazen einer Reise in abgelegene Gegenden auf sich genommen, er hat dort die Geschichten dem »einfachen Mann« oder der »einfachen Frau« abverlangt. Er hat ihnen eine für ein literarisch versiertes Publikum akzeptierbare Form gegeben. Die Geschichte verbindet sich so mit seiner Person. Daß sein Buch ohne jene »Quellen«, die mündlichen Erzähler, nie zustandegekommen wäre, wird dabei leicht vergessen.

Da ja Märchen und Sagen zu Anfang des 19. Jahrhunderts noch weitgehend als »abergläubisches Zeug« abgetan wurden, ist es der vom jeweiligen Herausgeber gewählte, an der Zeitmode orientierte literarische Stil, der solche Absonderlichkeiten salonfähig machte. Daß dabei die »Urfassung« von ihm verändert wurde, galt als selbstverständlich und wurde zunächst eher als Vorteil empfunden.

Seit Ende des 19., Anfang des 20. Jahrhunderts entstanden in Irland zwei sich kontrovers gegenüberstehende Haltungen zu diesem volkskundlichen Material.

Die eine Gruppe bildeten die belletristischen Autoren, die in Mythen, Märchen und Sagen Anregung für das eigene künstlerische Werk – einen »Vorwurf« fanden (Yeats). Sie paraphrasieren die vom mündlichen Erzähler überlieferten Geschichten und fassen sie in Romanen (James Stephens), Balladen oder Theaterstücken neu (Synge, Yeats, Lady Gregory).
Eine andere Gruppe (Douglas Hyde) verlangt strikte Genauigkeit bei der Übertragung mündlicher Texte ins Schriftliche. Sie sieht in dem Material, das die Feldforscher sichern und festhalten, »Rohstoff« für die wissenschaftliche Untersuchung in Erzählforschung, Volkskunde und Soziologie. Durch diese wissenschaftlich orientierte Richtung fällt nun auch in immer stärkeren Maße Licht auf die einzelnen mündlichen Erzähler, ihre Eigenheiten, Vorlieben und Abneigungen, den Umfang ihres Repertoires, ihr soziales Umfeld.
Der mündliche Erzähler versteht sich selbst nicht als Urheber im Sinn der Autorenschaft in der geschriebenen bzw. gedruckten Literatur. Hin und wieder sprechen dies die mündlichen Erzähler gegenüber den Sammlern ganz offen aus. Der mündliche Erzähler will Vermittler von Generation zu Generation sein. Er hält etwas lebendig, das älter ist als er. Er setzt eine Tradition fort.
Er bezeugt, indem er sich einen bestimmten Stoff aussucht, ihn erzählt und diesem durch seine Stimme auch persönliche Empfindungen mitgibt, dessen intuitiv erkannte existentielle Bedeutung. Der mündliche Erzähler ist, was den Kanon der von der Gesellschaft sanktionierten Bildungsgüter angeht, ausgesprochen unwissend.
Dafür aber verfügt er über anderes Wissen. Man könnte es ontologisch in dem Sinn nennen, daß dem mündlichen Erzähler reale und imaginäre Erfahrungen zur Einsicht in das Wesen der Dinge und Grundsituationen des menschlichen Lebens verholfen haben, die sich in seinem individuellen Stil ausdrücken. Für ihn bleibt Platz zwischen den sogenannten »runs«, den formelhaften Versatzstücken, die sich bei Märchen und Heldensagen

zumeist nicht verändern. Sie sind nicht zuletzt dazu da, um dem Erzähler die Möglichkeit zu geben, sich von dem emotionalen Engagement in den »freien Passagen« zu erholen.

Der mündliche Erzähler ist in einer ähnlichen Situation wie ein Musikvirtuose. Wie dieser »spielt« er etwas, das meist nicht von ihm erdacht worden ist, aber im Rahmen des Werks bieten sich ihm Interpretationsmöglichkeiten.

Im Unterschied zum Schriftsteller der gedruckten Literatur, der sich für die Verbreitung seines Werkes eines von wirtschaftlichen Gesetzen bestimmten Marktes bedienen muß, der erlebt, wie seine Erzählung, sein Roman, sein Gedicht zur Ware werden, erzählt der mündliche Erzähler ... ja, warum und für wen? Er erzählt zumeist für die Nachbarn, zur Unterhaltung, zur Befriedigung eines dem Menschen innewohnenden Bedürfnisses nach Geschichten, aber er erzählt *nicht* für Geld oder für eine andere Art von Honorar. Das Vergnügen seiner Zuhörer, ihre Anteilnahme, sind ihm Lohn genug. Er erzählt in direktem Blickkontakt mit seinem Publikum. Er sieht, spürt sofort, welche seiner Geschichten besser oder schlechter ankommen. Er kann direkt – vielleicht noch im Erzählen der entsprechenden Geschichte – seinen Erzählstil und das Erzähltempo verändern.

Der Prozeß der Verlagerung des Interesses vom Sammler und Herausgeber zurück zum mündlichen Erzähler und seinem Umfeld in der Zeitspanne zwischen dem Anfang des 19. und dem Beginn des 20. Jahrhunderts ist auch Gegenstand dieses Buches.

Der Herausgeber hat aus dem meist sehr umfangreichen Repertoire der einzelnen Sammler und Erzähler *auch* unter dem Gesichtspunkt des Lesespaßes ausgewählt. Auch, aber nicht nur. Es ging ihm darum, mit den jeweiligen Geschichten die Eigenart des individuellen mündlichen Erzählers zu charakterisieren.

Nicht selten begrüßen sich Freunde und Bekannte in Irland mit dem Satz: »An bhfuil aon sceal nua agat?« (»Kennst du eine neue Geschichte?«)

Die Freude an der guten Geschichte ist bei den mündlichen Erzählern Irlands aller Zeiten zumeist der wichtigste Antrieb beim Erzählen gewesen. Erst daneben und dahinter sind andere Absichten hin und wieder *auch* wichtig geworden: Propaganda für eine Familie und ihre Ruhmestaten, Wissensvermittlung, Hoffnungsvermittlung, soziale Kritik. Die Lust am Erzählen, Erzählen als Ausdruck von Lebendigkeit, Erzählen als eine Notwendigkeit für den Menschen wie Schlafen, Essen, Trinken ... Samuel Becketts Bemerkung kommt einem in den Sinn: Er habe nur dreierlei Gewißheiten über sich, nämlich geboren zu sein, sterben zu müssen und nie den Mund halten zu können. Trotz seines beträchtlichen Umfangs gibt dieser Band nur Kostproben der mündlichen Erzähltradition Irlands im 19. und 20. Jahrhundert – nicht mehr! Wäre Vollständigkeit angestrebt worden, allein was die Sammler und Erzähler angeht, hätte man Irlands unerschöpflichem Reichtum an mündlich erzählten Stoffen widerspiegeln wollen, zwei bis drei Bände vom Umfang des vorliegenden hätten nicht hingereicht. Um nur drei wichtige Sammler und Erzähler zu erwähnen, die in diesem Band fehlen und deren Abwesenheit auch der Herausgeber bedauert: Lady Wilde mit ihren »Ancient Legends of Ireland«, Seumas Mac Manus mit seinen »Donegal Fairy Stories« und schließlich das längste je in Irland aufgezeichnete Märchen »Eochair Mac Rí in Éirinn« (Eochair, ein Königssohn in Irland) von dem mündlichen Erzähler Éamon a Búrc, herausgegeben von Kevin O'Nolan.

3. Märchengeographie

»Es ist begreiflich, daß sich unter den Menschen, die in den sogenannten keltischen Randgebieten lebten, fern von den großen städtischen Zentren und Industriegebieten (Ausnahmen wären die Gegend der Kohlengruben von Süd-Wales und die Umgebung von Belfast) Volksüberlieferung mit großer Beständigkeit erhalten hat. In solchen Gebieten, in denen die städtischen Formen von Unterhaltung nicht bestehen, Landwirtschaft nicht vorwiegend nach wissenschaftlichen Erkenntnissen betrieben wird, sind Bildungsgüter schwer zugänglich und Bücher selten. Hier behielten die Menschen zwangsläufig ihre alten jahreszeitlichen Feste bei, erklärten die Naturerscheinungen wie ihre Vorfahren vor Tausenden von Jahren, erzählten weiter die zeitlosen Geschichten und lebten und starben mit einem Glauben, in dem sich Relikte des Heidentums mit christlichen Vorstellungen mischten ...«

Diese Feststellung, die Roger S. Loomis im »Standard Dictionary of Folklore Mythology and Legend« aus dem Jahre 1972 trifft, bedarf insofern einer Korrektur, als inzwischen städtische Lebensformen und die Massenmedien auch in diese »Reservate« eingedrungen sind. Dennoch werden durch das voranstehende Zitat die sozio-geographischen Voraussetzungen dafür beschrieben, warum sich gerade in diesen Regionen Märchen so lange lebendig erhielten und Volkserzählungen in so großer Zahl und Vielfalt bis in unsere Tage überliefert worden sind.

In den letzten Jahren sind das Department of Folklore und das Audio Visual Centre des University College in Dublin daran gegangen, die letzten heute noch im irischen Westen lebenden mündlichen Erzähler in Ton und Bild aufzuzeichnen. Im Sommer 1985 sind bei diesem Projekt, das mit Zuschüssen der »Europäischen Gemeinschaft« finanziert wurde, in Donegal, Mayo, Clare, Connemara und Kerry auf Video-Kassetten von über 30 Erzählern und sean-nos-Sängern (Sänger im alten Stil) Videofilme aufgenommen worden. Zur Situation der Volkskunst in den

Gebieten der Gaeltacht heute erklärt Michael Foley, der Direktor des Audio Visual Centre am University College in Dublin: »Die Technologie ist im Begriff, die ländliche Kultur und insbesondere die Volksüberlieferung auszulöschen, vor allem durch das Eindringen des Fernsehens. Das ist eine Tatsache, und freilich ist das traurig. Wir können aber die Uhr nicht zurückdrehen. Technologie ist heute nun einmal ein Bestandteil des täglichen Lebens. So war es zwingend, daß wir diese Geschichten in der mündlichen Wiedergabe der Geschichtenerzähler aufgezeichnet haben. Vielleicht werden die Menschen in der Zukunft sehr daran interessiert sein, diese Geschichten erzählen zu lernen, und Video ist dazu das ideale Medium, weil es völlig der Kontrolle durch den Betrachter unterliegt. Die Geschichten können damit genau so wiedergegeben werden wie sie erzählt worden sind, mit allen Gesten, Modulationen und dem besonderen Akzent des Irischen. Video ist die logische Fortsetzung der Technik von Sammlern der früheren Generationen.«

Und was sagte der mündliche Erzähler zu all dem? Es ist der 88jährige Pádraig ÓNia von der Fdhinis-Insel in der Connemara Gaeltacht, den wir dazu hören. Seit 1984 ist die kleine Insel, auf der er ursprünglich wohnte, menschenleer. Pádraig und seine Schwester sind schon 1963 zum Festland herübergekommen. Im Sommer 1985 hat sich seine gute Stube in ein improvisiertes Fernsehstudio verwandelt, und er erzählt vor Mikrophon und Kamera das Märchen vom Grafen Connors von Limerick und dessen Sohn Jack.

Als er fertig ist, wird er gefragt, was er von all den technischen Apparaten um sich halte.

»Oh«, sagt er, »das ist schon eine großartige Sache, aber es braucht viel Geschicklichkeit, um all die Geräte auch richtig zu bedienen.«

Dabei lacht er in sich hinein wie ein Lepracaun. Man kann sich vorstellen, daß er nur nicht unhöflich sein will gegenüber den verrückten Fremden, aber sich selbst der Vorzüge der alten Ein-Mann-Show bewußt bleibt.

4. Die Wurzeln der gälischen Erzähltradition

Häufig wird man gefragt, warum denn gerade in keltischen Ländern mündliches Erzählen sich solange erhalten hat. Die Frage wurde zumeist beantwortet mit dem Hinweis auf die besondere geographische Situation. Eine Antwort aus der Geschichte rückt andere Aspekte ins Bild, enthüllt als Eigenart des Keltischen die lange Tradition einer mündlichen Kulturvermittlung.

Julius Caesar (100 bis 66 v. Chr.) beschreibt im »Bellum Gallicum« (VI, 13–14) das keltische Gallien als eine Art Dreiklassenstaat. Den »plebes«, den gewöhnlichen Leuten, den Sklaven, die keinen Anteil an den Entscheidungen bei Staatsgeschäften hatten, standen zwei Gruppen von Adligen gegenüber: die »druides« und die »equites«. Caesar berichtet, daß die Druiden, die für die spirituell-metaphysischen Belange zuständige Kaste, nicht am Krieg teilnahm und keine Steuern zahlte, »und daß unter der Vorstellung vom leichten Leben sich viele von diesem Beruf angezogen fühlten. Aber«, so heißt es dann, »die Druiden müssen eine große Anzahl von Versen auswendig können. Entsprechend zieht sich bei manchen von ihnen das Studium über zwanzig Jahre hin. Und sie erachten es als nicht richtig, ihre Lehren aufzuschreiben, obwohl sie mehr oder weniger die griechische Schrift benutzen, wenn sie private oder öffentliche Aufzeichnungen machen.«

Zwischen 200 vor und etwa 50 nach Chr. wandern keltische Stämme vom europäischen Festland nach Irland ein. Bis zum 5. Jahrhundert ist Irland völlig keltisch geworden. Ab 431 (Palladius) beginnt die Christianisierung.

Nach der keltischen Invasion entsprachen den »equites« in Gallien die Kleinkönige in Irland, den »plebes« das gewöhnliche Volk oder die Gruppe der Pachtbauern.

Die gallo-keltische Kaste der Druiden überlebte in Irland als »dragoi, draiocht, als »Zauberer«. Aus dieser Kaste wiederum gingen auch die Dichter (fili oder bard) hervor.

Das Wort »bard« ist identisch in Gallien, Irland und Wales. Es bezeichnet zunächst »einen gelehrten Mann, dessen Aufgabe es ist, die Großen der Welt zu preisen«.

Die ursprüngliche Funktion eines »Dichters« bestand also im Verfassen von Lobreden und Preisliedern auf die Prinzen und Könige. Daran änderte sich nicht viel zwischen der ersten keltischen (goidelischen) Invasion und der Landflucht des irischen Adels nach dem Vertrag von Limerick (1691). Das Wort »fili« entspricht sinngemäß fast genau dem deutschen Wort »Dichter«. Es leitete sich etymologisch von »Seher« (kymrisch »gwelet« d. h. sehen und vom Lateinischen »vates«) her.

Ein fili verstand sich auf »Zauber«. Ursprünglich wurden die Bezeichnungen »Druide«, »Barde« und »fili« für Männer benutzt, die übernatürliches Wissen hatten und von daher den Verlauf der Ereignisse voraussagen konnten.

Sobald die Kirche zur Institution wurde, bestritt sie dem fili die Funktion des Vermittlers zwischen Diesseits und Jenseits.

Hingegen verfügte der fili weiter über eine andere, übernatürlich erscheinende Macht, nämlich die, mit Wortmagie jemandem physischen oder psychischen Schaden zuzufügen.

In frühen irischen Gesetzessammlungen sind Strafen bei Mißbrauch solcher Macht erwähnt.

Hinter all dem steht die Vorstellung, daß das Wissen um das Wesen einer Sache oder einer Person und die Kenntnis der sie genau bezeichnenden Worte, Macht über sie verleihe. Eben diese Macht wird als »Zauber« aufgefaßt.

Nach dem Verlust seiner religiös-metaphysischen Funktion wird der fili auf seine diesseitigen, seine sozialen Aufgaben beschränkt. Er hat nun die Familie seines Herren und deren Taten zu rühmen.

Die Kirche assimilierte aber auch Teile der alten mündlichen Überlieferungen. Sie gingen nun in das »Buchwissen« mit ein. Am Ende der Periode finden wir fili auch unter den in den Klöstern schreibenden Mönchen. Gerade dieser Entwicklung verdanken wir unsere Kenntnis vorkeltischer und frühkeltischer

Stoffe. Sie werden überall dort, wo zwischen Evangelien, christlichen Gebeten und Psalmen noch Platz ist, in den Evangeliaren mit festgehalten.
Wird nun bis jetzt mündlich Überliefertes auf diese Weise »festgeschrieben«, so lebt es aber unabhängig davon auch noch im Volksmund weiter. So kommt es, daß wir eine Fianna-Geschichte in einer ersten Niederschrift aus dem 12. Jahrhundert haben, und daß eine Geschichte mit derselben Handlung, freilich in Einzelheiten manchmal etwas verändert, bei den ländlichen Geschichtenerzählern von den Sammlern im 19. Jahrhundert aufgezeichnet worden ist.
Es hat neben dem fili, dem magisch versierten, akademisch ausgebildeten, laudatorisch-propagandistisch wirkenden Dichter, immer auch noch den »fahrenden Sänger« gegeben, jene Dichter, die sich nicht an klassische Versmaße hielten, die ihre Geschichte gegen den Strich bürsteten, die mit der mündlichen Überlieferung im lebendigen Kontakt standen und durch ihr Singen und Erzählen auch dafür sorgten, daß diese im Volk weiterlebte. Ursprünglich handelte es sich dabei wohl um unfreie Barden, d. h. um solche, die ihre Ausbildung an einer Dichterakademie nicht beendet hatten.
Langsam scheint sich ein Gegentyp zum Hofdichter herausgebildet zu haben: Männer, die frech und aufsässig, subversiv und satirisch erzählten. Der Begriff »Spielmänner« (minstrels) ist für sie manchmal gebraucht worden. Irreführend ist die Übersetzung »Minnesänger«, die wohl dadurch entstand, daß später in Wales solche Erzähler im Minnesang berühmt gewordene und literarisch weiter ausgearbeitete Stoffe erzählten. Die passendere Bezeichnung für sie scheint »Spielleute« oder »wandernde Sänger« zu sein.

5. Unter dem Strohdach und hinter der Schwarzdornhecke

Von früher Zeit an bis zum Anfang des 17. Jahrhunderts gab es in Irland stets dies: Die bardische Schule, gelegen in einem stillen Tal, an einem abgelegenen, ruhigen Ort. Eine solche Schule bildete sich um einen Meisterdichter, der fili eines Provinzkönigs oder eines irischen Adligen war.

In diese Schule kamen die Studenten im Herbst von weit her. Sie brachten ihren lokalen Dialekt mit, den sie langsam zugunsten der Literatursprache ablegten. Ihr Lehrer und Meister pflegte häufig seinen Mäzen bei Besuchen anderer Adliger zu begleiten. Auf eine solche Reise zog jeweils die Schar der Studenten und Adepten mit. An dem anderen Fürstenhof traf man Kollegen, debattierte und rivalisierte mit ihnen.

Die Bardenschulen pflegten geschriebene und rezitierte Literatur. Formale Prinzipien waren wichtig. Was hier entstand, war eine akademische Dichtung. Dennoch blieb die Rhetorik geschätzt, doch nun praktiziert nach strengen Regeln.

Nach der Flucht der Earls, des irisch-katholischen Adels, dem »Flug der Wildgänse« (1601: Niederlage der katholischen Iren bei Kinsale. 1607: der irische Adel geht außer Landes. 1608: Beginn der »Plantations«, der protestantischen Ansiedlungen in Ulster) lebte diese Tradition noch etwa für fünfzig Jahre in den Großen Häusern von gälischen Landherren und literarisch interessierten englischen Grundbesitzern weiter fort. Dann entstand etwas Neues.

Das Mäzenatentum wurde immer seltener. Einen ständig von seinem Herrn bezahlten fili gab es nun nicht mehr. Der Dichter-Professor mußte einen neuen Beruf lernen, wenn er überleben wollte.

Die alten Schulen wurden mit der Zeit immer weniger Pflegestätten für Dichtung. Im zunehmendem Maße wurden an ihnen nun – sofern sie fortbestanden – Geisteswissenschaften gelehrt. Allerdings entwickelte sich dann auch unabhängig von ihnen eine neue Form des Dichtertreffens. Für diese Zusammenkünfte wurde das Wort ›cúirt‹ (Hof, Gericht) gebräuchlich. Der Titel des berühmten irischen Gedichts aus dem 18. Jahrhundert, »Das Mitternachtsgericht«, ist in diesem Zusammenhang zu sehen. In ihm halten die Feen Gericht über die Männerwelt Irlands. Den Herren der Schöpfung wird unter anderem vorgeworfen, zu spät zu heiraten. Daneben aber ist dieses Gedicht ein Sittenspiegel des ländlichen Irland auf der Schwelle zum 18. Jahrhundert. Gerade das »Mitternachtsgericht« macht die Vereinigung zweier literarischer Traditionsstränge sichtbar. Die Thematik, die drastische Ausdrucksweise, die Erzählmotive stammen aus der Vorstellungswelt der mündlichen Erzähler; die Form verrät die Tradition der Bardenschulen, auch wenn der Verfasser Brian Merriman höchstwahrscheinlich nie eine solche besucht hat. Die Vorstellung, als Richter zu fungieren, zum rechten »Setzen« der bedrohten, ja verbotenen Muttersprache beizutragen, spielte bei den »Dichter-Höfen« eine entscheidende Rolle. Der präsidierende Poet wird als »Sheriff«, manchmal auch als »High Sheriff« bezeichnet. Auf seinen Aufruf hin finden sich die Kollegen zusammen. Ein solcher Sheriff, so hat man sich vorzustellen, verdiente seinen Lebensunterhalt durch das Pflügen seines eigenen oder eines fremden Ackers, als Lehrer oder Gastwirt.

Das Absinken der literarischen Kultur in Irland war eine indirekte Folge der Konfiszierung der Güter des irischen Adels durch die Engländer.

Mythen, Heldensagen, Märchen, die im Mittelalter in den Burgen und Großen Häusern von Kleinkönigen und Adligen erzählt wurden, hört man seit dem 17. Jahrhundert in der weißgetünchten Hütte des Pachtbauern. Heckenschulmeister, also Lehrer, die hinter den Hecken mündlich weitergeben, was sie in Büchern gelesen haben, die die verbotene irische Sprache vermitteln, tragen zum Prestige des mündlichen Erzählens bei, das nun subversiven Charakter hat, richtet es sich doch gegen die britische Kolonial- bzw. Besatzungsmacht, und mit ihm erhält sich die kulturelle Identität Irlands lebendig.

6. Rückverwandlung von Literatur in mündliche Überlieferung

Der Prozeß der Rückverwandlung von gedruckter zu wiederum mündlich tradierter Literatur, uns vertraut von den Mädchen und Frauen, die den Grimms erzählten, läßt sich auch in Irland feststellen.

Kevin Danaher ist Mitglied der »Irish Folklore Commission«. Er hat Geschichten im County Limerick im Kirchspiel Athea gesammelt, einige davon in der eigenen Familie. Von seinen Erfahrungen dabei berichtet er: »Als Kind hatte mein Vater einige Jahre bei seiner Großmutter, der Witwe eines Bauern, gewohnt. Ihr Mädchenname war Mary Culhane, Tochter des Thomas Culhane aus Roddlestown, eines wohlhabenden Bauern. Sie war 1798 geboren und hatte eine weit bessere Schulbildung als die meisten Mädchen auf dem Land, da sie eine Schule für höhere Töchter in Rathkeale besucht hatte. Sie sprach sowohl Englisch wie Irisch fließend und konnte sehr rasch von einer Sprache in die andere übersetzen. Sie war in der Lage, ein Buch oder eine Zeitung in Englisch zur Hand zu nehmen und die Übersetzung ins Irische ohne Stocken herunterzulesen. Mein Vater erinnert sich an diese Begabung. ›Während meines letzten Jahres in Ballyallian brachte meine Großmutter aus Rathkeale ein Bündel Zeitungen mit, darunter auch eine Nummer der Illustrated London News, in der sich, geschmückt mit vielen Abbildungen, ein genauer Bericht über die ›Unbesiegbaren‹ und ihre Taten fand (gemeint ist eine gegen die englische Besatzungsmacht operierende irische Widerstandsgruppe). Einer von ihnen – Joe Brady – war in der Gegend bekannt, hatte er doch als Steinmetz 1871 an der Kirche von Rathkeale gearbeitet. Nun, ich erinnere mich noch genau, wie ich auf Zehenspitzen zwischen zwei alten Frauen stehe, meine Großmutter die Geschichte in lebhaftem Irisch nacherzählt, während gleichzeitig die Bilder an uns vorbeiziehen. In späteren Jahren als Lehrer dachte ich noch oft an jene Bildlektion.‹

Ich bin ganz sicher, daß meine Urgroßmutter ihre Begabung zu raschem Übersetzen auch dazu nutzte, um ihren Vorrat an überlieferten Geschichten auch aus *schriftlichen* Quellen aufzufüllen. Die Versionen ihrer Geschichten sind in Nacherzählungen meines Vaters auf mich gekommen. Im Jahre 1883, als er neun Jahre alt war und bei seiner Großmutter lebte, erschien wöchentlich eine Zeitschrift ›Irish Fireside‹, die für einen Penny die Nummer verkauft wurde. In den ersten Ausgaben dieser Zeitschrift (Juli bis November 1883) waren unter der Rubrik ›Irish Folk Lore‹ immer eine Anzahl von Märchen zu finden. Die Ähnlichkeit zwischen diesen Teilen und den Märchen der alten Dame, die in Irisch erzählte, ist nur zu offensichtlich. Man muß also davon ausgehen, daß, als sie die gedruckte Version für ihre Zuhörer ins Irische übersetzte, diese wieder zur mündlichen Überlieferung wurde. Mein Vater hat die tatsächliche Herkunft dieses Märchens nie ausdrücklich erwähnt.«

7. Begegnung

Séamus ÓDuilearga (Delargy) haben wir schon als Sammler des mündlichen Erzählers Seán ÓConaill aus Iveragh kennengelernt. Im folgenden beschreibt ÓDuilearga, wie sich zwischen 1920 und 1930 eine Begegnung von Sammler und Erzähler und das Geschichtenerzählen selbst abspielte. Ort des Geschehens ist Cillrialaig im Kirchspiel Prior in der Südwestecke des Baronats Iveragh im County Kerry, 14 Meilen von Cahersiveen:
»Auf dem Küchenherd brannte ein Torffeuer und auf der anderen Seite des Feuers war ein kleiner Sitzplatz aus Stein, von dem aus man den rußbedeckten Kamin hinaufschauen konnte und oben die funkelnden Sterne sah. Rechts von dem Feuer stand ein blankgefegter Holztisch, und in der Ecke lag ein Sack Salz zum Einsalzen der Fische. Auf diesem Sack pflegte ich zu sitzen und rückte den Tisch vor mich. So schrieb ich nach dem Diktat

meines Freundes 200 Prosatexte auf. Ehe ich anfing, pflegte ich Seán und seiner alten Frau dabei zu helfen, im Haus aufzuräumen. Ich kehrte den Fußboden, bestreute ihn mit frischem Sand, brachte einen Armvoll Torf herein und zündete die Öllampe an. Meine Aufgabe war es auch, die Hennen hinauszuscheuchen, die über die Halbtür hereinkamen. Von der Türschwelle aus sah man hinunter auf das Meer, und das ferne Brüllen der Brandung drang in die Küche und war der immer gegenwärtige Hintergrund der Märchen.
Während ich nach Seáns Diktat schrieb, kamen die Nachbarn herein, einer nach dem anderen, manchmal auch in kleinen Gruppen. Sie hörten schweigend zu, bis das letzte Wort der Geschichte geschrieben war. Dann nahm der alte Geschichtenerzähler ein glimmendes Stück Holz vom Feuer und preßte es mit seinem verhornten Daumen auf den Tabak in seiner Pfeife. Er lehnte sich in seinem Stuhl mit der Sitzfläche aus Stroh zurück und nahm die Gratulation der Zuhörer entgegen, die, obgleich sie bestimmt die Geschichte nicht zum ersten Mal hörten, wieder Freude an ihr fanden. Ihr Beifall ging über in Gespräche, in denen die Ereignisse im Dorf erörtert wurden. Dann, nach einer Weile, bat jemand den ›Mann des Hauses‹, doch noch eine Geschichte zu erzählen. Für eine Stunde oder länger wurden wir alle durch das Wunder der Geschichte in ein Land versetzt, in dem alle Träume wahr werden. Schweigend hörten die Nachbarn zu, brachen aber in herzhaftes Lachen aus, wenn es der Schurke heimgezahlt bekam. Manchmal drückten sie auch Zustimmung aus zum Mut des Helden der Geschichte, wenn er gegen schreckliche Widrigkeiten, siebenköpfige Riesen oder Seeungeheuer zu kämpfen hatte oder sie reihten sich ein in die Armee des Königs der Östlichen Welt.«

ANMERKUNGEN UND QUELLEN-ANGABEN

S. 12: »Die Folklore Irlands …«

Ich habe meine Auswahl und Darstellung bewußt auf Irland beschränkt.

Eine Ausweitung des Themas auf Schottland, Wales, England, die Bretagne und womöglich noch auf Norwegen und die Inseln im Nordatlantik hätte die Zahl der Geschichten nahezu ins Unendliche ausgeweitet und durch die Notwendigkeit, auf regionale Besonderheiten eingehen zu müssen, den Rahmen eines Bandes von noch handlichem Umfang gesprengt.

Es läßt sich sagen, daß die irisch-gälische Vorstellung von der Anderswelt gewissermaßen als pars pro toto für im Kern ähnliche, sich im Detail variierende Vorstellungen Traditionen in Wales, Schottland, England und der Bretagne gelten kann.

Vergleiche zwischen der Folklore und Mythologie Irlands und der jener Regionen habe ich im Text hin und wieder gezogen.

S. 12: »Otherworld, übersetzt: Anderswelt …«

Die entsprechenden keltischen Bezeichnungen sind: »Mag Mell« = »herrliche Ebene«, »Tir na nOg« = »Land der Jugend«, »Tir Tairngire« = »Land des Versprechens«. In der isländischen und norwegischen Mythologie und Folklore kommen ähnliche Bezeichnungen vor, nämlich »Odainsakr« = »Feld der Nichttoten« und »Land lifanda manna« = »Land der (ewig-)lebenden Wesen«.

Die Einwohner dieses Landes waren die Feen. Über die Lage von Tir na nOg sind die Angaben märchenhaft, blumig ungenau.

Häufig scheint man angenommen zu haben, daß es am Westrand des Atlantik liege.

Dies mag wiederum damit zusammenhängen, daß dies der Ort des Sonnenuntergangs ist, der mit dem Totenreich in Verbindung gebracht wird.

Eine Spielart der Anderswelt ist O'Brasil, ein Land, das alle sieben Jahre aus der azurnen See auftaucht.
Mit »Tir-fa-Thon« = »Land unter (hinter) den Wellen »verbindet sich die Vorstellung von einer Todesgöttin, deren langes Haar eine Welle ist.

S. 20: »... das ›Yellow Book of Lecan‹«
In ihm ist die Geschichte von Etain enthalten. Der Text war nicht vollständig überliefert, da in diesem Manuskript Seiten fehlten. In den vierziger Jahren unseres Jahrhunderts machte Dr. Best eine erstaunliche Entdeckung.
Bei der Durchsicht alter irischer Handschriften in der Philipps Collection in Cheltenham stieß er auf lose Pergamente, deren Schrift ihm vertraut vorkam. Es war der bis dahin vermißte Teil des »Yellow Book«. Auch diese Blätter befinden sich heute in der Nationalbibliothek in Dublin. Sie sind in Eriu XII publiziert worden.

S. 21: »Die Landung«
Für die Erzählung der Auseinandersetzung zwischen den Tuatha de Danaan und den Söhnen des Miled habe ich auf die Sammlung von Lady Gregory, God and Fighting Men, London 1904, zurückgegriffen. Sie nennt als wissenschaftliche Quellen: O'Curry, Manners and Customers of Ancient Irish; MSS. Materials; Atlantis: Du Jubainville, Cycle Mythologique; Atkinson, Book of Leinster; Annals of the Four Masters; Nennius, Hist. Brit.; Zimmer, Glossae Hibernacae; Whitley Stokes, Three Irish Glossaries; Revue Celtique and Irische Texte; Gaedelica; Nutt, Voyage of Bran; Proceedings Ossianic Society; O'Beirne Crowe, Amra Columcille; Dean of Lismore's Book, Windisch, Irische Texte; Hennessy and others in Revue Celtique; Kilkenny Archaeological Journal; Keatinge's History; Oyia; Curtin's Folk Tales; Proceedings Royal Irish Academy; MSS Series; Dr. Sigerson, Bards of Gael and Gall; Miscellanies, Celtic Society.

S. 22: »Teamhair«

Teamhair na Riogh ist das Tara der Könige. An der Straße von Dublin nach Navan liegen zwei Hügel. Auf der östlichen der beiden Erhebungen liegt eine mittelalterliche Kirche. Das ist der Hügel von Skreen. Der westliche Hügel, 155 Meter über dem Meeresspiegel, ist »das Tara der Könige«. Dieser Zusatz ist nötig, weil der Ortsname in Irland mehrfach auftaucht.

In frühen irischen Manuskripten wird Tara als Königssitz, Begräbnisstätte und Versammlungsort häufig erwähnt.

Angaben finden sich besonders in den Dinnshenchas, einer Sammlung von Legenden um irische Ortsnamen in Prosa und Versform, die in verschiedenen mittelalterlichen Manuskripten auftauchen, deren frühestes das Book of Leinster ist.

So soll sich der Name des Rath Gráinne von der Tochter des Cormac herleiten, der Heldin der großen Liebesgeschichte »Die Flucht von Diarmuid und Gráinne«.

Im Rath na Riogh, der Formen des normalen Ringforts zeigt, gibt es auch Überreste, die auf ein rechteckiges Haus (Teach Cormaic) hindeuten; nördlich davon liegt der sogenannte Grabhügel der Geiseln.

Im »Rath der Synoden« sollen der heilige Patrick, der heilige Brendan und der heilige Adamnán Kirchenversammlungen abgehalten haben.

Leider haben archäologisch unversierte Schatzsucher im vorigen Jahrhundert wichtige Strukturen stark beschädigt.

Grabungen, die zunächst ab 1957 von Prof. Séan P. O. Riordáin und nach dessen Tod von Ruaidhrí de Valera dort durchgeführt wurden, haben zu folgenden Ergebnissen geführt:

Frühestes Fundobjekt ist ein später verändertes Ganggrab aus der Zeit um 2000 v. Chr.

Am Grabhügel der Geiseln liegen etwa vierzig Begräbnisstätten der frühen Bronzezeit.

Weitere Funde stammen aus der Zeit zwischen dem ersten und dritten Jahrhundert n. Chr. Sie deuten darauf hin, daß ein Kontakt zu der Welt der Römer, wahrscheinlich hauptsächlich nach Britannien, aber auch zum Festland, nach Gallien, bestanden hat. Im einzelnen wurden ein römisches Siegel, ein Schloß und Glasstücke gefunden.
Hingegen gibt es keine archäologischen Hinweise auf die Synoden, nach denen der Platz seinen Namen hat. Immerhin bestätigte sich, daß es in Tara bis etwa zur Zeit der Einführung des Christentums in Irland (432–462 n. Chr.) größere Haushaltungen und Werkstätten gegeben hat, von denen sich Spuren des Eisenschmelzens und Emaillierens im Boden erhielten.
Obwohl das heutige Tara für den archäologisch ungeübten Besucher ein eher enttäuschendes Bild bietet, scheint sich sein Ruf und Ruhm, den die mythologischen Geschichten überliefern, zu bestätigen.
Die Fünfzahl war in der keltischen Tradition wichtig. Von daher spielte Tara als Ort in Meath (Mide = Mitte) der vier Provinzen Ulster, Leinster, Connacht und Munster als magischer Mittelpunkt des Landes eine besondere Rolle.
Tara war von daher auch Trutzburg gegenüber einer als unheimlich und bedrohlich empfundenen Anderswelt.
Das spiegelt sich in einem Brandub genannten Brettspiel, bei dem ein Königszeichen, das auf Tara steht, von vier Hilfszeichen umgeben wird.
Ein solches Spiel, das wahrscheinlich mit zweimal vier Zugfiguren auf einem Brett mit 49 Feldern gespielt wurde, konnte aus einer Seebehausung in Westmeath geborgen werden.
Um ein mittleres Viereck (Tara) liegen die Felder mit den Hauptorten der vier Provinzen. Das Königszeichen steht für den König von Irland. Seine vier Verteidiger sind die Gebietskönige der vier Provinzen, die von vier Feinden angegriffen werden.
Alwyn und Brinley Rees meinen, daß die Übereinstimmung

zwischen den fünf Invasionen Irlands und den fünf Provinzen, die im Lebor Gabála Erenn (Buch der Invasionen) zum ersten Mal genannt werden, wohl nicht zufällig ist. Fünf bezogen auf das Gebiet ergibt sich aus den vier Himmelsrichtungen + dem Zentrum. Den fünf Teilen wird ein Netz von Aufgaben und Eigenschaften zugeordnet, das so aussieht:

Westen *(Connacht)* Lernen, *Grundlagen, Lehren, Allianz, Richten, Chroniken, Ratschläge, Geschichten, Historie, Wissenschaft, Anmut, Beredtsamkeit, Schönheit, Bescheidenheit (wörtlich: Erröten), Beute, Fülle, Reichtum.*

Norden *(Ulster)* Schlacht, *Wortstreit, Härte, rauhe Plätze, Streitigkeiten, Hochmut, Unergiebigkeit, Stolz, Gefangenschaften, Überfälle, Härte, Kriege, Konflikte.*

Osten *(Leinster)* Wohlstand, *Vorräte, Bienenkörbe, Wettbewerbe, Turniere, Haushälter, Edle, Wunder, gute Sitten, gute Manieren, Glanz, Überfluß, Würde, Stärke, Reichtum, viele Künste, Ausrüstung, viele Schätze, edle Stoffe, grün gemusterter Stoff, Gastfreundschaft.*

Süden *(Munster)* Musik, *Wasserfälle, Jahrmärkte, Edel, Plünderer, Weisheit, Subtilität, Musikantentum, Melodie, Sänger und fahrende Dichter, Ehre, Wissen, Lernen, Lehren, Kriegerschaft, fidchel-Spiel, Vehemenz, Wildheit, Poesie, Advokaten, Bescheidenheit, Code, Gefolge, Fruchtbarkeit.*

Zentrum *(Meath)* Königschaft, *Hofmeister, Würde, Primat, Stabilität, Establishment, Unterstützung, Zerstörung, Kriegerschaft, gute Wagenlenker, Soldaten, Fürstlichkeit, Hochkönig, Ollavenschaft (Sängerschaft), Met, Brote, Ruhm, Prosperität.*

Hier noch einige Angaben zu den verschiedenen metaphysischen Berufen der Kelten.

Druiden waren Schamanen (Seelenführer und Seelenheiler), Priester, Dichter, Philosophen, Ärzte, Richter und Propheten in einer Person.

Ihr Werdegang sah verschiedene Zwischenstufen vor. Zu den Studienfächern des Barden oder fili gehörten Poetik, Kompositionslehre, Rezitationskunst, Grammatik, Philosophie und Ogham-Kunde.
Ogham war nämlich nicht nur eine Schrift, sondern auch eine Art Geheimsprache, in der die verschiedenen Aspekte, Eigenschaften und Nutzungsmöglichkeiten von Bäumen in Versen gemerkt wurden.
Es gab 8 »Häuptlings«-Bäume (Birke, Erle, Weide, Eiche, Bergesche, Hasel, Apfel und Esche).
Sie bildeten die Anfangsbuchstaben des sogenannten Beth-Luis-Nion-Alphabets, das auch als Kalender benutzt werden konnte. Hinzu kamen acht Bauernbäume und acht Sträucher.
Nach einem siebenjährigen Studium in diesen Fächern wurde aus dem fili ein ollamh. Er mußte dann noch Kenntnisse in Genealogie und Rechtswesen erwerben und in der Lage sein, historische Ereignisse in eine poetische Form zu kleiden, ehe er zum Doktor der Rechte aufstieg. Erst dann war er würdig, Beschwörungen, Weissagenskunst und magische Praktiken näherkennenzulernen.

S. 24: »Sceilig Michill ...«
Es dürfte sich um Skellig Michael, eine 12,8 km von der Küste von Kerry entfernte, steil 210 m aus dem Meer aufragende Felseninsel handeln, auf deren Gipfel ein fast vollständig erhaltenes frühes Kloster liegt. (Sechs Bienenkorbhütten, roh behauene Kreuze und Grabsteine.) Die Anlage stammt wahrscheinlich aus dem 7. Jahrhundert. In Irland hat sich die Vorstellung erhalten, daß sich in mondhellen Nächten die Seelen der Toten, die in das Land der Jugend unterwegs sind, über dem Felsen zeigen.
Auf vorchristliche Vorstellungen scheint auch der Brauch zurückzugehen, zu ähnlichen der Küste vorgelagerten Felseninsel Pilgerfahrten zu unternehmen und unter ungeheue-

ren Anstrengungen bis zum Adlernest, hoch über dem Ozean, aufzusteigen. Oben mußte sich der Pilger zudem rittlings auf einen überhängenden Felssteg setzen und ein Kreuz küssen, das jemand irgendwann zuvor in den Fels gehauen hatte. Eine solche Pilgerfahrt zu Lebzeiten ersparte der Seele nach dem Tod das Fegefeuer.

S. 25: »Ich bin der Wind auf der See...«
Ein ganz ähnlicher Vers findet sich im indischen Bhagavad Gita. Dort erklärt sich Sri Krischna als »die göttliche Saat, ohne die nichts, sei es belebt oder unbelebt, existiert«.
Amairgen tritt hier als eine Art kosmischer Gaukler auf. Durch ihn erhalten die Dinge erst ihre Wesensart. Der Sinn des Verses ist ganz eindeutig die Proklamation eines neuen Zeitalters.

S. 26: »Eriu, Fodhla und Bamba...«
die alte Triade gallischer Gottheiten, die dreigesichtige Muttergöttin überhaupt, hier aber wohl auch Kriegsgöttinnen.

S. 28: »Sohn des Dagda...«
Der Dagda wörtlich »guter Gott«, war auch unter der Bezeichnung der Große Vater bekannt. Seine Attribute sind die Keule und der Kessel. Letzterer ist ein Attribut der keltischen Anderswelt. »Von diesem Kessel ging keiner ungesättigt fort«.
Schon hier wird klar, wie die Anderswelt mit der Aufhebung eines Mangels (Hunger) oder der Angst vor einem Mangel zusammenhängt.
Der Dagda vermochte das Wetter und die Ernten zu regeln. Er ist eine jener Männergottheiten, die die weibliche Muttergottheit mit diesen Eigenschaften abgelöst hatten.
Mit seiner Keule kann er Lebende töten und Tote wiederbeleben. Er zieht sie hinter sich drein und zeichnet so die Grenzen zwischen zwei Provinzen.

Das korrespondiert mit Thors Hammer und dem Donnerkeil des Gewittergottes Indra.
Eine Verbindung besteht auch zu Sucellus, dem »guten Schläger« der Gallier.
Gewisse Legenden lassen erkennen, daß hinter dem Bild des Dagda das der Weißen Göttin steht. Während eines Krieges mit den Fomoriern wird der Dagda von Lugh, dem Merkur unter den keltisch-irischen Göttern, als Spitzel und um eine Schlacht hinauszuschieben in das Lager des Feindes geschickt.
Die Fomorier schließen mit ihm einen Waffenstillstand und bereiten für ihn eine gewaltige Portion Haferbrei. Dies um ihn zu verspotten, denn seine Vorliebe für Haferbrei war sprichwörtlich. Sie füllen den Kessel des Königs mit acht Maß Milch, ebensoviel Mehl und Fett, fügen dann Ziegenfleisch und Schaffleisch sowie Wein hinzu.
Dieses Gemisch wird gekocht und in ein Loch im Boden geschüttet. (Karikatur des Kessels des Überflusses).
Dann befiehlt man dem Dagda, alles aufzuessen. Andernfalls soll er erschlagen werden.
Er nimmt einen Löffel, der so groß ist, daß ein Mann und eine Frau darin hätten miteinander schlafen können. Als das Loch leer ist, streckt er sich auf dessen Boden aus und schläft ein. Es folgt eine groteske Beschreibung über sein Liebesspiel mit einer der Töchter des Landes, die ihm am Ende befriedigt verspricht, ihre Zauberkünste gegen ihr eigenes Volk einzusetzen.
Das erinnert an eine andere Episode, bei der der Dagda zu Samain (1. November) ein Stelldichein mit einer Frau hat. Er findet sie breitbeinig im Fluß Unius in Connacht stehen und Wäsche waschen, schläft mit ihr, und sie verspricht ihm dafür ihren Beistand in einer bevorstehenden Schlacht. Es ist klar, daß die Joycesche Anna-Livia-Plurabelle-Episode in »Finnegans Wake« hier ihr Vorbild hat. Bei der Frau handelt es sich um Morrigan, die Kriegsgöttin, die Furie der Schlachten.

S. 31: »Apfelbäume ...«

Zweige von Apfelbäumen spielen als Insignien der Anderswelt und des Wunders häufig eine Rolle.

Sie bedeuteten Fruchtbarkeit, Unsterblichkeit. Schon in der griechischen Mythologie muß Herakles die Äpfel der Hesperiden deswegen holen, weil sie Unsterblichkeit verleihen.

Der wunderbare Apfel, den Conle, Sohn des Conn, von einer Frau in der Anderswelt erhält, ist Speis und Trank für einen Monat und wird doch nicht aufgezehrt.

Gna, der Bote Friggas, überbringt König Rerir in der skandinavischen Mythologie einen Apfel. Er und seine Frau essen davon, und es wird ihnen ein Kind geboren.

In Irland, Wales und Schottland und auf der Isle of Man wird der Apfel für Prophezeizungen benutzt. Die Ikonen der ägäischen Religion (Graves) zeigen die Mondfrau, den Sternensohn und die Schlange unter einem Obst-(Apfel)-baum.

S. 36: Samainabend

Samain = gaelisch Oiche Shamhna, die Nacht vom 31. Oktober auf den 1. November. In England und den USA auch Haloween.

Lady Wilde schreibt in »Ancient Legends, Mystic Charmes and Superstitions of Ireland«:

»Mai-Tag im Irischen Là-Beltaine, der Tag des Baalfeuers genannt, war ein großes Freudenfest. Aber die Feen haben große Macht um diese Zeit. Kinder, Vieh und Milch müssen sorgfältig vor ihnen geschützt werden.

Unter das Butterfaß und die Wiege muß man Kohlenschlacke legen. Pfingstrosenblätter werden auf die Schwelle gestreut, dann können die Feen nicht ins Haus.

Manchal erschien am 1. Mai eine schneeweiße Färse unter dem Vieh, das war ein Zeichen für außergewöhnliches Glück.

In der Mainacht sind die Feen bei bester Laune und überall hört man Musik ihrer Dudelsackspieler und auf den Feenhügeln tanzen sie.«

S. 37: »da Maeve regierte in Connacht...«
Anspielung auf den sogenannten Ulster-Zyklus, in dem Cuchulain oder Cucullin die Hauptperson darstellt.
King Conor Mac Nessa ist der König von Ulster und Maeve die Königin von Connacht. Traditionell werden diese Geschichten auf das erste christliche Jahrundert datiert.
Maeve oder Medb ist eine Sterbliche, die sich aber auch in ständiger Auseinandersetzung mit Ethal Anbual, dem König der Sidh (Feen) von Ulster befindet. Sie führt den Rinderraub von Cuailagne an, bei dem der Braune und der Weiße Stier gefangen werden.
Maeves Grab ist ein bisher ungeöffnetes, prähistorisches Grab über der Bucht von Sligo im Nordwesten von Irland.

S. 39: »Aine«
Eine Feengöttin, deren Name sich zusammen mit dem ihrer Schwester Fennel mit dem Knock Aine (und dem Knock Fennine) an den Ufern des Logh Gur verbindet.

S. 41: »Midhir und Etain«
Lady Gregory, a.a.O.; O'Curry, Manners and Customs, Whitley Stokes, Dinnsenchus; Nutt, Voyage of Bran; De Jubainville, Epopée Celtique.
Katherine Briggs nennt die Geschichte »ein schönes Beispiel für die poetische Behandlung des heroischen Feenthemas... die Herausforderung zu Schachspielen kommt in keltischen Legenden und Märchen häufig vor. In den frühen Geschichten ist Metamorphose oder Reinkarnation häufig«.
Abgesehen von dem anthropomorphen Aspekt, der in vielen Feengeschichten eine Rolle spielt, wissen wir durch klassische Autoren von solchen Vorstellungen bei den Galliern auf dem Kontinent.

S. 43: »Eochaid Feidlech, der Hochkönig...«

Die Art der Darstellung läßt vielleicht noch hinreichend klar werden, daß zwischen der ersten Episode, die damit endet, daß Etain in eine Fliege verwandelt wird, und ihrer Entdekkung durch Eochaid Feidlech oder Airem schätzungsweise tausend Jahre vergangen sind.

In den später aufgefundenen Teilen des Yellow Books of Lecan läßt Eochaid eine Frau suchen, weil sich seine Untertanen weigern, einem unverheirateten König weiter Tribut zu zahlen.

S. 45: »Oghamschrift«

In frühchristlicher Zeit (5. bis 6. Jahrhundert n. Chr.) gab es eine Schrift, die aus Gruppen von ein bis fünf Strichen oder Kerben bestand. Diese Zeichen wurden an der Ecke oder quer über die Ecke eines Steines eingeritzt; zugrunde liegt das lateinische Alphabet. Die Inschriften haben ausschließlich Erinnerungscharakter. In Irland sind über 300 Ogham erhalten, davon allein 250 in den Grafschaften Kerry, Cork und Waterford.

In einer anderen Version der Geschichte heißt es an dieser Stelle:

»Eochaid zog auf seine königliche Rundreise durch Irland und ließ Etain zurück, damit sie für Ailell sorge, auf daß sein Grab gegraben, Klagen für ihn gesungen und sein Vieh hingemacht werde, sofern er sterbe.«

Die Tatsache, daß der Viehbestand eines Gestorbenen getötet wurde, ist interessant für unsere Vorstellungen über die Religion zu vorchristlicher Zeit.

S. 49: »... von eben geschlachteten Schweinen...«

Die mythopoetischen Assoziationen zum Stichwort Schwein sind: In Griechenland opferten Frauen Schweinefleisch der weiblichen Erd- und Muttergottheit. Adonis steht in Verbindung mit dem Eber. Der Geist des Getreides war ein

Schwein. Das Schwein spielt in den Kulten von Attis, Adonis und Demeter eine Rolle. Die Kreter verehrten Schweine. Schweine wurden im griechischen Thesmophoria zur Zeit der Oktoberaussaat geopfert. Die Schweine wurden in einer unterirdischen Kammer begraben. Die Überreste der Tiere des letzten Jahres wurden fortgenommen und mit der Saat vermischt.

In Wales glaubte man, daß das Schwein an Samain erscheint; während einer Sonnenfinsternis ahmten die Leute das Grunzen der Schweine nach.

Muic-inis, Schweineinsel ist ein alter Name für Irland. Ein schwarzes Schwein bringt Unglück, und Krankheit kann abgewendet werden, indem man dreimal um den Schweinestall läuft.

S. 52: »hundert von jeder Art von Vieh ...«

Denen im Untergrund mag das Vieh des Eroberervolkes vielleicht wichtigste Beute gewesen sein. Daß sie ständig vom Hunger bedroht waren, dafür zeugen auch die Geschichten der Wechselbälger.

Dahinter mag stehen: »In schlechten Zeiten, wenn sie sahen, daß ihre Kinder schwach wurden und verkümmerten, stahlen sie sich zu reichen Farmen und ließen dort ihre Neugeborenen anstelle der Babys der Eroberer zurück – eine doppelte Rache für die Unterdrückung«. So Georges Mc Hargue in »The Impossible People«, New York 1972.

S. 52: »Eibenholz«

Zauber, bei dem mit Zeichen versehenes Holz einer gewissen Baum- oder Strauchart eine Rolle spielt, war häufig. Es gibt ein Baumalphabet, in das der geheime Name Gottes eingeschlossen ist.

Bekannt ist ein geheimnisvolles mittelalterliches, im »Book of Hergest« enthaltenes Gedicht aus Wales mit dem Titel »Cad Goddeu – Schlacht der Bäume«.

Graves setzt es in Beziehung zu einem in »Myrvyrian Archaiology« veröffentlichten Text aus dem vorchristlichen Britannien, in dem von einer Schlacht von Achren (Bäume) die Rede ist, die um ein weißes Reh und einen Welpen, welche Amathaon ap Don aus der Unterwelt brachte, geführt wird. »Und da war ein Mann in der Schlacht, der nicht besiegt werden konnte, solange sein Name nicht bekannt war, und da war auf der anderen Seite eine Frau, genannt Achren, deren Partei war auch nicht zu überwinden, wenn man ihren Namen nicht wußte.«

Das Ausspähen von Geheimnamen der Götter des Feindes war eine bei den Römern geübte Praxis.

Graves analysiert nun die beiden Texte als Hinweis auf eine »geistige« Schlacht zwischen dem Volk der Don, dem in der irischen Überlieferung die Tuatha de Danaan entsprechen würden, und Arawn, dem König von Annwfn oder Annwn, der britischen Unterwelt, die das mythologische Bild für eine nationale Gräberstätte, vielleicht die von Avebury, sein könnte.

Seine komplizierte Argumentationskette scheint nicht immer schlüssig, zumal er seine allein von der Mythologie ausgehenden Spekulationen nie mit den Erkenntnissen der Archäologie vergleicht.

Es ist richtig, daß in dem zwischen 1000 und 1250 n. Chr. niedergeschriebenen »Mabinogion«, welches für Wales etwa dieselbe Rolle spielt wie der mythologische Zyklus bzw. das »Buch der Invasionen« für Irland, Pwyllm der Prinz von Dyved, Arawn, dem König der Unterwelt, begegnet, der auf einem großen weißen Pferd und begleitet von einer Koppel weißer Hunde mit roten Ohren, ein Reh verfolgt.

Der Rollentausch des diesseitigen Königs und des Mannes aus dem Jenseits scheint mir keltisch-gallischen Ursprungs, jedenfalls beeinflußt von den Totenreichvorstellungen der kontinentalen Kelten. Jeffrey Gantz hat in seiner Einleitung zu der Penguin Classic-Ausgabe des »Mabinogions« darauf hingewiesen, daß diese Geschichten einem bestimmten Muster folgen, dem Wettstreit zweier Männer um eine Frau. Die Bedeutung gewisser Namen (Arawns Feind Havgan = Sommerweiß) könnte darauf hindeuten, daß das Drama der Personen für das Drama der Vegetationsmythe bzw. des Jahresablaufes steht.

S. 53: »König Cormac...«
Lady Gregory, a.a.O., Whitley Stokes, Irische Texte, Ser. 3, I, 183. (EIL, 1107)
Mit König Cormac Mac Airt, dessen Regierungszeit 254 n. Chr. begann und der 277 starb, wird in Tara Co. Meath Ráth na Riogh (die königliche Einfriedung) in Zusammenhang gebracht. Die Anlage würde dann aus dem dritten Jahrhundert nach Christus stammen.

S. 53: »...was Traurigkeit ist oder Eifersucht...«
Zwei weitere Episoden »Die Reise des Bran« und »Das Abenteuer des Conle« stehen in Kapitel I (Sagas aus alter Zeit) des Bandes »Irischer Zaubergarten«. In »Die Reise des Bran« erscheint ebenfalls ein Bote mit einem Zweig weißer Apfelblüten, mit dem Manannan seinen Bruder Bran nach Emhain, der Insel der Frauen, rufen läßt.
Jene Fee, die sich in Conle, den Rotschopf, Sohn des Conn der Hundert Schlachten, verliebt hat, ruft ihn ebenfalls auf, zur »Ebene der Freude« zu kommen, »wo Boadhagh (Bodb Dearg, der Sohn des guten Gottes, Dagda) für immer König ist, ein König, in einem Land ohne Weinen und Klagen...«.

S. 54: »bronzene Mauer... Haus aus Silber...«
In all den frühen Sagen finden sich solche Angaben, die vielleicht nicht nur als Ausschmückungen des Wundercharakters der Anderswelt zu verstehen sind, sondern auch auf den Reichtum der Britischen Inseln an Edelmetallen in früher Zeit verweisen.

S. 55: »mit geheizten Steinen ...«

Dies scheint die Beschreibung einer römischen Bodenheizung, wie sie die Iren vielleicht in Britannien sahen, zu sein. Sie erschien ihnen offenbar so wunderbar, daß sie hier als Inventar eines Gebäudes in der Anderswelt auftaucht. Wie unter dem Stichwort Tara erwähnt, haben zwischen dem irischen Königssitz und dem römischen Britannien nachweisbar Kontakte bestanden.

S. 57: »einen goldenen Becher ...«

Man hat hier eines jener schon aus vorchristlicher Zeit stammenden Bilder vor sich, die später in die Gralsvorstellung eingingen. Man vergleiche die Eigenschaft dieses Bechers mit den Attributen des Grals.

S. 59: »Tadg auf Manannans Insel«

S. Hayes O'Grady, Silva Gaedelica.

Der Anfang der Geschichte klingt wie ein Bericht von einem Wikingerüberfall. Die ersten Überfälle dieser Art in Irland beginnen um das Jahr 795 n. Chr. Andererseits ist dies eine jener Geschichten vom Typ der echtrai (Abenteuer) oder immrama (Reisen), in denen Erfahrungen bei realen Abenteuerfahrten mit Wunschvorstellungen kombiniert werden. Die Tradition solcher Geschichten setzt sich fort in der »Reise des Mael Dúin« aus dem 10. Jahrhundert, die unter Umständen wiederum das Vorbild für die berühmte »Navigatio Brendani« darstellt. (Der heilige Brendan von Bir starb 565, St. Brendan von Clonfert 576.) Sie reicht bis hin zu den Reisen der Königssöhne in gälischen Zaubermärchen.

S. 67: »Laegaire in der Ebene des Glücks«

S. H. O'Grady, Silva Gaedelica; Alfred Nutt and Kuno Meyer, The Voyage of Bran, Son of Febal, 2 Bände, London 1895–97.

S. 69: »Kommentar«

Für meine Analyse der Geschichten aus dem mythologischen Zyklus habe ich folgende Werke benutzt:

Myles Dillon and Nora Chadwick, The Celtic Realm. London 1967.

Alwyn Rees and Brinley Rees, Celtic Heritage, Ancient traditions in Ireland and Wales, London 1961.

Proinsias MacCana, Celtic Mythology, London – New York 1970.

Robert Graves, The White Goddess, London 1960.

Katharine M. Briggs, The Vanishing People, A study of traditional fairy beliefs, London 1978.

Irish Sagas, Lectures in honour of Thomas Davis, broadcasted from autumn 1953 till spring 1954 by Radio Eireann, edited by Myles Dillon, Cork 1968.

E. O. James, Religionen der Vorzeit, Köln 1960. Sibylle von Reden, die Megalith-Kulturen – Zeugnisse einer verschollenen Urkultur, Köln 1978.

Herbert Kühn, Erwachen und Aufstieg der Menschheit, Frankfurt/Main, 1966.

S. 86: »Der arme Junge aus Castlerea«

Lady Wilde, Ancient Legends of Ireland, London 1888.

S. 88: »Billy Mac Daniel und der Clurican«

Th. Crofton Croker, Legends of the South of Ireland, London 1825.

S. 96: »Far Darrig und der Tinker, der keine Geschichte wußte«

Letitia Maclintock, Dublin University Magazine, Dublin 1878.

S. 97: »... hinter sich eine Leiche«

Kern des in dieser Geschichte von den vier Männern aus der

Anderswelt mit dem Leichnam vollzogene Rituals scheint mir die vom Erzähler in ihrem Sinn nicht mehr begriffene Zeremonie, den Gott des alten Jahres am Ende der Saturnalien zu töten, ihn in die Erde zu senken, damit er mit den Saaten wiederaufersteht.

Bei den Griechen wurden beispielsweise Abbilder des Dionysos häufig in Bäume gehängt, um so gute Wein- und Getreideernten zu erzielen. Dieser alte Glaube lebte in Nordwesteuropa fort. Die Erinnerung, die als erschreckend empfunden wurde, wird in dieser Geschichte aus dem 19. Jahrhundert als Gruseleffekt eingesetzt.

Der Leser vergleiche diese Geschichte mit der später wiedergegebenen Version, nämlich dem Märchen von dem Geschichtenerzähler in Verlegenheit. Auch dort werden solche Tötungs- und Wiederauferstehungsvorgänge beschrieben, allerdings offenbar mit genauerem Wissen um ihre ursprüngliche Bedeutung.

S. 99: »Der Geschichtenerzähler in Verlegenheit«
Joseph Jacobs, Celtic Fairy Tales, published by David Nutt, London 1891, S. 87.

S. 110: »Pferdegöttin Epona«
Die Hügelfigur auf dem sogenannten Dragon Hill bei Uffington, Oxfordshire, England, stellt ein weißes Pferd dar. Sie markiert wahrscheinlich einen Platz, an dem regelmäßig zeremonielle Spiele oder Stammeszusammenkünfte stattfanden.

Eine in Aulerii, England, gefundene Goldmünze aus dem 1. vorchristlichen Jahrhundert hat auf der Rückseite eine ganz ähnliche Pferdefigur.

S. 110: »Das gebückte Mütterchen«
»Irische Elfenmärchen«, übersetzt von den Brüdern Grimm, Kassel, 1825; erschienen bei Fleischer in Leipzig 1826.

Die Grimms wählten aus dem Band »Fairy Legends and Tradition of the South of Ireland« von Crofton Croker, der 38 Geschichten enthielt, 27 aus. Konrad Sandkühler schreibt in seinem Nachwort zu einer Neuausgabe: »Ihre Sprache trägt den Stempel der Begeisterung und wirkt, trotz gelegentlicher Übersetzungsfehler, heute noch ebenso frisch und bezaubernd wie beim ersten Erscheinen des Werkes.«
Schön auch der darin zitierte Ausspruch eines Iren auf die Frage, ob er an Elfen glaube: »Glauben tue ich an Gott und die Gebote, aber die Elfen sind wirklich da!«

S. 113: »... in meinen faltigen, zusammengesteckten Rock verwickelte«
Wenn man davon ausgeht, daß es objektiv eine solche Erscheinung nicht gibt, sondern sie vielmehr auf intensiver Einbildung beruht, wäre es interessant zu erfahren, wie ein Psychoanalytiker den hier ja von der alten Frau auch noch ungemein genau beschriebenen Vorgang beurteilt.
Ich deute ihn so: Durch die Erinnerung an den toten Mann und mit ihm zusammenhängende sexuelle Wünsche entsteht eine Art hysterischer Stau, der zu dieser Lähmung führt. Freilich ist es dabei auch von Bedeutung, daß sich die Geschichte in der ersten Mainacht abspielt, in der die sonst geltenden sexuellen Tabus außer Kraft gesetzt waren. Einzelheiten hierzu siehe auch in Kapitel 4, in dem auf den Sinnzusammenhang der keltischen Jahreseinteilung noch genauer eingegangen werden wird.

S. 117: »Die Seelenkäfige«
Th. Crofton Croker, Legends of the South of Ireland, a.a.O. Diese Geschichte ist ein gutes Beispiel für die schließlich immer weiter getriebene Anthropomorphisierung alter magischer Vorstellungen. Jack Dogherty und sein Gegenüber, der Merrow oder Wassermann, sind in ihrem Wesen und Charakter fast identisch.

Jack erfüllt sich in der Erfindung des Merrows Coomara seinen heimlichen Wunsch nach einem männlichen Trinkkumpan, in dessen Praktik, die Seelen der ertrunkenen Matrosen in Hummerkörbe einzusperren, seine bei der illegalen Bergung von Gütern aus untergegangenen Schiffen entstandenen Schuldgefühle zum Vorschein kommen und schließlich auch durch deren Befreiung verarbeitet werden.

S. 134: »Ethna die Braut«
Lady Wilde, a.a.O.
An dieser Geschichte fällt auf, daß von Ethna manchmal als von der Braut, ein andermal wieder als von der Frau des »großen Herrn« gesprochen wird. Diese Undeutlichkeit ist kein Zufall. Sie verschleiert das tatsächliche Geschehen hinter der erzählten Geschichte. Offenbar handelt es sich darum, daß der Ehemann Schwierigkeiten bei der Entjungferung seiner jungen Frau hat. Diese als peinlich empfundenen Schwierigkeiten werden damit erklärt, daß sich Finvarra des Mädchens bemächtigt habe. Wenn dann der sterbliche Ehemann den Feenhügel aufgraben läßt – ein altes Motiv aus dem mythologischen Zyklus – ist darin ein Verweis darauf zu sehen, daß er, modern gesprochen, erst mit den Mechanismen des Es besser bekannt werden muß, ehe es ihm gelingt, dieses Problem zu lösen.
Der bezeichnende Hinweis auf den tatsächlichen Konflikt, von dem die Geschichte erzählt, findet sich in der Bemerkung: »Er muß den Gürtel an ihrer Hüfte lösen, der mit einer verzauberten Nadel befestigt ist.«

S. 138: »... diesen Kessel«
Was O'Donoghue hier zelebriert, ist eindeutig eine Wiedergeburtszeremonie. Das Zerschneiden eines Körpers und die Sammlung der Stücke in einem Kessel kommt auch bei den Praktiken sibirischer Schamanen vor.

S. 139: »O'Donoghue zahlt eine Pacht«
Th. Crofton Croker, Fairy Legends of the South of Ireland, a. a. O.

S. 143: »Theorie«
Siehe dazu die Angaben in Standard Dictionary of Folklore, Mythology and Legend (Maria Leach/Jerome Fried, New York 1972, Stichwort »fairy«, S. 363).

S. 144: »Sheela-na-gig«
Vgl. John Sharkey, Celtic Mysteries. The Ancient Religion. London 1975.
Der Autor gibt in diesem Band ein Foto einer solch grotesken Figur aus dem Mauerwerk der Kirche St. Mary and St. David, Kilpeck, Herefordshire, England.
Kommentierend schreibt er dazu: »Die gewöhnliche Charakteristik eines Sheela-na-gig müßte lauten: ein häßliches, maskenähnliches Totenschädelgesicht mit einem riesigen, aufgerissenen Mund, angedeuteten Rippen, riesigen Genitalien, die von den beiden Händen weit auseinandergerissen werden und mit gebeugten Beinen; es läßt unbegrenzte Möglichkeiten für sexuelle Phantasien, ist aber gleichzeitig eine Erinnerung an unseren Ursprung. Solche Figuren vermitteln ein intimes und erschreckendes Bild des Geheimnisses der Geburt und symbolisieren den Moment, in dem die blutige Placenta abgestoßen und neues Leben freigesetzt wird, verweisen aber auch auf die tiefere Bedeutung des grotesken Humors in manchen der keltischen Geschichten.«

S. 145: »John Boglin«
Evan Wentz, Fairy Faith in Celtic Countries, Oxford, 1911, S. 62.

S. 146: »Red Hugh O'Donnell ...«
Das »Red« verweist wahrscheinlich auf den »Red Branch«

in Ulster, der durch Maga, die Tochter des Angus Og mit der Anderswelt verschwägert war und dem auch Cuchulain und Naisi, der Geliebte von Deirdre, angehörten.
Die Geschichten dieser Personen werden im Ulster-Zyklus erzählt.

S. 147: »Caridwen«
The Mabinogion, translated by Lady Charlotte Guest, London–Toronto 1906, S. 263 ff. Der hier verkürzt wiedergegebene Text heißt »Taliesin«.

S. 150: »Patrick Kennedy«
Gemeint sind die Sammlungen:
Patrick Kennedy, Legendary Fictions of the Irish Celts, The Fireside Stories of Ireland und The Banks of Boro, die zwischen 1866–1870 in Dublin im Druck erschienen und:
Jeremiah Curtin, Irish Folk Tales, collected 1835–1906, ed. Séamus Ó Duilearga, Dublin 1960; sowie Curtins Sammlung Myth and Folk-Lore of Ireland, 1890.

S. 155: »Wochentage«
In Donegal sagen die alten Leute, wenn sie vom »kleinen Volk« reden: »Heute ist Montag, da werden sie uns nicht hören.« Und dies unabhängig davon, ob auch tatsächlich Montag ist.
Aus Cavan-Meath berichtet P. J. Gaynor in Hinblick auf den Sonntag: »Früher glaubten die Leute, daß die Feen alles hören könnten, was sie sagten mit Ausnahme von dem, was am Sonntag gesagt wurde.«
A. Carmichael schreibt in »Carmina Gadelica« II.: »Am Donnerstag dürfen die Feen nicht heraus, weil dies der Tag des Columban ist, Freitag ist der Tag Jesu, Samstag der Tag der Maria, Sonntag der Tag des Herrn.«

S. 156: »Der Tod der Hündin Bran«
Lady Gregory, a.a.O. S. 332.
In diesem Text klingen ganz offensichtlich Erinnerungen an mutterrechtliche Verhältnisse an.

S. 157: »Der Ruf an Oisin«
Lady Gregory, a.a.O. S. 333ff.

S. 160: »Schriften des heiligen Patrick«
Die Darstellung folgt: The Course of Irish History. Edited by T.W. Moody and F.X. Martin, Cork 1967. An t-Athair Tomas O Fiarch, Prof. of Modern History, St. Patricks College, Maynooth, S. 61ff.

S. 161: »Die Vision des heiligen Patrick«
Nach: The works of St. Patrick, translated by L. Bieler (1953), S. 28.

S. 162: »Oisins Wiederkehr«
Lady Gregory, a.a.O. S. 337.

S. 167: »Daniels Brautfahrt«
Aufgezeichnet nach einer mündlichen Erzählung in Ballintogher vom Autor im Sommer 1970.

S. 168: »Mönch von Heisterbach«
Die Geschichte wird u.a. erwähnt in B. Thorpe, Northern Mythology, 3 Bände, London 1851–52.

S. 169: »Urashima Taro«
Vergleiche K. Seki und R. Adams, Folktales of Japan (Folktales of the World Series) London and Chicago 1963, S. 111–114.

S. 170: »John Connors und der Feenkönig«
Jeremiah Curtin, The Tales of Fairies and of the Ghost World collected from Oral Traditions in Southwest Munster, Boston 1895, S. 6–17.

S. 179: »Samon ... Giamon«
Siehe: Alwyn Rees u. Brinley Rees, Celtic Heritage, Ancient traditional in Ireland and Wales, London 1961, S. 85.
Dies waren Zeiteinteilungen der kontinentalen Kelten bzw. Gallier. 1897 wurde in Gallien eine Bronzetafel gefunden, in der die Zeitabschnitte eingetragen waren (Coligny Kalender).

S. 180: »Moralprediger«
Stubbes in »The Anatomy of Abuses« (1583). Zitiert nach J. B. Frazer, The Golden Bough, London 1911–15, Band II, Seite 66.

S. 180: »... der erste Mai.«
C. B. Lewis, The Part of the Folk in Making Folklore, Folklore XL VI, 37, S. 61ff., Survival of a Pagan Cult, Evangelical Quarterly VI (1934), S. 337.

S. 181: »neben Samain und Beltaine ...«
Zu Samein schreibt Lady Wilde:
»Zu dieser Zeit, wenn die Sonne erstirbt, gewinnt die Dunkelheit große und böse Macht über alle Dinge. Die Hexenfrauen behaupteten, sie ritten mit der Diana von Ephesus, Herodias oder anderen, die mit dem Teufel im Bund sind. Sie verwandelten Männer in Tiere, reiten mit Toten und jagen über große Entfernungen mit ihren schnellen Geisterpferden. In der Samain-Nacht können mit gewissen Praktiken die Toten beschworen und dazu gebracht werden, Rede und Antwort zu stehen. Zu diesem Zweck muß man die Leichen mit Blut bespritzen. Man sagt, die Geister liebten das Blut. Die Farbe errege sie, gebe ihnen für gewisse Zeit Kraft und einen lebensähnlichen Zustand.«

S. 181: »1. Februar ...«

Brigit oder Brid (ie) scheint eine so beliebte gälische Gottheit gewesen zu sein, daß die frühe Kirche es nicht fertig brachte, sie den Leuten auszureden. Also wurde sie St. Bridget of Ireland. Lady Gregory schreibt in »Gods and Fighting Men« (S. 2) über sie: »Brigit ... war eine Frau der Dichtung und die Dichter verehrten sie ... sie galt als eine Frau, die zu heilen verstand und wurde mit der Arbeit des Schmiedes in Zusammenhang gebracht. Angeblich hat sie die Trillerpfeife erfunden, mit der man durch die Nacht pfeifen konnte. Die eine Seite ihres Gesichts war häßlich, die andere recht hübsch. Ihr Name, abzuleiten von Breo-saighit, bedeutet wilder Pfeil.«
Sehr seltsame Vorstellungen – nur zu begreifen aus der paradoxen Eigenschaft von Wendemarken im Zeitablauf – haben auch die zwölf Tage der Weihnacht, die das Wetter des kommenden Jahres vorhersagen. In diesen Tagen verkleidet man sich, setzt Gegenbürgermeister ein, die Hexen sind mächtig.
In Schottland wird in diesen Tagen keine Gerichtssitzung abgehalten. In Irland fahren jene, die an diesen Tagen gestorben sind, ohne das Fegefeuer oder das ewige Gericht zu durchlaufen, direkt in den Himmel.
Imbolc (1. Februar) wurde mit der heiligen Flamme in Zusammenhang gebracht, die das Land reinigte und die Sonne aus dem Winterschlaf aufwecken sollte. An diesem Tag wurden in Irland Probeehen geschlossen.
Bis vor ein paar Jahren pflegten sich am 1. Februar in Teltown im County Meath junge Männer und junge Frauen zu treffen, zu küssen und zu heiraten. Solche Ehen konnten im Laufe des Jahres wieder aufgelöst werden und sind wahrscheinlich die letzten Überreste der keltischen Sitte, daß Frauen beim Eingehen und bei der Auflösung der Ehe dieselben Rechte genossen wie Männer.

Keltische Sagen aus Irland

Herausgegeben und übersetzt von Martin Löpelmann

Sonderausgabe
522 Seiten, Leinen

»Martin Löpelmann hatte das Glück, von einer irischen Erzählerin authentisch in Vorstellungswelt und Tonfall der jahrhundertelang nur mündlich überlieferten Sagen eingeführt zu werden, und nach zusätzlichem Handschriftenvergleich konnte er dreizehn berühmte Texte in seinem Buch auf deutsch bekannt machen: vom gewaltigen Helden Cuchulinn, der von einer Jungfrau geboren wurde; von der schönen männerverderbenden Derdriu; von der amazonenhaften Königin Medb oder Frau im gläsernen Schiff. Viel mutterrechtliche Freiheit ist so überliefert, ganz im Banne von Magie und Druidenweisheit. Männer fungieren häufig als wüste Kämpen und kurzsichtige Tölpel. Durch die reiche Kommentierung und Liedbeispiele mit Noten gewinnen diese archetypischen Geschichten dann über die Erzählspannung hinaus den Charakter eines unentbehrlichen Grundstocks, um keltisch-irisches Wesen zu verstehen.«

Westermanns Monatshefte